OUTSIDE CUBA / FUERA DE CUBA

OUTSIDE CUBA

FUERA DE CUBA

CONTEMPORARY CUBAN VISUAL ARTISTS / ARTISTAS CUBANOS CONTEMPORANEOS

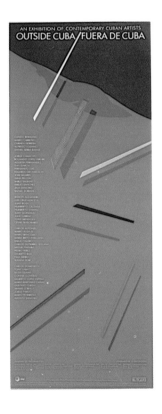

EDITORS / EDITORES

ILEANA FUENTES-PEREZ   GRACIELLA CRUZ-TAURA   RICARDO PAU-LLOSA

IN COLLABORATION WITH / CON LA COLABORACION DE
ANA HERNANDEZ-PORTO   INVERNA LOCKPEZ   RICARDO VIERA

Published jointly by the Office of Hispanic Arts
Mason Gross School of the Arts, Rutgers,
the State University of New Jersey, and the Research
Institute for Cuban Studies, Graduate School of
International Studies, University of Miami, Florida/
Publicado conjuntamente por el Departamento de Artes
Hispanas, Facultad de Bellas Artes Mason Gross,
Rutgers, Universidad del Estado de Nueva Jersey y el
Instituto Superior de Estudios Cubanos, Facultad de
Estudios Internacionales, Universidad de Miami, Florida.

Library of Congress Catalogue Number: 87-62447

ISBN 0-935501-13-4

Designed by / Diseño: Jorge Porto & Ana Hernández Porto

First Edition / Primera Edición 1989

Major funding for the exhibition
Outside Cuba/Fuera de Cuba was provided
directly to Rutgers and the Rutgers University
Foundation by the following institutions / Fondos para la
exposición *Outside Cuba/Fuera de Cuba*
fueron otorgados directamente a Rutgers y a su Fundación
por las siguientes instituciones:

New Jersey State Council on the Arts
New Jersey Committee for the Humanities
Capital National Bank, New York
The Cintas Foundation
AT&T
Metropolitan Life Foundation
Howard Gilman Foundation
Sea Crest Trading Company

To the memory of   A la memoria de

OSCAR B. CINTAS

whose legacy	cuyo legado
the **Cintas Foundation**	la **Fundación Cintas**
has ensured	ha hecho posible
the development	el desarrollo
of Cuban artists	de artistas cubanos
outside of Cuba	fuera de Cuba
for the last	durante los últimos
twenty-seven	veintisiete
years	años

NEW JERSEY
STATE
COUNCIL
ON THE
ARTS

Major funding for this publication has been provided by the
New Jersey State Council on the Arts, Department of State
Esta publicación se hace posible gracias a fondos extraordinarios otorgados por el
Concilio de las Artes del Estado de New Jersey, Departamento de Estado

Additional support provided by
the following corporations
Fondos adicionales otorgados por las
siguientes corporaciones

The Adolph Coors Company

Southern Bell

Jack Daniel's Tennessee Whiskey

---

and by

THE NEW JERSEY COMMITTEE
FOR THE HUMANITIES

CONTENTS   INDICE

ITINERARY

March 22 - May 26, 1987
JANE VOORHEES ZIMMERLI ART MUSEUM
Rutgers, the State University of New Jersey
New Brunswick

June 25 - August 2, 1987
MUSEUM OF CONTEMPORARY HISPANIC ARTS
New York

October 16 - December 20, 1987
MIAMI UNIVERSITY ART MUSEUM
Oxford, Ohio

July 15 - September 8, 1988
MUSEO DE ARTE DE PONCE
Puerto Rico

October 5 - December 4, 1988
CENTER FOR THE FINE ARTS
Miami, Florida

March 20 - April 19, 1989
ATLANTA COLLEGE OF ART AND
NEW VISIONS GALLERY OF CONTEMPORARY ART
Atlanta, Georgia

ITINERARIO

INTRODUCTION

OUTSIDE CUBA/FUERA DE CUBA is the catalog of the exhibition of the same name, one which brings to the United States and Puerto Rico the first major showing of the work of contemporary Cuban artists since the Museum of Modern Art in New York staged *Modern Cuban Painters* in 1944. The exhibit highlights the work of Cuban exile artists and is organized according to generations of artistic style and development. This publication is a joint project of the Office of Hispanic Arts of Rutgers, the State University of New Jersey, and the Research Institute for Cuban Studies of the University of Miami.

That Cuban art has been influenced by external cultural currents —and that much Cuban art has been produced abroad— emerges as the rule rather than the exception throughout most of the island's history. Europe, in particular, has always exerted a strong influence on the art of Cuba, an influence which became even more apparent after the founding of the San Alejandro Academy of Drawing and Painting in 1818, under the direction of Jean Baptiste Vermay, the first of a succession of French-born directors of the institution. The Academy continued to dominate Cuban art even after the nation gained its independence in 1902, after four hundred years of colonial rule. By the turn of the century, San Alejandro had become the artistic home of Cuba's best known —and most traditional— painters, among whom Leopoldo Romañach (1862-1951) was the recognized master.

After the First World War, when the first generation to have grown up in an independent Cuba reached adulthood, an inspirational revolution rocked the conservatism of San Alejandro. The movement was led by several former students of Romañach: Víctor Manuel (1897-1969), Fidelio Ponce (1895-1949), Carlos Enríquez (1901-1957) and Amelia

INTRODUCCION

OUTSIDE CUBA/FUERA DE CUBA sirve de catálogo a la exposición homónima, la primera selección importante sobre arte cubano presentada en los Estados Unidos de América y Puerto Rico desde que el Museo de Arte Moderno de Nueva York organizara la exhibición *Pintores Cubanos Modernos* en 1944. Es, también, la primera muestra representativa de arte cubano fuera de Cuba que se lleva a cabo desde una perspectiva histórica y sociológica. Esta publicación es una labor conjunta del Departamento de Artes Hispanas de Rutgers, Universidad del Estado de Nueva Jersey, y del Instituto Superior de Estudios Cubanos de la Universidad de Miami.

Lo que surge como regla y no como excepción de cualquier análisis histórico sobre al arte de Cuba desde el siglo XIX es que gran parte del mismo ha sido realizado en el exterior. Las tendencias dominantes siempre provinieron de Europa, especialmente a partir de la fundación de la Academia de Dibujo y Pintura de San Alejandro en 1818 bajo la dirección del muralista francés Juan Bautista Vermay, y cuyos sucesores, con pocas excepciones, también fueron oriundos de Francia. El control que ejercía la Academia sobre la plástica cubana no disminuyó con el fin, en 1902, de cuatrocientos años de vida colonial. A principios del siglo veinte, San Alejandro continuaba siendo el dominio pedagógico de los más conocidos —y más tradicionales— pintores de Cuba, entre los que se destacaba Leopoldo Romañach (1862-1951).

Una década después de la Primera Guerra Mundial, la primera generación crecida bajo el signo de la República lleva a cabo una reformación estética que hace temblar el formalismo de San Alejandro. Influidos principalmente por la Escuela de París, aquel movimiento lo encabezan antiguos alumnos de la Academia: Víctor Manuel (1897-1969), Fidelio

Peláez (1897-1968). They pioneered a transformation in the art scene of Havana, thus inadvertently launching the modern movement in Cuban art. Peláez, Ponce, Víctor Manuel, Enríquez, and Wifredo Lam (1902-1982) —a latecomer to this generation— were forerunners in establishing a Cuban school of art. Five subsequent generations of Cuban artists have built upon the traditions established by these pioneers. This exhibit focuses on the transformations of the last fifty years, as demonstrated in the work of forty-eight artists, divided into five generations, who live permanently outside Cuba.

A generational scheme has been adopted to provide a sense of chronological order in the evolutionary process. In this context, the term ''generation'' is used to identify a common experience in a specific time period. Beginning with the first generation, who emerged during the 1930s, each subsequent generation of Cuban artists may be related to the next decade, in which they obtained recognition. The scheme has been applied more loosely after the fourth generation. In addition to chronology, variables related to the exile experience have been taken into account.

To choose artists representative of the second and third generation, an important consideration was the fact that, prior to the exodus which followed the revolution of 1959, many artists had already reached their artistic maturity under the influence of their predecessors and of the main currents of twentieth century Western art. On the other hand, an important consideration in choosing artists to represent the fourth, fifth, and sixth generation is the disruption caused by exile, which interrupted the natural lines of communication between young artists and their predecessors and mentors, both inside and outside Cuba. This break within the community of Cuban artists was occasionally overcome in an individual and personal basis, with some of the younger artists successfully incorporating their Cuban and Latin American heritage into their work. But by virtue of their training outside their native land, their artistic consciousness and style reflects their adopted heritage, whether that of Europe or the United States.

Ponce (1895-1949), Carlos Enríquez (1901-1957), y Amelia Peláez (1897-1968), entre otros. Ellos forjan la transformación casi total del arte en La Habana e impulsan así la Escuela Moderna. Peláez, Ponce, Víctor Manuel, Enríquez y Wifredo Lam (1902-1982) — que surge último en esta primera generación— inician la búsqueda de un lenguaje plástico cubano. Se les reconoce aquí como la primera generación cubana, a la que le sobreviven cinco generaciones de artistas posteriores. Esta muestra trata del desarrollo de la plástica cubana durante los últimos cincuenta años, vista a través de cuarenta y ocho artistas, pertenecientes a esas cinco generaciones, que viven permanentemente fuera de Cuba.

Se ha empleado un esquema generacional en esta exposición para dar orden cronológico a un proceso evolutivo. El vocablo ''generación'', en este contexto, identifica una experiencia común en un período específico de tiempo. Partiendo de la primera generación, que irrumpe en el panorama cubano durante la década de los treinta, cada generación subsecuente puede relacionarse a la próxima década en la que alcanza reconocimiento. Este esquema se ha aplicado con flexibilidad a partir de la cuarta generación, donde se ha tomado en cuenta no sólo la cronología, sino también factores particulares a la experiencia del exilio.

Para seleccionar a los artistas de la segunda y tercera generación, se ha considerado el hecho de que al iniciarse la presente diáspora tras la revolución de 1959, numerosos artistas cubanos ya habían alcanzado amplio reconocimiento tanto en su país como en el extranjero, con una labor que fundía dentro de ciertas tradiciones plásticas cubanas lo mejor de las tendencias del siglo veinte en el arte occidental. Al seleccionar artistas de la cuarta, la quinta, y la sexta generación, se ha tomado en cuenta que el resultante exilio ha contribuido a interrumpir la comunicación natural entre los artistas jóvenes y sus predecesores, tanto dentro de Cuba como en el exterior. Si bien de manera esporádica y personal, esa desconexión parece superada, lo que hace que legados cubanos y latinoamericanos, que también son parte de su herencia estética, se manifiesten en la

Cultural continuity is analyzed by Ricardo Pau-Llosa, co-curator of the exhibition, in his essay "Identity and Variations." Pau-Llosa approaches visual and symbolic structures in Cuban visual thought, among these: the forging of metaphors and other tropes, the intersection of historically-charged symbols, the union of oneiric and analytical mental processes, the dialogue between Eros and violence, the codification of memory, and the subverting of distinctions between abstraction and reference. Pau-Llosa sees these esthetic preoccupations and recurring motifs as defining a vital and changing tradition for Cuban artists. This tradition liberates their creative energy and provides them with a universally accessible identity.

Ileana Fuentes-Pérez, who conceived the idea of the project Outside Cuba/Fuera de Cuba, and has been its director since inception, relates, in her essay, "By Choice or by Circumstance," the conditions which led to the exodus of artists from the island. Enumerating the restrictions upon freedom of expression in Cuba, she describes the cultural policy of the revolutionary government, and often quotes from the testimony of the artists themselves.

The individual statements of participating artists are excerpted from the oral histories taken by co-curators Inverna Lockpez and Ricardo Viera in 1986. These statements focus on each artist's perception of his/her own work. This collection of oral histories provides a rich source of information about the artists' lives and personal experiences in Cuba and abroad. Along with all the other information and visual documentation about them, plus that of many other Cuban exile artists, this collection will be integrated into the Archives for Research on Cuban Emigré Arts, ARCA, to be developed jointly by the Office of Hispanic Arts of Rutgers and by the Research Institute for Cuban Studies of the University of Miami. The Cuban Archives, held by the Otto G. Richter Library of the latter institution, will provide a repository for these documents.

The range of styles and levels of professional maturity in this exhibition are the result of an extensive and complex curatorial process. It was guided,

obra de estos jóvenes, aunque con menos intensidad e importancia que lo hacen las tendencias artísticas europeas y norteamericanas de la actualidad.

Esta línea de continuidad cultural es analizada por Ricardo Pau-Llosa, co-curador de la exposición, en el ensayo "Identidad y variaciones". Pau-Llosa se ocupa de las estructuras visuales y simbólicas del pensamiento visual cubano enfocando el uso de metáforas y otros tropos, la intersección de símbolos de riqueza histórica, la unión de procesos mentales (analíticos y oníricos), el diálogo entre el amor y la violencia, la codificación de la memoria, y la subversión de las distinciones entre abstracción y referencia. Estas preocupaciones estéticas, así como estos motivos recurrentes, definen para Pau-Llosa una tradición vital y evolutiva en el arte cubano. Esta tradición da alas a la energía creadora y proporciona al artista una identidad universalmente accesible.

Ileana Fuentes-Pérez, a quien se debe la idea del proyecto Outside Cuba/Fuera de Cuba, y del cual ha sido directora desde su inicio, expone a través de su ensayo, "Por decisión o por circunstancia", las condiciones que han provocado un exilio de artistas. Documentando la restricción paulatina de la libre expresión en Cuba, ella presenta datos de la política cultural revolucionaria, a la vez que utiliza testimonios de los mismos artistas.

Los pasajes individuales de cada artista participante se originan en testimonios grabados, realizados por los co-curadores Inverna Lockpez y Ricardo Viera en 1986. Dichos pasajes enfocan juicios de cada creador sobre su obra. El conjunto de estas historias orales aportan una rica documentación sobre sus vidas y experiencias personales, tanto en Cuba como en el exilio. Junto a toda la información y documentación visual recopilada sobre estos y otros muchos artistas cubanos exiliados, estas historias orales ahora pasan a formar parte del Archivo de Artes Fuera de Cuba, ARCA, que será desarrollado conjuntamente por el Departamento de Artes Hispanas de Rutgers y por el Instituto Superior de Estudios Cubanos de la Universidad de Miami, y que encontrará repositorio en el Archivo Cubano de la biblioteca principal de la Universidad de Miami.

first and foremost, by a commitment to esthetics, to quality, and to diversity. Since the difficulties of choosing among the works of more than two hundred artists seemed insuperable, the curators determined at the onset that the inclusion of any single artist be contingent upon a unanimous decision. Therefore, the exhibit does not embody the esthetic judgement of one curator (or of his/her colleagues) but, rather, reflects a collective decision which prevailed over individual preferences.

As is often the case with group exhibitions, Outside Cuba/Fuera de Cuba represents only a portion of a much larger community of artists, many of whom have already received professional recognition. This fact is further corroborated by the extensive list of Cintas fellowship recipients, to whom is dedicated a special section in this book, as testimony to the proliferation of Cuban visual arts in exile.

This project has received the assistance and encouragement of many individuals and institutions throughout the past five years. First, special mention to the late John I. Bettenbender, Dean of Rutgers' Mason Gross School of the Arts, and Charles M. Woolfolk, Associate Dean, who enthusiastically endorsed Ouside Cuba/Fuera de Cuba when it was a mere dream in 1984, and thus secured the necessary support from the university. Giulio Blanc, Irving Louis Horowitz, Susana Torruella Leval, Julián Orbón, Sally Price, Carlos Ripoll, Daniel Serra-Badué, John Stringer, and Edward Sullivan contributed ideas and advice during the planning phase. Art scholars Stanton Catlin, Professor *Emeritus* of Art at Syracuse University, and the late Cynthia Jaffe McCabe, former curator of the Hirshhorn Museum, served as advisors throughout the planning and selection phases of the project.

I wish to thank Ileana Fuentes-Pérez for inviting me to participate in the publication of this book. To Jaime Suchlicki, Director of the Research Institute for Cuban Studies, and Enrique Baloyra, Associate Dean of the Graduate School of International Studies, my gratitude for encouraging my involvement in this important effort.

The support of the Cintas Foundation and the fund

La variedad de estilos y niveles de madurez evidentes en la exposición, la cual este libro documenta, es el resultado de un extenso y complejo proceso de selección que duró más de un año. Su objetivo principal fue reflejar la excelencia y diversidad estéticas manifestadas a través de varias generaciones de artistas nacidos en Cuba pero que residen permanentemente fuera de la Isla. Los curàdores se impusieron el requisito de unanimidad ante la difícil tarea de seleccionar entre más de doscientos artistas cuyo trabajo y trayectoria debían considerar. Quede claro, entonces, que esta exposición no refleja el dictamen estético de un curador por encima del de los otros, sino que, por el contrario, refleja un acuerdo colectivo impuesto sobre preferencias individuales.

Debe quedar establecido, también, que como suele suceder con toda exposición de grupo, ésta refleja solamente una parte de un todo en el que se destacan muchos otros artistas que ya gozan de reconocimiento. Esto lo corrobora la extensa lista de becarios de la Fundación Cintas, a quienes se ha dedicado una sección especial, testimonio de la proliferación de las artes plásticas fuera de la Isla.

Ha sido mucha la ayuda recibida a lo largo de los cinco años durante los cuales se desarrolló este proyecto de exposición y libro. Ante todo, deben ser mencionados John I. Bettenbender, fallecido recientemente, decano de la Escuela de Arte Mason Gross de Rutgers y Charles M. Woolfolk, sub-decano, quienes aseguraron el apoyo oficial de la universidad cuando Outside Cuba/Fuera de Cuba era sólo una idea en 1984. Giulio Blanc, Irving Louis Horowitz, Susana Torruella Leval, Julián Orbón, Sally Price, Carlos Ripoll, Daniel Serra-Badué, John Stringer, y Edward Sullivan participaron en la etapa inicial de planeamiento, y aportaron sus ideas y sus recomendaciones. Stanton Catlin, profesor *emeritus* de Syracuse University, y Cynthia Jaffe McCabe, quien fuera curadora del Museo Hirshhorn, contribuyeron como consejeros a lo largo de las etapas de planeamiento y selección.

Agradezco a Ileana Fuentes-Pérez su invitación a participar en la publicación de este libro, al que ella ha dedicado muchos desvelos. A Jaime Suchlicki,

raising initiatives of Carlos A. Córdova, president of Capital National Bank, New York, and chairman of its board, and his wife, María del Carmen Córdova, who directs the Cultural Affairs Department of the bank, must be acknowledged. The endeavor to publish this book has received invaluable support in Miami from Dr. Luis Fernández-Rocha and his wife Alicia. In addition, special mention must be made of the personal effort of Messrs. Manuel Ray and Gerardo Larrea to generate the corporate and the individual support that made possible the presentation of the exhibition at Museo de Arte de Ponce, Puerto Rico, during 1988. All sponsors, individual and corporate, are listed separately in the pertinent sections of this volume. Our gratitude for sponsoring this permanent record, a testimony to Cuba's prolonged quest for freedom of expression, so intrinsically linked to the exile experience.

director del Instituto Superior de Estudios Cubanos, y a Enrique Baloyra, sub-decano de la Facultad de Estudios Internacionales, mi agradecimiento por comprender el valor de este esfuerzo y apoyar mi participación en el mismo.

El apoyo de la Fundación Cintas y el esfuerzo para procurar fondos realizados por Carlos A. Córdova, presidente del Capital National Bank, New York, y su esposa María del Carmen Córdova, directora de asuntos culturales de dicha institución, merecen nuestro más profundo reconocimiento. La publicación de este libro ha contado con el inestimable apoyo en Miami del Dr. Luis Fernández-Rocha y de su esposa Alicia. Además, debemos mencionar la gestión personal del Ing. Manuel Ray y de Gerardo Larrea en pro de la presentación de la exhibición en el Museo de Arte de Ponce en Puerto Rico, durante 1988. Los contribuyentes, individuales e institucionales, aparecen mencionados por separado en las secciones pertinentes de este tomo. Reciban nuestro agradecimiento por permitir que este documento historiográfico vea la luz, testimonio de la ya casi bicentenaria búsqueda de libertad de expresión del pueblo cubano, búsqueda intrínsecamente ligada a la expatriación.

GRACIELLA CRUZ-TAURA
University of Miami

GRACIELLA CRUZ-TAURA
Universidad de Miami

"Governments... may execute, imprison or deport individual artists and thinkers. But the world of culture is beyond their jurisdiction. The artists whom they discourage, punish or expel, if they escape with their lives, reappear on distant [ ] landscapes."

"Los gobiernos... podrán ejecutar, encarcelar o desterrar a sus artistas y pensadores. Pero el mundo de la cultura queda más allá de su jurisdicción. Los artistas a quienes se avasalla, se castiga o se expulsa, cuando logran salvar la vida, reaparecen en horizontes [ ] distantes".

Daniel Boorstin
"The Immigrants' Vision," *The Golden Door*
Smithsonian Institution Press, 1976

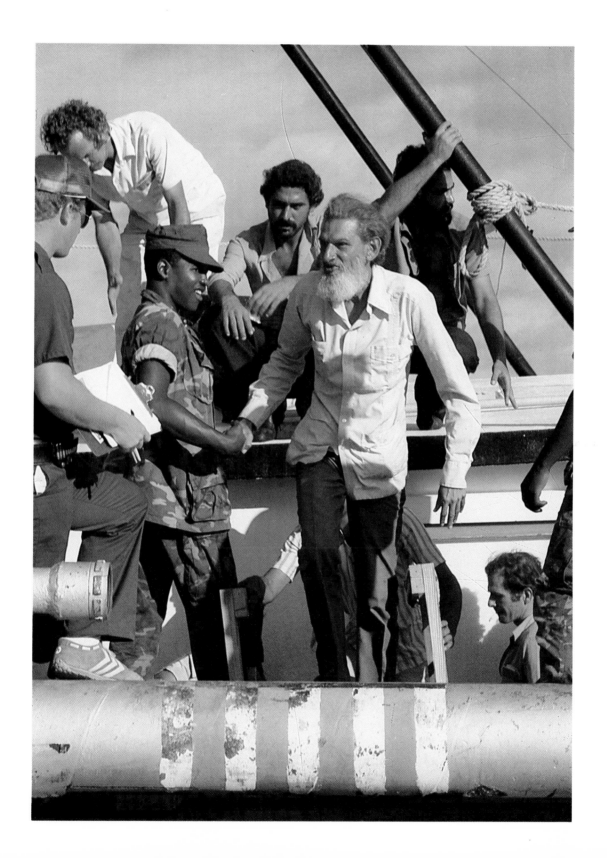

Previous page
Painter Eduardo Michaelsen arrives in the United States after
his journey on the "Freedom Flotilla," Mariel-Key West, May
1980 (From the documentary *In Their Own Words* by Jorge Ulla
and Lawrence Ott, Jr.)

Página anterior
El pintor Eduardo Michaelsen, llegando a los Estados Unidos
de Norteamérica en la "Flotilla de la Libertad", Mariel-Key
West, mayo 1980 (Del documental de Jorge Ulla y Lawrence
Ott. Jr., *En sus propias palabras.*)

BY CHOICE OR BY CIRCUMSTANCE

THE INEVITABLE EXILE OF ARTISTS

ILEANA FUENTES-PEREZ

This exhibition is about the reappearance of Cuban art on many distant landscapes, and this essay, in particular, focuses on the causes of this phenomenom, a government's attempt to bring the cultural life of a nation under its absolute jurisdiction. It's a well-known fact that during Stalin's era the peoples of the Soviet Union saw altered, not only their historical past, but also the documentation of their present, at all levels, including culture. Fifty years later, dozens of purged names are being reinstated to the annals of Russian history. The same will have to take place in Cuba, so that future generations can learn about what has been left out of the official story. For Cuba's present government, in faithful reenactment of old Stalinist habits, has engaged in a systematic disinformation offensive, both at home and abroad, not only to erase all record of its dissidence, but also to record selectively what transpires outside its domain.

On the eve of the thirtieth anniversary of the present regime, Cuba is on the road back toward totalitarianism; it seems that the humanistic and libertarian vision held by Cuba's forefathers in the early 1800's, and put into practice —if imperfectly— between 1902 and 1958, is an obstacle course laden with the authoritarian legacies of colonial Spain.[1]

We are compelled to quote José Martí: "I want the first and foremost law of our future republic to be that every Cuban hold venerable the full dignity of man."[2] His poet's vision, and his dreams of freedom challenge us to speak out against censorship. We wish him to be heard accurately, so as to balance the inclusion of his words in the Preamble of the Cuban Constitution of 1976 to impart credibility to "the cause of the triumphant Revolution.. which started the construction of a socialist order, and led by the Communist Party, carries on the goal of building a communist society."[3] Let there be no mistake about it: this is not the form of governing he envisioned for Cuba.

Martí dreamt of a place that could encompass everyone, a nation built "...with everyone's effort, and for everyone's well being."[4] But the dream fades each time another Cuban goes into exile, or is censored inside Cuba for ideological reasons. His dream has faded immensely with the hundreds of artists, writers, and intellectuals who have had to seek distant horizons as he did during the long years of exile in the last half of the 19th century.[5]

More than a century of struggle for freedom and human rights has collapsed in recent decades. This is not to say that the history of Cuba —and of its artists and thinkers— isn't plagued by exiles. However, the exodus which started shortly after January 1, 1959 is alarming, not only because of its volume (1.2 million people, representing 12% of the global Cuban population) or because of its duration (uninterrupted for close to thirty years), but also because it is further aggravated by the systematic discrediting of its dissenters; by the alteration of historical data; and by a degree of censorship which is both institutional and legal. Such drastic measures have never before been implemented by a Cuban government against its opposition or dissidence since the Republic was founded in 1902.

A CHRONOLOGICAL OVERVIEW

Censorship has resulted in the displacement of countless artists and intellectuals, who today are exiled as a result of their own decision, or by virtue of the circumstances.[6] One cannot understand fully the very existence of this exodus without knowing its causes. The onset of the present repressive climate in Cuba dates to 1961, specifically to the banning of the documentary *P.M.* and the closing of the weekly publication *Lunes de Revolución*.[7] Both of these developments were orchestrated by the government, which staged a series of public meetings —conversations, as they were called— between groups of artists and the pertinent bureaucrats at the Education Ministry. Leading the administration group was Armando Hart, Cuba's present Minister of Culture, who headed the Education Ministry at the time.[8] The *P.M.* and *Lunes* affair elicited from Fidel Castro a speech titled ''Words to the Intellectuals,'' from which this familiar dictum is extracted:

> ...the Revolution has its rights, and the first right of the Revolution is its right to exist, and against the Revolution's right to exist, no one... What are the rights of revolutionary or counter-revolutionary artists? Within the Revolution, everything; outside the Revolution, no rights.[9]

Between 1961 and 1968, the fierce struggles between opposing communist factions spilled over to the cultural arena. The old guard, faithful to rigid standards set by Moscow politics, aimed at a status quo; the younger generation —those who had revolved around *Lunes*— still hoped for a more liberal approach, especially as it pertained to the arts. A brief interlude —referred to by some as ''the years of heresy''— accounts for relative artistic freedom during this period.[10] This is not to say there were no restrictions, for on the contrary, repression took on a personal, relentless mode. The creation of the National Union of Writers and Artists of Cuba (U.N.E.A.C.) in 1961 made political militance an unavoidable fact of life for artists of all disciplines, because membership in its ranks was made compulsory. The early harassment of José Mijares, for example, was a sign of things to come. Mijares refused to join the Union, and had to pay the consequences. Chief among those who policed and censored him was fellow painter Mariano Rodríguez, the organization's coordinator of visual arts.[11] Stalin's tactics echoed softly as the designated cultural commissars exerted their newly-aquired power.

We cannot make reference to this period without reflecting on the U.M.A.P., the veritable concentration camps whose initials —Military Units for Assistance to Production— were synonymous of terror and brutality between 1965 and 1968. Hundreds of artists and intellectuals were interned in U.M.A.P. camps, along with young hippies, university students, Jehova's Witnesses, conscientious objectors, homosexuals, dissidents, and countless other people abducted from any street corner by State Secret Police, and processed without trial. Many were tortured and died at the U.M.A.P., as testified to by former prisoners in the recent documentaries *Improper Conduct* and *Nobody Listened*[12]; thousands of others —particularly males—accused of homosexuality were ''re-educated,'' fulfilling the slogan posted at the entrance of the camps: ''Work will make men of you.''[13]

Between 1961 and 1966, many established artists went into exile, and many others were purged from their professorial and artistic posts for ideological, and even sexual, reasons. Case in point, Raúl Martínez, founder of the abstractionist *Group of the Eleven* in the early fifties. Martínez was suspended not only from his teaching position at the National School of Fine Arts (Cubanacán), but also from his Humanities post at Havana University, on charges of homosexuality.[14] Also during this period the government censored Antonia Eiriz, one of Cuba's best known women artists, on grounds that her work —characterized by a dramatic and almost grotesque expressionism— lacked the optimistic attitudes required to build the new socialist order.[15]

In spite of individual harassment of artists, 1968 saw the staging of the most important visual arts event ever to be held in Cuba: the presentation of

Salon de Mai in Havana instead of at its usual site, Paris. What characterized the *Salon* was its traditional showcasing of the most avant-garde art of Europe. Its presentation in Havana that year was an attempt by the more liberal elements in the Cuban government to strengthen their position and to secure greater autonomy in cultural matters.[16] More than five hundred artists and intellectuals the world over gathered in Havana for the occasion, much to the dismay of veteran Cuban communists. *Salon de Mai* was a rare and shining moment in Cuban arts; it seemed to confirm that the battle for artistic freedom had been won. Undoubtedly, the National Salon of 1970 was a result of that excitement. Carlos Alfonzo remembers it well:

> The 1970 salon was the last exhibition held in Cuba were artists truly showed everything they wanted. It marked the end of free expression; thereafter, all sorts of things were forbidden, and many artists fell out of favor...[17]

Juan Boza was one such artist:

> ... all of us brought out the work which had not been accepted in Cuba: abstract work, erotic art, every bit of the most daring and contemporary expression; it was work influenced by the little we could gloss from foreign magazines and information from abroad. I had been selected to represent Cuba in the Paris Biennial, when the government announced preparations for the Education and Culture Congress. Many artists were removed from their posts. I was one of them. My entry was cancelled, as the government rescinded my permission to participate.[18]

What had been common practice became official policy after the 1971 Education and Culture Congress. New guidelines for the formal education of artists were adopted:

> The ideological formation of young writers and artists is of utmost importance for the Revolution. It is our duty to provide them with technical instruction, to educate them in the ways of marxist-leninist thought, and to arm them with the ideals of the Revolution.[19]

However, there is ample evidence that long before this Congress announced its official program, the agenda at the Education Ministry had been clearly the same.[20] Rafael Soriano, founder and director of the Matanzas School of Fine Arts, remembers that the new fine arts curriculum adopted in 1961 included courses in Marxism as core requirement.[21] Younger Cuban artists also remember being indoctrinated in junior and senior high school; school trips were organized as part of rural exchange programs initiated by the Education Ministry in 1960. Basically, the national objetives of the program were to mobilize the urban student population —from junior high school level, to college— into the rural areas of the country, so that city youths could experience that life, participate in the literacy drive, and become more "Cubanized." But beyond those apparently noble intentions there was a pragmatic agenda: to isolate school-age youngsters —of both sexes— from parental influence and authority, so as to obtain better results with ideological instruction. Mario Bencomo, in particularly, vividly recollects:

> I remember that in junior high school we were shown many documentaries and films, which our teacher then used as source to teach us about the evils of capitalism. I was among several students chosen for a study scholarship to Czechoslovakia; I was thirteen when I was asked to sign a declaration vowing not to leave Cuba with my parents in the event they decided to do so. During the two weeks spent in the countryside, we had to attend political meetings every morning; I hated them more than I hated the bad food, or the lack of sleep, or the unsanitary conditions, or even the fear that anyone could find out how much I wanted to leave Cuba.[22]

Other artists, like Ramón Alejandro and Gilberto Ruiz, recall similar experiences at fifteen and sixteen, but in the context of compulsory military service. Alejandro relates:

> At the onset of the revolution, I left Catholic school and registered at the public high school in La Víbora, where I joined the militia.

Our first trip was to Oriente province, to the Sierra Maestra mountains. We were going to hear Fidel speak in person. None of us knew the jungle-like area of the Sierra. One of the girls in the group was found raped and dismembered; yet no one spoke a word about the tragedy. The chaos inherent in that situation simply terrified me. Part of the daily program was to read from the manuals on dialectical materialism published by the Soviet Academy of Sciences; between the violence I could feel in the environment, and the indoctrination sessions, I decided I had to leave Cuba.[23]

These compulsory school trips, and the rumors that the government would soon enact new child custody laws[24] caused panic among thousands of parents who feared that under the new legislation, the State would have ultimate authority over their children. Between 1960 and 1962, thousands of children and teenagers were sent abroad alone —mostly to Spain and the U.S.— in care of relatives, friends, and in many cases under sponsorship of religious organizations, such as Catholic Charities, who in turn placed them in orphanages and foster homes throughout the U.S.[25] This experience links the lives of artists Mario Bencomo, Carlos Gutiérrez-Solana, Emilio Falero, María Brito-Avellana, Juan González, Luis Cruz Azaceta, Mario Petrirena, Ana Mendieta, and many other Cuban-American artists.

By 1970, the situation for artists and intellectuals in Cuba had deteriorated to extremes, as evidenced by the arrest and censorship of poet Heberto Padilla in 1971, who had been awarded the Unión de Escritores (UNEAC) national prize for poetry in 1968. The deplorable abuse to which Padilla was subjected, the ban on his award-winning book, and his subsequent public confession and apology caused an international uproar among Western intellectuals, who broke publicly with the revolution as a result: Jean Paul Sartre, Simone de Beauvoir, Octavio Paz, Mario Vargas Llosa, Juan Goytisolo, and Susan Sontag, among others.[27]

The Padilla affair set the stage for the Education and Culture Congress, and while plenty could be said about what transpired during the eight days of its duration, the *Resolution* adopted therein, and Fidel Castro's own speech at the closing ceremonies, speak for themselves:

> From now on only revolutionaries will be welcomed here, and we shall make no exceptions... only the supporters of the Revolution... As revolutionaries, we value cultural works only as they have meaning and purpose for our people... Our valuation is strictly political.[28]

And in the *Resolution:*

> Art is a weapon of the Revolution... a product of the struggling morality of our people... It is an instrument with which to safeguard against the enemy's penetration... Our art and our literature shall be a worthy instrument in forging our youth along the lines of revolutionary morality.[29]

The level of paranoia reached peak proportions, and condemnation of anything that hinted at opposing the revolution became absolute. In fact, the community of intellectuals was warned that the revolution rejected.

> ...all pretentious attempts on the part of the bourgeois, pseudo-leftist *mafia* of intellectuals to become the critical consciousness of our society.[30]

This moralist and reactionary character would prevail among the policy-makers of Cuba's cultural life, even after the adoption of a new constitution in 1976.

CENSORSHIP LEGALIZED

Until roughly 1975, official cultural policy in Cuba was expounded through the *Resolution* of the Education and Culture Congress of 1971, through Castro's own speeches, and through pronouncements made along the way by Marxist bureaucrats like José Antonio Portuondo, Lisandro Otero and Armando Hart.[31] Cultural policy enforcement was in the hands of the pertinent government agencies, such as the National

Culture Council, the Union of Writers and Artists (U.N.E.A.C.), the Cuban Film Institute (I.C.A.I.C.), Casa de las Américas, and so on. But with the adoption of a new Constitution in 1976, censorship and repression of artistic and intellectual freedom was raised to the level of national law. In Chapter IV, Article 38, the Constitution specifies that the State:

1   bases its educational and cultural policies on a scientific concept of the world, as set forth and expanded by Marxist-Leninist philosophy;

2   promotes the communist development of new generations of Cubans, and the education of children, youth and adults along those lines;

3   deems that artistic creation is free, *as long as artistic content does not express views contrary to the Revolution.*[32]

Nothing new was established in this document that hadn't already been practiced for the previous fifteen years. However, it legalized the witch-hunt. These official guidelines must be understood in context, as they provide the very evidence that there is no real artistic freedom in Cuba.[33]

These restrictions must also be understood in relation to other sections of the documents, and in relation to the corresponding sanctions delineated in the Cuban Penal Code, to which we will refer later. Article 52, for example, "recognizes the exercise of freedom of speech *in accordance with the goals of our socialist society.*"[34] Article 5 indicates that the Cuban Communist Party "is the ultimate and highest governing force for society and for the State, as it organizes and guides the common effort being made to build a socialist order, and to advance a communist society."[35] And finally, Article 61 clearly reads:

None of the freedoms recognized to individual citizens can be exercised against what is stipulated in the Constitution, or in the law, or against the existence or goals of the socialist State... Violation of this principle is punishable.[36]

It helps to understand, also, the relationship between religion and socialism, as defined in Article 54 of the Constitution:

The socialist State recognizes and guarantees freedom of conscience and the right to profess any religious belief.. [however] *It is illegal to place religious faith or creed before the interests of the Revolution.*[37]

Artists who came into exile at a later date, and who, therefore, lived longer under the revolution, express a pervasive fear of the unchallenged authority of the government. The reason is simple: in Cuba there is no separation between executive (political) and judicial power. The Constitution is enforced through various government agencies, all of which are empowered by the Communist Party. All violations of the law carry sanctions specifically detailed in the Penal Code. For example, Article 237 of the Code in effect in March, 1979, prescribes fines and up to nine months in prison for any abuse of the freedom of religion clause, or for obstructing the educational, military or international objectives of the revolution with one's faith or creed.[38] Along this line, the preparation, distribution, or anonymous publication of any printed matter, or printing any literature without the proper permits, is equally punishable.[39] Belonging to an organization or group not registered with the pertinent government agency carries a sentence of three months in prison, and up to nine months and additional fines for the organizers of said group.[40] Finally, Article 108 of the Code states:

Anyone who incites against international solidarity, or against the socialist State, by means of written or oral propaganda, is subject to imprisonment for one to eight years; anyone who spreads false news, or malicious predictions aimed to alarm the people or to foster discontent among them, or to create public demonstrations, is subject to imprisonment for one to four years.[41]

It is this section of the Code that allowed for the imprisonment of Marxist professor Ariel Hidalgo in 1980 for an eight-year term, on charges of ideological divergence. Hidalgo was among several faculty at Havana University to protest the public trials staged against students in that institution who wished to leave Cuba. State Secret Police searched his house and found manuscripts of essays and studies which critically focused on the shortcomings of Cuban communism. His opinions were deemed contrary to the revolution, in violation of the Constitution, and he was sentenced to the maximum term.[42]

Cuba is not the only country in the world where a work of literature or a painting, or an economics research can be considered dangerous and threatening to the regime in power. It has been the case in Uruguay and in Argentina under right-wing, military juntas, and most probably it is still the case in General Pinochet's Chile and in General Stroessner's Paraguay. However, the recent dictatorships in Uruguay and Argentina lasted seven and fourteen years respectively; it is now fifteen for Chile. Only Paraguay and Cuba endure dictatorial regimes for thirty years now. The great distinction between Cuba and conventional, right-wing, military dictatorships is that these are not governed by strict ideological parameters, nor by constitutional sophistries which legalize the violation of human rights. But that *is* precisely the case in Cuba, which makes the Castro regime a more devastating model, one which is planned with Orwellian precision, buttressed by the supreme law of the land, and by official policy dictated by the one, the only, political party apparatus which forces the artist to demonstrate a high level of ideological commitment, and demands from its cultural bureaucrats the rejection of any work of art or literature that reflects adversely on socialism.[43]

THE ALTERATION OF HISTORY

When the renowned novelist Reinaldo Arenas was imprisoned in the seventies, Cuban cultural authorities repeatedly denied his very existence.[44] "In Cuba we don't have any writer named Reinaldo Arenas; the name doesn't appear on our lists" was the official answer given to Spanish author Juan Goytisolo, who had come to Havana to see him. Meantime, Arenas

novels were on the best-seller list in Europe, already translated into several languages.[45] Since the Padilla affair, works by many foreign authors had been taken out of circulation, especially of those who denounced the regime's censorship: Sartre, Vargas Llosa, Jorge Luis Borges, José Agustín Goytisolo, Arrabal, Octavio Paz, Ionesco, Carlos Fuentes, Jorge Semprun, Simone de Beauvoir, Susan Sontag. The works of Cuban authors whose disaffection was known were also removed: Cabrera Infante, Antón Arrufat, and Padilla, among others.[46]

Traditionally, literature has been the relentless whip of a people against tyranny, and consequently, the writers have been the most oppressed and persecuted among the community of artists. It may be that opposition to tyranny can be camouflaged better on a canvas than it can in a novel. But Cuban visual artists have been equally abused, for in Cuba to be an exile is to be an enemy of the people and of the State, and the State promotes only those artists who play by official rules, those who express themselves and live by the parameters dictated by the Communist Party, those who in no way create conflict with the regime. The State —through its cultural agencies— awards scholarships, grants travel permits to go abroad, approves participation of an artist in foreign events, awards the prizes, and supplies materials. To paraphrase Reinaldo Arenas, the State educates a person, and also has the power to execute him. The State gives artists their prominence, and also erases them. The experiences of Juan Boza, Carlos Alfonzo, Gilberto Ruiz, Eduardo Michaelsen, José Mijares, Cundo Bermúdez, and so many other artists attest to that.

It is revealed, also, in official documents and records. Take, for example, the extensive volume published by the Culture Ministry on the various holdings of the National Museum of Cuba. In the introduction to this book, Marta Arjona, Director of Cuba's Cultural Patrimony, informs the reader that the text "guarantees a stern and accurate judgement" about Cuban painting.[47] But what comes through clearly in the book's main historical essay is a total distortion of the development of Cuban art up to 1959. To cite just a few examples, the famous exhibition of 1944 at the Museum of Modern Art is attributed to "the good-neighborliness of the Yankee State Department"; the names of the artists who participated in that historic show —most of them exiled today— are not even mentioned.[48]

The author also fails to mention the artists who made up the important *Group of the Eleven,* who are also in exile. Instead, there is a complete underestimation of the role played by Cuba's abstract expressionist painters in the fifties, and dismisses them by alleging that their attitude "did not mature into a true revolutionary commitment, which explains some desertions."[49] That on an art history volume, the military term *deserter* be used to speak of artists —even if they are dissident artists— seems quite improper. There is no trace of important names who have been in the museum's collection for three or four decades, artists without whose inclusion an accurate history of twentieth century Cuban art cannot be written. The works of renowned artists Cundo Bermúdez, Mario Carreño, Carmen Herrera, Alfredo Lozano, Daniel Serra-Badué, Rolando López Dirube, Agustín Fernández, Enrique Gay García, Fernando Luis, Eduardo Michaelsen, José Mijares, Emilio Sánchez, Hugo Consuegra, Rafael Soriano, Juan Boza, Carlos Alfonzo, among so many others, have been removed from public view, and are inaccesible, as a result of their exile.

The exclusion of these artists has a devastating effect on the accuracy of what finally will become part of the history of Cuban art after 1960. In fact, artists who came into exile during the Mariel-Key West boatlift in 1980 (Carlos Alfonzo, Juan Boza, Gilberto Ruiz) indicate that the government filters the information about contemporary artists so as to avoid those who are in exile. Officially, Cubans know only about artists up to the first modernist generation; about those who are already dead, or who are not in exile; about the masters of the second and third generation who remained in Cuba, like René Portocarrero and Mariano Rodríguez; and of course, current artists in good terms with the authorities. Alfonzo, Ruiz and Boza discovered their predecessors Ca-

rreño, Bermúdez, Fernández, Dirube, Lozano, Mijares and others, after leaving Cuba in 1980. Information about younger Cuban artists who live abroad is also restricted. The exceptions are few, as was the case with Ana Mendieta, whose acceptance and official sponsorship in Cuba were tied to her open rejection of Cuban exile realities and her militance in pro-Castro circles, all of which served Cuba's propaganda quite well.[50]

Mention should be made, also, of the inexplicable collaboration given abroad to Cuba's disinformation campaign. This phenomenom is almost exclusively American today, for in Europe, and in many parts of Latin America, the revolution lost its humanistic facade a long time ago. But in the United States, the myth lingers, anchored in the anglocentric position of many American art critics, who insist on applying a leniency to Cuba's thirty-year record of censorship that is not bestowed on right-wing, Latin American dictatorships. Seen from their perspective, the story of post-revolutionary Cuban art is laden with half-truths. The instances of misrepresentation have been numerous throughout the years, and we will limit our documentation herein to the article "Report from Havana: Cuban Conversation" published in *Art in America* in March, 1987. In it, the authors, Rudolf Baranik, Luis Camnitzer, Eva Cockcroft, Douglas Crimp, and Lucy Lippard, assert, while joyfully recollecting their II Havana Biennial experience of 1986:[51]

> ...many Latin American artists don't live in their countries of origin; they are exiles living in Paris or New York or México. And this is one of the things that differentiates the Cuban artists from their fellow Latin Americans. The Cubans live in Cuba.[52]

As this issue of *Art in America* reached newstands and subscribers alike, *Outside Cuba/Fuera de Cuba* was being inaugurated, highlighting the work of forty-eight exiled Cuban artists, and bringing attention, indirectly, to the existence of so many more.[53] Artists both young and old, who share the painful experience of exile; artists with their share of assassinated or imprisoned fathers; artists with families torn by ideology; artists haunted by memories of tortured or murdered friends; artists whose trajectory has been erased from the history of their people; artists who have committed suicide, or who still bear the scars of the most cruel humiliations. Artists destined to reconstruct their own identity each and every day.

We challenge anyone to gather, not hundreds, only forty-eight exiled visual artists from another Latin American country... *exiled and banished* artists, no longer acknowledged in their respective countries. Let this essay, this exhibition, and this project be a modest chapter of the un-official story.

NOTES

1 Cuba wins its independence from Spain in 1898; until 1958 it withstood two major dictatorships, that of General Machado (1929-1933) and General Batista's (1952-1958). Some historians place the beginning of the present political crisis not on January 1, 1959 (the day the revolution comes to power), but on March 10, 1952, the day of Batista's coup d'etat against President Carlos Prio Socarrás.

2 José Martí, "Manifiesto de Montecristi," 1895 in *Obras Escogidas* (Selected Works), 1981, Editorial Política, La Habana, Vol. II, pp. 475-483.

3 Preamble, "Constitution of Cuba, 1976," in *Cuba Internacional*, No. 102, March-April, 1978.

4 José Martí, "Con todos y para el bien de todos," speech delivered in Key West, Florida, November 26, 1891. In *Obras Escogidas*, op. cit.

5 José Martí (1853-1895) a poet, and perhaps the most distinguished national figure in Cuba's history. He lived in exile in the United States practically his whole life. From exile he inspired and promoted the cause of Cuba's independence, and died in battle without realizing his dream.

6 For purposes of this essay, artists who are exiled by their own decision are those who left Cuba as adults, fully conscious of their actions; or those who, having resided abroad before January, 1959, have remained outside Cuba for reasons that encompass the political climate. This includes all artists of the second and third generation, and some in the fourth and fifth. By contrast, artists exiled as a result of circumstances are those who were children or teenagers when they left Cuba by decision of their parents; who have studied and matured outside Cuba, and who maintain a cultural link with the exiled Cuban community. This includes practically all artists in the fourth, fifth and sixth generation.

7 *Lunes de Revolución* was the weekly cultural publication of the official newspaper *Revolución*, published under the direction of renowned author Guillermo Cabrera Infante and veteran revolutionary Carlos Franqui, exiled today in England and Italy, respectively. *P.M.* was a short documentary that focused on Havana's night life, which became the pivot of the controversy between the old guard of the Cuban Communist Party, and a younger generation of intellectuals. Public protest against the ban on *P.M.* was waged from *Lunes* headquarters, which prompted the government to shut down the publication. (See Carlos Ripoll, *Harnessing the Intellectuals: Censoring Writers and Artists in Today's Cuba*, Cuban American National Foundation, Washington, D.C., 1985).

8 Armando Hart fought against Batista and suffered prison; from 1959 until 1976 he was Minister of Education, a key position when seen in light of the massive programs implemented in literacy, re-education, and indoctrination. He was designated Minister of Culture when the unit was created in 1976.

9 Fidel Castro, "Words to the Intellectuals," 1961, in Carlos Alberto Montaner, *Secret Report on the Cuban Revolution*, Ediciones SEDMAY, S.A., Madrid, 1976.

10 Maurice Halperin, ''Culture and the Revolution,'' *The Rise and Decline of Fidel Castro*, University of California Press, Berkeley, 1974, pp. 351-353.

11 In a letter dated September 16, 1964, Mariano Rodríguez demanded a formal explanation from his colleague José Mijares, as to the reasons for his refusal to join the Union: ''This organization, official vehicle of the revolution, requires from its members a clear revolutionary position.'' (From original letter, in Montaner, op. cit., p. 140).

12 *Improper Conduct* (Mauvais Conduite), 1984; Margaret Menegoz, Barlet Schroeder, Les Filmes du Losagne and ANTENNE 2, Producers; Nestor Almendros and Orlando Jiménez-Leal, Directors; distributed by CINE-VISTA, Inc.; *Nobody Listened* (Nadie Escuchaba), 1988; Produced by the Cuban Human Rights Film Project, USA; Jorge Ulla and Nestor Almendros, Directors; distributed by Jonathan Diamond Associates. Both documentaries have been presented by invitation in prestigious film festivals in the U.S. and in Europe.

13 José Mario, interview included in *Improper Conduct*, Nestor Almendros and Orlando Jiménez-Leal, Editorial Playor, Madrid, 1984, p. 37.

14 Jaime Bellechasse and Ileana Fuentes-Pérez, ''Raúl Martínez: Revolutionary or conformist?,'' *Unveiling Cuba*, No. 6, January, 1984, p. 11.

15 *Ibid.*

16 Maurice Halperin, op. cit.

17 Interview with Carlos Alfonzo, conducted by Inverna Lockpez in Miami, 1986.

18 Interview with Juan Boza, conducted by Ricardo Viera in New York, 1986.

19 Carlos Alberto Montaner, op. cit.

20 The Ministry of Education had jurisdiction over education and culture between 1959 and 1976. It's of interest to note that when Casa de las Americas was founded in Havana, Haydée Santamaría, Hart's wife and a veteran of the Sierra Maestra, was named to head it. All in the family, so to speak. Santamaría committed suicide on July 26, 1980, in the midst of the Mariel crisis; the date was too significant for a high-ranking and visible official to take her life. Santamaría had been one of only five women in the 100-member Central Committee of the Communist Party. *Gramma*, the official newspaper, did not report her death until the 29th of July; the announcement was buried in an insignificant paragraph, not worthy of her rank.

21 Interview with Rafael Soriano, conducted by Ricardo Viera in Miami, 1986.

22 Interview with Mario Bencomo, conducted by Inverna Lockpez in Miami, 1986.

23 Telephone interview with Ramón Alejandro, conducted by Inverna Lockpez in 1986.

24 The rumor about a new *Patria Potestas* bill was the worse to circulate in Cuba between 1960 and 1963. It was said that, if adopted into law, the revolution would gain authority over the lives of children, and be able to plan their future with or without parental approval. When schools began to draft lists of potential candidates for scholarships to Soviet block countries, people panicked, and this resulted in the massive exodus of thousands of children whose parents simply sent them alone to safety abroad. Many of those families have not been reunited, and among many who have, the familial relationships have not been rekindled.

25 For several years, the children were met in Miami by the Catholic Charities Organization of Dade County, which set up two camps —Matecumbe for boys, Kendall for girls— from where thousands of children were relocated to orphanages and foster homes across the United States. Reverend Brian Walsh tirelessly coordinated the program.

26 See Heberto Padilla, *Fuera del Juego: El caso Padilla*, Editorial San Juan, Puerto Rico, 1971. Cuba's entry into the Soviet Union's sphere of influence had repercussions in the arts. When Cuba succumbed a Soviet agenda, Cuban cultural authorities consolidate a dogmatic and stalinist approach to culture.

27 Carlos Alberto Montaner, op. cit.

28 Fidel Castro, ''Closing Speech,'' First National Congress of Education and Culture, 1971, cited in Carlos Alberto Montaner, op. cit., p. 134.

29 Resolution, First National Congress, op. cit., p. 151.

30 *Ibid.*, p. 152. Over fifty derogatory references are made against Cuban and foreign intellectuals, both by Castro in his closing speech and in the congress' *Resolution*: insane, eternally insensitive, oblivious to the world's reality, fallen sheep, insidious, poisonous, conspirators, garbage, liberal bourgeois gentlemen, mercenaries of Yankee imperialism, corrupt to the bone, exploiters, imperialist pigs, colonialists, petty agents of cultural imperialism, shameless, usufructuaries of fame, frauds, bourgeois libelists, CIA agents, vagrants, unproductive parasites, executioners, oppressors, witches, rats, false intellectuals, opportunists, pharisees, deserters, hypocrites, traitors, among other things.

31 See Carlos Ripoll, op. cit., pp. 25-33.

32 Cuban Constitution, op. cit., p. 36 c and 36 d.

33 Castro has said on several occasions that there are two types of freedom: capitalist freedom, and socialist freedom. That is why official sources insist that there is artistic freedom in Cuba: socialist artistic freedom; another of the so many demagogical rationales of Cuba's revolutionary rhetoric.

34 Cuban Constitution, op. cit., p. 36 d.

35 Ibid., p. 36 b.

36 Ibid., p. 36 e.

37 Ibid, p. 36 d.

38 Penal Code of the Republic of Cuba, Article 237, in *Gaceta Oficial*, Edición Extraordinaria, No. 3, La Habana, 1979, p. 82.

39 Ibid., Article 241, p. 83.

40 Ibid., Article 239 and 240, p. 82.

41 Ibid., Article 108, p. 66.

42 Carlos Ripoll, op. cit., pp. 38-41. Hidalgo was freed in August of 1988 after completing his full eight-year sentence. At a New York press conference sponsored by the renowned theatre producer, Joseph Papp, held a few days after his arrival in the U.S., Hidalgo denounced the horrendous conditions which still prevail in Cuba's prisons.

43 "Resolution No. 21, Documents of the First Congress of the Cuban Communist Party," in *Casa de las Américas*, Nov.-Dec., 1976.

44 Testimony of Reinaldo Arenas, in Nestor Almendros and Orlando Jiménez-Leal, *Improper Conduct*, op. cit., pp. 149-150, 165-167.

45 Testimony of Juan Goytisolo, in Nestor Almendros, op. cit., pp. 132-133.

46 Carlos Alberto Montaner, op. cit., pp. 154-155.

47 Marta Arjona, "Introduction," *Pintura: Museo Nacional*, Letras Cubanas, La Habana, Cuba, and Editorial de Artes Aurora, Leningrad, 1978.

48 Jorge Rigol, "Pintura Cubana," in *Pintura: Museo Nacional*, op. cit., p. 21.

49 Ibid., p. 22.

50 Ana Mendieta was one of those children who arrived alone in Miami in the early sixties; she grew up in Iowa, where she finished college. Undoubtedly, Mendieta achieved prominence in American art, an achievement which was not devoid of the advantage derived from an open pro-Castro position. In 1981-82 she travelled and worked in Cuba, during which she completed her famous Jaruco Series. In many ways, the trauma of exile inspired her to look for her roots, in ways which were clearly controversial for a Cuban exile. Although she supported the revolution for many years, people close to her claim that the controversy was taking a new turn in her mind: that of re-evaluating her opinion of the revolution, and of seeking truths which had not been so apparent. Ana died tragically in New York in 1985.

51 As explained in the same article, the authors were guests of the Wifredo Lam Center, where they participated in several official activities. In addition, Baranik, Cockcroft, and Lippard helped to coordinate the exhibition "Over the Blockade" which included the works of many well-known contemporary American visual artists. This exhibition was like a "collection on route to its permanent home," organized to express solidarity with Cuba's artists. It is ironic that the American artists included in "Over the Blockade" will have their work shown in Cuba while numerous Cuban exile artists cannot. There has been great solidarity among world writers and their Cuban exile colleagues; this is generally not the case in the visual arts, particularly in the United States.

52 "Report from Havana: Cuban Conversation," *Art in America*, Vol. 75, No. 3, March, 1987, p. 29.

53 To date, the *Outside Cuba/Fuera de Cuba* project has identified more than three hundred Cuban visual artists who live permanently outside their country.

Many murals now occupy public spaces in the city of Havana, works which mobilize the masses to support the revolution, or reflect aspects of the new socialist reality. The agenda is political, not artistic. This mural created in the late fifties by *Amelia Peláez*, and made entirely of mosaic tile, could have been restored and conserved as a national artistic treasure. Instead the authorities chose to demolish the most important monumental work by Cuba's foremost woman artist.

En la actualidad es común encontrar murales en toda la isla de Cuba, obras que mobilizan el apoyo popular a la revolución, o que simplemente reflejan la nueva realidad socialista. La agenda es política, no artística. Este mural, creado por *Amelia Peláez* a fines de los años cincuenta y construido totalmente de mosaicos, pudo haber sido restaurado y conservado como tesoro artístico nacional. Por el contrario, las autoridades prefirieron destruir esta obra monumental de la pintora cubana más importante de este siglo.

POR DECISION O POR CIRCUNSTANCIA

RAZONES DE UN EXILIO INEVITABLE

ILEANA FUENTES-PEREZ

Esta exposición trata del surgimiento del arte cubano en "horizontes distantes" de Cuba, y este ensayo, en particular, enfoca las causas de ese fenómeno, el acontecer de cómo un gobierno pretende someter la vida cultural de una nación a su absoluto control. Es de conocimiento público que durante la era de Stalin, los pueblos de la Unión Soviética vieron alteradas no solamente la veracidad histórica del pasado, sino también la documentación del presente en todos los niveles, incluso los culturales. Cincuenta años más tarde, se reivindican en Rusia docenas de nombres que habían sido purgados.

Lo mismo tendrá que suceder en Cuba, para que generaciones futuras puedan conocer los hechos como sucedieron, y no como se registran en la historia oficial. Porque el gobierno cubano, siguiendo fielmente los viejos parámetros estalinistas, ha emprendido, desde hace años, una campaña sistemática de desinformación, dentro del país y en el extranjero, destinada a borrar del mapa histórico a su disidencia, y a relatar selectivamente lo que acontece fuera de su dominio.

Casi en vísperas del trigésimo aniversario del inicio del régimen actual, Cuba es un país *retroencaminado* hacia el totalitarismo. *Retroencaminado*, porque el proyecto humanista y libertario de patria que se inicia a principios del Siglo XIX, y que se lleva a la práctica —si bien imperfecta— entre 1902 y 1958, parecería ser una meta obstaculizada por las tradiciones inquisitoriales y caudillistas que nos legara la España colonial hace casi cinco siglos.[1]*

Citemos a José Martí:"Yo quiero que la ley primera de nuestra república sea el culto de los cubanos a la dignidad plena del hombre".[2] Su visión de poeta y libertador nos insta a hablar de la censura. Sus palabras hallan aquí el contrapunto a su inclusión en el preámbulo de la Constitución Cubana de 1976, donde irónicamente se han utilizado para impartir credibilidad al programa de "llevar adelante la Revolución triunfadora... que inició la construcción del socialismo y, con el Partido Comunista al frente, la continúa con el objetivo de edificar la sociedad comunista".[3]

El sueño martiano de una Cuba "con todos y para el bien de todos"[4] se aleja cada vez más con cada cubano que busca asilo, o que es marginado por razones ideológicas dentro de Cuba. Se ha ensombrecido por el hecho de que cientos de artistas, escritores e intelectuales hayan tenido que buscar horizontes extranjeros una vez más, como hiciera él en su condición de exiliado en las postrimerías del siglo pasado.[5]

Más de un siglo de lucha por la libertad se ha reducido a la nada en las últimas décadas. Si bien la historia del pueblo cubano —y de sus artistas y pensadores— está plagada de exilios, el que se inicia a partir de 1959 es alarmante, no sólo por su volumen (1.2 millones de personas, el 12% de la población global cubana), y por su duración (ininterrumpido por casi treinta años), sino porque lo agravan un proceso sistemático de difamación, de alteración de la historia, y una censura institucionalizada y legal, jamás practicados por ningún gobierno contra sus opositores o disidentes desde la instauración de la República en 1902.

* Las notas comienzan en la página 37

CRONOLOGIA

La censura de que han sido objeto infinidad de artistas e intelectuales les ha llevado al exilio, por decisión propia o por circunstancias.[6] Este capítulo se inicia oficialmente en 1961 con la suspensión del semanario *Lunes de Revolución* y la prohibición del cortometraje *P.M.*,[7] orquestadas por el gobierno mediante conversaciones públicas entre artistas y las autoridades pertinentes, entre ellas Armando Hart, el entonces Ministro de Educación, hoy Ministro de Cultura.[8] El incidente provocó el famoso discurso "Palabras a los Intelectuales" de Fidel Castro, en que resalta el siguiente pasaje:

> ...la Revolución tiene sus derechos, y el primer derecho de la Revolución es el de existir, y en contra del derecho de la Revolución a existir, nadie... ¿Cuáles son los derechos de los artistas y escritores revolucionarios o contrarrevolucionarios? Dentro de la Revolución, todo; fuera de la Revolución, ningún derecho.[9]

Entre 1961 y 1968 la pugna entre los dos bandos de izquierda —la vieja guardia leal a Moscú, y los nuevos cuadros, que buscaban posiciones más abiertas— se llevó también al ámbito cultural; hubo solamente un breve interludio denominado "período de la herejía" durante el cual se disfrutó de una libertad relativa en las artes.[10] No obstante la presión oficial se hizo sentir sin descanso. La creación de la UNEAC (Unión Nacional de Escritores y Artistas de Cuba) en 1961 hizo obligatoria la militancia política de los artistas de todas las disciplinas al exigirles su integración a dicho organismo. José Mijares, por ejemplo, se negó a hacerlo, y fue uno de los primeros en sufrir los efectos de tal postura, a manos del también pintor Mariano Rodríguez, Secretario de la Sección de Artes Plásticas de la UNEAC.[11] Asomaba el estalinismo a través de los recién nombrados comisarios culturales.

No puede hacerse un repaso de este período, por muy somero que sea, sin mencionar los campamentos de la UMAP (Unidades Militares de Ayuda a la Pro-ducción) donde pasaron meses infernales cientos de artistas e intelectuales entre 1965 y 1968. A la UMAP fueron jóvenes bohemios, escritores, bailarines, estudiantes universitarios, testigos de Jehová, opositores de conciencia, homosexuales, personas de conducta divergente, que simplemente eran recogidos en cualquier esquina, y enviados a esos campamentos. Muchos fueron los torturados y los asesinados en la UMAP, según recientes testimonios recogidos en las películas *Conducta Impropia y Nadie Escuchaba*,[12] y se "reeducaron" miles de individuos acusados de homosexualidad, siguiendo el lema inscrito a la entrada de los campamentos: "El trabajo os hará hombres".[13]

El período entre 1961 y 1966 vio la salida al exilio de muchísimos artistas establecidos, y también la purga de muchos otros que por diversas razones ideológicas, incluso sexuales, fueron expulsados de escuelas y talleres, como fue el caso de Raúl Martínez, miembro del *Grupo de los Once* en los años cincuenta. Martínez fue expulsado de su puesto de profesor de diseño y teatro en la Escuela Nacional de Arte (Cubanacán) y de su cátedra de humanidades en la Universidad de La Habana, acusado de homosexual, a mediados de la década de los sesenta.[14] Es también la época en que el gobierno censura la obra de la renombrada pintora Antonia Eiriz porque sus cuadros —de un expresionismo dramático y casi grotesco— no reflejaban el optimismo necesario para la construcción del socialismo.[15]

No obstante los graves incidentes individuales, en enero de 1968 se llevó a cabo el evento más importante en la plástica cubana hasta aquel momento: la presentación del *Salón de Mayo* en La Habana, en vez de en su tradicional sede, París. El *Salón de Mayo* se caracterizó siempre por su contenido ultra-vanguardista, y su traslado a La Habana fue un esfuerzo para lograr la autonomía cultural procurada por los sectores más liberales.[16] Más de quinientos artistas e intelectuales de todo el mundo se dieron cita en La Habana para el evento, con gran disgusto de los dogmáticos, tanto en el Caribe como en Moscú. El *Salón de Mayo* fue esperanzador para el arte cubano; parecía que la lucha por la libertad de creación ganaría la batalla, e indiscutiblemente dio lugar al *Salón Nacional* de 1970. Carlos Alfonzo recuerda bien aquel momento:

El *Salón '70* fue la última exposición que hubo en Cuba donde verdaderamente los artistas exhibieron todo lo que quisieron. Fue muy controversial. El Salón dio al traste con la expresión libre en Cuba; después prohibieron una serie de cosas, y cayeron en desgracia muchos artistas...[17]

Entre los purgados estaba Juan Boza:

... los artistas jóvenes sacamos toda la obra que no era aceptada en Cuba: el arte abstracto, el erótico, la temática más atrevida y contemporánea, según la interpretábamos de las pocas revistas y noticias que se recibían del extranjero. Me habían seleccionado para representar a Cuba en la Bienal de París, cuando se organiza el Congreso de Educación y Cultura, a raíz del cual se expulsan de sus plazas a muchos artistas. Yo fui uno de ellos. El gobierno no me permitió participar en la Bienal.[18]

Lo que por ocho o nueve años había sido práctica común, se formalizó en dicho Congreso, efectuado en abril de 1971, en el que se adoptaron nuevos parámetros para la educación del artista:

La formación ideológica de los jóvenes escritores y artistas es una tarea de máxima importancia para la Revolución. Educarlos en el marxismo-leninismo, pertrecharlos de las ideas de la Revolución, y capacitarlos técnicamente es nuestro deber.[19]

Pero la evidencia de que esta filosofía ya estaba incorporada a la agenda del Ministerio de Educación desde 1960-61 es irrefutable.[20] A Rafael Soriano, director y fundador de la Escuela de Bellas Artes de Matanzas, le impusieron en 1961 un nuevo currículo en el que aparecían como obligatorias las asignaturas sobre marxismo-leninismo.[21] Los artistas más jóvenes recuerdan el adoctrinamiento en la secundaria básica, a través de los programas obligatorios en el campo, que entraron en vigencia en 1960. Básica-

mente, estaban orientados a movilizar al estudiantado urbano —desde la secundaria básica hasta el nivel universitario— para que experimentara la vida campesina, participara en la campaña de alfabetización y se "cubanizara" mejor. Pero más allá de esa noble intención estaba la de aislar a los muchachos de ambos sexos de la influencia familiar para lograr mejores resultados en la instrucción ideológica. Mario Bencomo relata esta vivencia:

Recuerdo haber visto muchos documentales en la secundaria básica, y al profesor instruyéndonos sobre los defectos del capitalismo. Me seleccionaron para estudiar becado en Checoslovaquia, y trataron de obligarme a firmar un papel a los trece años de edad en que yo prometía no irme de Cuba con mis padres si ellos decidían irse. Durante las dos semanas que estuvimos en el campo, había mítines políticos todas las mañanas; eso me molestaba más que la mala comida, o la falta de sueño, o la falta de higiene, o el miedo de que se supiera de mis terribles ganas de irme de Cuba.[22]

Otros, como Ramón Alejandro y Gilberto Ruiz, recuerdan experiencias parecidas a los 15 y 16 años, pero en el contexto del servicio militar obligatorio. Relata Alejandro:

Cuando triunfa la revolución yo dejo la escuela católica, me matriculo en el Instituto de La Víbora, y me incorporo a la milicia. El primer viaje fue a Oriente, a la Sierra Maestra, para oír hablar a Fidel. Ninguno de nosotros conocía aquella zona casi selvática. A una de las muchachas la violaron y apareció descuartizada. No se habló nada del asunto; pero aquel caos me impresionó profundamente. De rigor teníamos que estudiar los textos de materialismo histórico de la Academia de Ciencias de la Unión Soviética; entre la violencia del medio natural, y el adoctrinamiento, nació mi decisión de irme del país.[23]

Esos viajes obligatorios al campo, y la rumorada *Ley de la Patria Potestad*[24] catalizaron el pánico de miles y miles de padres que, ante el miedo que la revolución les arrebatara sus hijos aún niños o adolescentes, optaron por enviarlos solos al extranjero bajo la tutela de amistades o parientes, y en la mayoría de los casos, a cargo de agencias religiosas en España y Estados Unidos. Agencias como la Caridad Católica ubicaron a esos niños en orfelinatos y casas adoptivas en todo el país.[25] Esa experiencia vincula las vidas de Mario Bencomo, Carlos Gutiérrez-Solana, Emilio Falero, María Brito-Avellana, Juan González, Luis Cruz Azaceta, Mario Petrirena, Ana Mendieta, y muchos otros artistas cubanonorteamericanos.

Para 1970, la situación de los artistas e intelectuales cubanos se había deteriorado al extremo. En 1971 se produce el arresto y censura del poeta Heberto Padilla, premio de la Unión de Escritores (UNEAC) en 1968.[26] El atropello bochornoso de que fue víctima Padilla, la condena de su libro premiado, y su subsecuente autocrítica pública, causaron la ruptura de un gran número de intelectuales europeos y latinoamericanos de izquierda con la revolución: Jean-Paul Sartre, Simone de Beauvoir, Octavio Paz, Mario Vargas Llosa, Juan Goytisolo, Susan Sontag, entre otros.[27]

El caso Padilla marcó la pauta para la celebración del Congreso de Educación y Cultura. Mucho puede decirse de aquel evento que duró ocho días; pero más dicen por sí solas la *Resolución* adoptada en la sesión de clausura, y el discurso de Fidel Castro en la misma:

> Tendrán cabida ahora aquí, y sin contemplaciones de ninguna clase... únicamente los revolucionarios... Nosotros como revolucionarios valoramos las obras culturales en función de los valores que entrañen para el pueblo... Nuestra valoración es política.[28]

Y en la *Resolución:*

> El arte es un arma de la Revolución... un producto de la moral combativa de nuestro pueblo... Un instrumento contra la penetración del enemigo... Nuestro arte y literatura serán un valioso medio para la formación de la juventud dentro de la moral revolucionaria...[29]

La paranoia se hizo el orden del día, y rotundo el rechazo oficial de todo lo que aparentara ser contrarrevolucionario. Es más, a los intelectuales se les advierte que la revolución repudia

> ... las pretensiones de la mafia de intelectuales burgueses seudoizquierdistas de convertirse en la conciencia crítica de la sociedad.[30]

Quedó, pues, establecido el carácter moralista y reaccionario que iba a regir la vida cultural cubana incluso después de la adopción de una nueva constitución en 1976.

LA LEGALIZACION DE LA CENSURA

La política cultural del gobierno cubano se rigió hasta 1975 por los reglamentos delineados en la *Resolución* del Congreso de 1971, en los discursos de Castro, y en los planteamientos sobre cultura hechos por oficiales marxistas como José Antonio Portuondo, Lisandro Otero y el mismo Armando Hart,[31] puestos en vigor a través de los diversos aparatos burocráticos, como el Consejo Nacional de Cultura, la UNEAC, el ICAIC (Instituto Cubano del Arte y la Industria Cinematográficas), Casa de las Américas. Pero con la adopción de la nueva constitución en 1976, se eleva a nivel de ley nacional la censura y la represión artística e intelectual en la isla.

El documento estipula en el Capítulo IV, Artículo 38, que el Estado:

1 fundamenta su política educacional y cultural en la concepción científica del mundo, establecida y desarrollada por el marxismo-leninismo;

2 promueve la formación comunista de las nuevas generaciones y la preparación de los niños, jóvenes y adultos;

3 [considera] libre la creación artística, *siempre que su contenido no sea contrario a la Revolución''.*[32]

No se estableció mediante este documento nada nuevo en la práctica de los quince años anteriores, pero se legalizó la *caza de brujas.* Hay que entender estos parámetros en su contexto, ya que ellos son la prueba de que no hay libertad de expresión artística en Cuba.[33]

Es preciso, además, entender estos postulados a la luz de otros en el mismo documento, y de las secciones correspondientes en el Código Penal. El Artículo 52, por ejemplo, "reconoce a los ciudadanos libertad de palabra *conforme a los fines de la sociedad socialista*".[34] El Artículo 5 señala que el Partido Comunista de Cuba "es la fuerza dirigente superior de la sociedad y del Estado, que organiza y orienta los esfuerzos comunes hacia los altos fines de la construcción del socialismo y el avance hacia la sociedad comunista".[35] Finalmente, el Artículo 61 claramente informa:

> Ninguna de las libertades reconocidas a los ciudadanos puede ser ejercida contra lo establecido en la Constitución y las leyes, ni contra la existencia y fines del Estado socialista... La infracción de este principio es punible.[36]

También es necesario saber la relación entre religión y socialismo, definida en el Artículo 54:

> El Estado socialista reconoce y garantiza la libertad de conciencia y el derecho de cada uno a profesar cualquier creencia religiosa... *Es ilegal oponer la fe o la creencia religiosa a la Revolución.*[37]

Los artistas que vivieron más años bajo la revolución expresan el miedo colectivo a la autoridad incuestionable del gobierno, y es que no hay separación entre el poder judicial y el poder ejecutivo o político en Cuba. La Constitución se ejecuta mediante los organismos pertinentes, y todo desacato acarrea una pena prescrita en el Código Penal. Si nos referimos al código vigente en marzo de 1979, vemos en el Artículo 237 que el abuso de la libertad de cultos y la oposición de creencias religiosas a los objetivos docentes, militares e internacionales de la revolución es sancionable con multas y cárcel hasta un período de nueve meses.[38] Así mismo, la confección, difusión o publicación anónima de cualquier impreso, o de impresos que no tengan los permisos requeridos, es igualmente punible.[39] El pertenecer a una organización o grupo no inscrito en la agencia pertinente conlleva una pena máxima de tres meses de cárcel, y los organizadores de dicho grupo sancionables con multa y hasta nueve meses de cárcel.[40] Finalmente, el Artículo 108 dispone:

> Incurre en sanción de privación de libertad de uno a ocho años el que incite contra la... solidaridad internacional o el Estado socialista, mediante la propaganda oral o escrita; el que difunda noticias falsas o predicciones maliciosas tendentes a causar alarma o descontento en la población, o desorden público, incurre en sanción de privación de libertad de uno a cuatro años.[41]

Este Artículo es precisamente el que permite que al profesor marxista Ariel Hidalgo se le condenara, en 1980, a ocho años de cárcel por diversionismo ideológico. Hidalgo fue uno de varios profesores que protestaron contra los actos de repudio a las personas que se iban de Cuba. La Seguridad del Estado allanó su casa, y encontró manuscritos de estudios y ensayos que enjuiciaban severamente el comunismo cubano. Su posición de crítica fue juzgada de contrarrevolucionaria, en violación de la Constitución, por lo que se le aplicó la condena máxima.[42]

Cuba no es el único país del mundo donde una obra de arte o de literatura, o un análisis de economía pueda considerarse amenazante al régimen de turno. También lo ha sido en el Uruguay y en la Argentina bajo regímenes militares de derecha, y probablemente lo sea aún en el Chile del General Pinochet y en el Paraguay del General Stroessner. Pero en la Argentina y en el Uruguay, recientes dictaduras duraron siete y catorce años, respectivamente; en Chile acaba de cumplir quince. Sólo el Paraguay y Cuba arrastran sus dictaduras por treinta años. La gran diferencia entre Cuba y el resto de los regímenes militares convencionales de derecha, es que estos no se rigen por estrictos parámetros ideológicos, ni por refinamientos constitucionales que legalicen la violación de los derechos humanos; en Cuba sí. Esto hace del régimen cubano una versión más devastadora, orwellianamente planificada, respaldada por la ley suprema de la nación, y por la política oficial dictada por el único partido que exige del artista un alto nivel de conciencia ideológica como requisito a su supervivencia y desarrollo, y además exhorta a las agencias culturales a rechazar toda obra que legitimice o plantee una imagen adversa al socialismo.[43]

LA ALTERACION DE LA HISTORIA

Cuando el renombrado novelista Reinaldo Arenas cayó preso en los años setenta, su existencia fue negada descaradamente por las autoridades.[44] "En Cuba no tenemos ningún escritor llamado Reinaldo Arenas; no aparece en nuestras listas" fue la respuesta dada a las persistentes indagaciones del escritor español Juan Goytisolo en La Habana. Entre tanto, en Europa la obra de Arenas se difundía en varios idiomas.[45] Ya desde el caso Padilla, se retiraron de circulación en Cuba las obras de autores extranjeros que denunciaron los atropellos del régimen, como Sartre, Vargas Llosa, Jorge Luis Borges, José Agustín Goytisolo, Fernando Arrabal, Octavio Paz, Ionesco, Carlos Fuentes, Jorge Semprún, Simone de Beauvoir, y Susan Sontag; y también las de escritores nacionales que no mostraban su adhesión, como Cabrera Infante, Antón Arrufat, y el propio Padilla.[46]

La literatura ha sido tradicionalmente el látigo implacable de los pueblos contra las dictaduras, y en consecuencia los escritores los más fustigados de la comunidad de artistas. Si bien en las artes plásticas se puede disimular el repudio mucho mejor que en la literatura, los artistas, no obstante, sufren los mismos atropellos. En Cuba se considera a todo exiliado un enemigo del pueblo y del Estado, y el Estado sólo se ve obligado a promocionar a aquellos que respetan las reglas del juego, los que se expresan dentro del marco delineado por el Partido Comunista, los que de ninguna forma crean conflictos con el régimen. Es el Estado —a través de sus organismos culturales— el que otorga becas, el que da permisos para viajar al extranjero, el que aprueba la participación en exposiciones en el exterior, el que premia, el que suministra materiales. Parafraseando las palabras de Reinaldo Arenas, el Estado educa al ser humano y también puede ejecutarle; le da vigencia al artista, y también le borra. Esta realidad cotidiana la recoge el testimonio de Juan Boza, de Carlos Alfonzo, de Gilberto Ruiz, de Eduardo Michaelsen, de José Mijares, de Cundo Bermúdez.

Es, además, lo que nos revelan diversos documentos culturales, como por ejemplo, el extenso volumen publicado por el Ministerio de Cultura sobre las colecciones de arte del Museo Nacional de Cuba. En la "Presentación" que prologa dicho tomo, Marta Arjona, directora de patrimonio cultural, advierte que el libro "garantiza un enjuiciamiento severo y certero" de la pintura cubana.[47] Pero lo que resalta en el resto de los textos es la tergiversación del desarrollo del arte contemporáneo cubano antes de 1959. Por ejemplo, se atribuye la famosa exposición de 1944 en el Museo de Arte Moderno de New York a la "buena vecindad propiciada por el Departamento de Estado yanqui"; no se mencionan los nombres de los artistas que en ella participaron, casi todos exiliados hoy.[48]

Tampoco se mencionan, ni por respeto historiográfico, los nombres de los más destacados miembros del *Grupo de los Once*, ni del *Grupo de los Diez Pintores Concretos*, ahora en el exilio, sino por el contrario, se subestima el acontecer de los pintores abstractos de los años cincuenta alegando que la actitud de muchos "no llegó a cuajar en un verdadero compromiso revolucionario. Así se explican algunas deserciones".[49] En un libro sobre historia del arte se aplica a los pintores —si bien disidentes— una terminología militar: *desertores*. Ni rastro de nombres importantes que figuraban en la colección del Museo Nacional, sin los cuales no se puede relatar la historia del arte cubano del siglo XX. Las obras de artistas tan notables como Cundo Bermúdez, Mario Carreño, Carmen Herrera, Alfredo Lozano, Daniel Serra-Badué, Rolando López-Dirube, Agustín Fernández, Enrique Gay García, Fernando Luis, Eduardo Michaelsen, José Mijares, Emilio Sánchez, Hugo Consuegra, Rafael Soriano, Juan Boza, Carlos Alfonzo, entre tantos otros, han sido retiradas de exhibición y por tanto son inaccesibles.

Esta exclusión afecta terriblemente la exactitud de los hechos que finalmente conformarán la historia del arte cubano a partir de 1960. Es más, el testimonio de los artistas venidos de Cuba en la flotilla Mariel-Cayo Hueso (Carlos Alfonzo, Juan Boza, Gilberto Ruiz) indica que sólo se conocen en Cuba aquellos artistas de la primera generación y los anteriores; los ya fallecidos y que nunca salieron al exilio; y los maestros de la segunda y tercera generación que permanecieron en Cuba, como René Portocarrero y Mariano Rodríguez. Alfonzo, Ruiz y Boza descubrieron a sus predecesores Carreño, Bermúdez, Fernández, Dirube, Lozano, Mijares y demás a partir de 1980, en año que salen de Cuba. Tampoco se da fé oficial en Cuba de los jóvenes artistas que se desarrollan en el exilio. Son contadísimas las excepciones, como por ejemplo Ana Mendieta, cuya aceptación en Cuba estuvo ligada a su repudio del exilio y a su militancia en círculos pro-Castristas norteamericanos, detalles que sirvieron a los intereses propagandísticos de Cuba.[50]

Habría que hablar, por último, de los colaboradores extranjeros que se prestan a esta campaña de desinformación, especialmente en los Estados Unidos, ya que en casi toda Europa la revolución perdió su fachada humanista. Desde una posición anglocéntrica —en la que se justifican treinta años de censura en Cuba mientras que se condenan por mucho menos a las dictaduras latinoamericanas de derecha— muchos críticos de arte norteamericanos distorsionan, a plena conciencia, la realidad de la vida cultural cubana bajo la revolución. Aunque hay infinidad de ejemplos, acumulados en el transcurso de los años, nos limitamos al caso específico y reciente del artículo publicado en *Art in America* bajo el título "Report from Havana: Cuban Conversation" en el número de marzo, 1987. En él, sus autores, Rudolf Baranik, Luis Camnitzer, Eva Cockcroft, Douglas Crimp, y Lucy Lippard afirman, regocijados por la experiencia de la II Bienal de La Habana de fines de 1986:[51]

> ... muchos artistas latinoamericanos no viven en su país de origen; viven exiliados en París o en Nueva York, o en México. Este es uno de los factores que distingue a los artistas cubanos de sus colegas latinoamericanos. Los cubanos viven en Cuba.[52]

Al tiempo que este número de *Art in America* llegaba a los estanquillos y a manos de los suscriptores, se inauguraba Outside Cuba/Fuera de Cuba con la obra de cuarenta y ocho artistas exiliados, y con la presencia moral de muchos otros cuya existencia se incluye en los objetivos de este proyecto.[53] Artistas ya maduros y artistas jóvenes, que comparten la experiencia desgarrante de un exilio; artistas con padres asesinados o presos; artistas con familias destruidas por la ideología y la delación; artistas con recuerdos de amigos muertos y torturados; artistas cuya trayectoria ha sido desaparecida de los anales de su pueblo; artistas que se han suicidado en medio de la desesperación, o que aún arrastran la sombra de las más inhumanas vejaciones. Artistas destinados a reconstruir, día a día, su propia identidad.

Desafiamos a cualquiera a que reuna tan sólo a cuarenta y ocho artistas exiliados de otro país latinoamericano... *exiliados y borrados* de la memoria de sus respectivos países. Sirva este ensayo, esta exposición, y este proyecto, como modesto capítulo de la historia no-oficial.

on theatrical mime. Distortion obeys the imperatives of parody in Luis, but tension is achieved by counterpointing that distortion with sensual, opalescent effects that permeate the figures and their abstract surroundings. In fact, it is the tension between grotesque and appealing elements which distinguishes Luis' use of irony, and it is this tension which makes the irony of his paintings live well beyond the initial, humorous encounter.

Irony also emerges in the work of a very different painter of this generation, New York-based Emilio Sánchez. Much of Sánchez's work depicts empty Caribbean beach houses, cropped of all anecdote and human presence, reduced to their luminous essentials. Such stark presence of architectural images automatically activates an oneiric dimension of awareness. He also draws on reductivist thinking which conceives representation as realism made abstract through the deletion of elements of a familiar image or an extremely close focus on such an image. Sánchez is a poetic realist who incorporates the presence of the viewer in subtle ways to generate contrasting feelings of unease and appeal. Sánchez is able to exploit architecture as a symbol without denuding it of sensual immediacy. His work emanates as much from Peláez, as from millennial symbologies of memory and mnemotechnics which see in architecture an analogy of awareness and recollection.[28]

Eduardo Michaelsen, also of this generation, uses playful and fantastic architectural settings in his "naive" visions. But it is in Sánchez alone where oneiric, archetypal, realist, and reductionist aspects of human edifices come together simultaneously and with the same intensity.

Third generation Cuban artists had matured before the 1959 revolution. Their achievement was already important. However, the complexity of tropological thinking which distinguishes the works of these artists did not reach full expression until they were in exile. When Soriano and Mijares left Cuba, for example, they were still in the throes of hard-edged abstractionism. Agustín Fernández would not engage the themes of eros and violence until the early sixties. Indeed, none of the major émigré artists of the third generation realized his or her most distinctive work before going into exile.

But unlike the generations that follow them, these artists took with them strong aesthetic foundations. It is largely because of the great range of tropes found in the work of third generation artists that what had been thematic orientations in the previous two generations congealed into structures of thinking that have had far reaching effects.

EXILE AND THE PROJECTION OF
TRADITION ABROAD:
THE FOURTH GENERATION

The 1959 revolution has had unique repercussions in the arts. The successors of second and third generation artists —both inside Cuba and in exile— have emerged without benefit of the totality of Cuban visual aesthetic traditions amassed over a thirty to forty year period before the revolution. Fourth generation artists entered adulthood amidst major national disjunctions which have altered and distorted the historical past.[29] In that context, they make a self-made, self-rescued generation of artists. Its members could not avail themselves of a matrix wherein Cuban-elaborated aesthetic trends could be embraced or rejected. Young Cuban émigré artists have had to fill and re-fill this vacuum in order to explain recurring contexts which are too pervasive to dismiss as isolated occurrence. For, in fact, certain patterns emerge in the work of younger artists which have distinct affinities with Cuban visual traditions.

How did certain modes of thinking —of creating tropes, generating a visual focus and forging symbols— survive the uprooting experience of exile? Arriving either alone or with their families at an age when they would have been entering the university, thousands of young Cubans found themselves entering the traumatic upheaval of exile instead. The search for Cuban legacies in art had to take a back seat to the urgencies of survival and resettlement in a foreign culture. For these young men and women who would make up the fourth generation of Cuban modernists abroad, contact with Cuban cultural traditions was gradually reforged through the network of family and friends. After all, the patterns of visual thinking which predominated in Cuban art up to 1960 were expressions of a specific Cuban reality and much of that reality was finding itself on planes and boats, heading for refuge in the United States and other Western democracies. If contact with established Cuban artists was severed, contact with the vestiges of Cuba's culture remained possible amid large cross sections of a now displaced population.

In spite of these disjunctions, affinities can be identified between the work of exiled fourth-generation artists and those Cuban masters who preceded them. These affinities might be attributed to a fragmented, but nonetheless significant, contact with the works of older artists also in exile; or to the fact that patterns of thinking have been transferred via contact with a strong surviving culture. Whatever the cause, the affinities are there, and with startling intensity.

The surrealist works of Ramón Alejandro have emerged in Paris, in the same environment which nurtured the ideas of Lam, Camacho and Carreño. Alejandro's work is part of that tradition in Latin American art which delves into the unconscious through the handling of complex tropes. Alejandro has been fascinated —like Lam before him— with the intersection of human and natural elements. But the tropologies of both artists are quite different. Lam banked on metonymies fueled by animistic cosmologies. Alejandro uses juxtaposition to elaborate subtle metonymic transferences between man-made entities and their natural settings. His mechanistic denizens of nature are as robotic as they are insectoidal or crustacean. They stand as aliens in nature, monuments by accident, incongruous with what surrounds them. It is the careful, realistic description of strange primeval habitations which provides, in classic surrealist manner, the unsettling power of the representation. Whereas Lam played out the metamorphosis of forms within the forms themselves, in Alejandro the transformation between machine and nature focuses on the dramatic power of context, i.e. on the scene itself as expression of the juxtaposition of disassociated ele-

ments. There is no fusion of the human and the natural in Alejandro, just an eerie co-presence.

Of the fourth generation artists represented in this exhibition, Juan Boza is the only one to have matured in Cuba. Nonetheless, Boza's work, like that of his colleagues in Cuba, was spawned in a certain kind of vacuum which deepened with the periodic exodus of artists throughout the sixties and seventies. In Cuba, Boza's work had a definite international flavor. His imagery was abstract, or derived from machine-like referents; he used pattern and repetition in formally predictable ways. Since coming to New York in 1980, his work has changed dramatically, expanding from two dimensions to three, and embracing the full scale of African traditions which are part of his cultural heritage.[30] Boza's installations address prayer, idol and ritual, and derive energy from Lam's fantasies of jungles, demons, animism and eros.[31]

The presence of architectural motifs has endured in Cuban art. In this generation Humberto Chávez works with this theme. Although he is essentially an abstractionist, Chávez has approached the architectural motif in varying levels of referential intensity. He engages the window image, for example, independently of the historical and mnemonic connotations it has acquired in Cuban art. For example, in his work *The Window Remembers, Double Self-portrait*, he uses various materials to construct a small sculpture which expands and distorts the serene geometric context of a window in a wall. In these implosions and explosions of the image he emphasizes the ironies implicit in the window/painting metaphor. *Window* as symbol of "painting" addresses the bidimensionality of painting. It is bidimensionality which separates painting from reality, and it is in the context of this fundamental premise that Chávez's three-dimensional explorations of the window/painting metaphor become relevant. As so many other artists of this generation have done, Chávez dwells on the ironies in his approach to representation. He also carries these ironies into his purely abstract work.

The focus on the context itself and on its dramatic impact has become pervasive in the art of this generation. One of the most evident examples is Humberto

Calzada. Calzada's aesthetic roots link him to Emilio Sánchez, Mario Carreño, and Amelia Peláez. But there occurs in Calzada a new turn in the Cuban handling of architectural motif: the gradual emergence of a multifaceted paradox in which architecture becomes divested of specific oneiric or mnemonic value to become the symbol, the essence of memory and oneiric consciousness. Calzada intersects hard-edge, cerebral mathematical projections with millennial, architectural symbologies of memory.[32] This intersection comes to lite because Calzada, like Alejandro, emphasizes scenario rather than symbols within a setting, as does Carreño. In fourth generation artists, scenario becomes subject matter of the utmost importance.

Calzada s paintings operate totally at a cerebral level. Even the dream-like quality of his thaumaturgical scenarios evoke a dream's setting and not a specific oneiric event. When the scenario becomes the major theme of a painting, as it does in Calzada, the artists must find elements that can expand the representational power of the scenario. Of these elements, the painting-within-a-painting is but one.[33]

At least two painters in this generation have made luminosity a protagonist of their thaumaturgical paintings. They are Julio Larraz and Juan González. Larraz uses light as a way of signifying the power of "intentionality" to forge symbols from objects of everyday life. The phenomenological term "intention" denotes the focus of awareness that defines the content and manner of all experience. In Larraz, light symbolizes the agency of consciousness, the power of *noesis* to bring a world that is indifferent to man into the light of being, i.e. into the arena of human relevance and dominion.[34] Making such noetic agency a tangible presence is what elevates Larraz's art to the estature of philosophical discourse without robbing it of sensual immediacy.

In Juan González's work, the discursive charge with which light is imbued regulates the degree to which an image comes across as realistic or oneiric. González approaches light neither as a symbol in its own right nor as a device for focusing the symbolic life of an image. Instead, light is the means of guiding the viewer's apprehension of the representational mode embodied in specific images. For González, light is a syntactical device that structures the poetry of dream or the allure of realism over a particular image. The presence or absence of color in a representation signifies in González the "source," as it were, of the image. Those derived from conscious experience are colored, while those derived from dream or recollection are rendered in black and white.[35]

This dichotomy does not operate as a rigid mannerism in González, for most of his images allude to dream and memory as much as to immediate experience. In González, the symbolization of chromatic ranges serves as a way to introduce in the paintings the themes of time and meta-representation at a structural level rather than at a symbolic one. González's use of luminosity is syntactical, while it is semantic in Larraz and Calzada. Syntactical luminosity has roots in Enríquez, Lam and Soriano; semantic luminosity has precursors in Peláez, Carreño, Bermúdez, and Emilio Sánchez.

Other artists of this generation have explored different relationships between structure and image. Luis Cruz Azaceta is one such artist. His work derives a great deal of its energy from the interplay of subject and surrounding. This is particularly so in his recent paintings, where he also displays a more introspective side than was evident in the strident color combinations and self-parody/self-portraits of his earlier work. Cruz Azaceta has risen to international prominence as a leading expressionist whose outrageous sense of humor and predatory imagination devours the hackneyed fetishes and cliches of his trend. Cruz Azaceta's roots go beyond his immediate Cuban predecessors —Fernando Luis, Antonia Eiriz, René Portocarrero, Fidelio Ponce— to other Latin American artists such as Cuevas, Macció, de la Vega, and Julio Rosado del Valle. In Cruz Azaceta's work, as in that of other Latin American painters, expressionist angst shares the stage with humor and the parodying of both genre and self.

In the same satirical vein is the work of César Trasobares, a mixed-media-assemblage artist who focuses on social commentary. In his *Quinceañera*[36] series, for example, he satirizes the kitsch universe of Cuban debutantes by flattening dresses and accessories associated with these celebrations into two-dimensional constructions. The orchestrated superimposition of elements provides opportunity for formal play, but these actions also transform the elements into symbols whose popular meaning is subverted. As social emblems, dresses and memorabilia of debutantes become so richly charged with the significations of vulgar ritual that they become automatic targets of parody when engaged in the context of art. Satire is a premise, and not an effect, of Trasobares's installations. The full import of his works, however, lies in another dimension. These emblems of petite-bourgeoisie life are disconnected from signification not only by virtue of their context in an art object, but also by their ghost-like appearance when flattened and placed within a frame. Trasobares divests these emblems of signification. The irony is that separating symbols from reference, the symbols become immediate and physical. Their tangible properties are foregrounded by bracketing their social connotations. This much Trasobares has gleaned from Duchamp and his American disciples, the pop artists. Trasobares has emphasized how ineluctable the mechanics of visual reference in art really are, and how powerful such reference can be in transforming our view of the elements of life. Irony becomes as inseparable from reference as reference does from art.

The relationship between social and personal signification is also a major theme in the work of photographer Tony Mendoza. Of special importance is *Stories*, a series which deals with family, friends and with himself. Mendoza incorporates text in his photographs, commentaries on the occasions of the shots or about the persons in them. Irony and satire operate in practically all the works in *Stories*. Text subverts image and vice versa. Tones become redefined and amplified, questioned and reassessed. The combination of these two media —language and photography— opens great latitude for irony since traditionally both media compete for referential fidelity. But much of the ironic impact of *Stories* is derived from the juxtaposition of temporalities associated with photography and language. The former is the essence of the instant, while the latter is the essence of continuity and sequence. How does the coming together of the two media with radically different temporal natures affect the mechanics of representation in the works in which they coexist? Among other effects peculiar to individual works, the coalescing of text and photographic image creates a reverberation of subverted contexts and paradoxes which draw attention to what is left out.

Fourth generation artists have given Cuban art a new, more intense awareness of medium and the complexity of representation. Post-Duchamp American art has had a great impact in the formulation of aesthetic objectives by artists developing outside Cuba. But the ways in which these objectives have been defined and fulfilled owe much to traditions in Cuban and Latin American visual thinking. One senses a greater freedom with tropes in these artists than in their North American contemporaries.

MANIFESTING THE SUBLIMINAL:
THE FIFTH AND SIXTH GENERATIONS

Although as little as five years separates the ages of some fourth generation artists from members of the fifth, there are distinct differences between the two groups as concern their relationship to the expatriate experience. By and large, fifth generation artists made the move to exile before, or at the very onset, of adolescence. Those of the sixth were still children. Both generations show a more attenuated feeling of uprootedness than does the previous one.

What seems to take front-stage in the development of Cuban émigré artists of the last two generations is biculturalism. Practically all young Cuban exile artists live in the United States. The reasons for this demographic difference could be linked to the emergence of a dynamic Cuban city outside Cuba: Miami.[37] The thriving Cuban culture which has given this North American city its character has also enabled young Cuban-American artists to become familiar with the lifestyles and heritage of their native country in a more quotidian and experiential way than is true, generally, for the artists of the previous generations.

Why single out Miami? Because this budding city barely 150 miles from a Cuban horizon provides a backdrop for the recapturing of traditions and cultural mores, even in art. For one, many of Cuba's third generation artists took up residence in Miami after 1960. Their careers have been rekindled; their place in the noble trajectory of Cuban visual arts has been acknowledged at least by their émigré compatriots. Their work has been exhibited in Miami a great deal over the last two decades. Every major second and third generation artist who does not live in Miami has exhibited there frequently enough to make the work very accessible to the scrutiny of emerging artists. In contrast, artists of the fourth generation did not benefit from this on-going contact during their early professional development. While the presence of American life and culture is stronger for Cuban-born artists the younger they are, it is also true that the presence of Cuban culture and art remains a force in their development as individuals and creative beings.

In addition, fifth and sixth generation artists in Miami have come into far greater contact with the art of other Latin American countries than *any* previous generation of Cuban artists. The affinities they display with Latin American modernism are often subtle, other times explicit. They co-exist with equal fluency in two sophisticated cultures; in two aesthetic traditions; in two world-views; in two existential and historical contexts. This phenomenon gives their work a great diversity and energy.

The currents which shape fifth generation visual thinking have profound roots in Latin American and Cuban visual traditions and possess eloquent affinity with contemporary North American and European art. The abstractionists among them have focused on various aspects of the infinite; the expressionists explore wit and irony aimed not only at the referents of their imagery in the social world but at the contextual problems art faces when it embarks on such discourse. Young artists have elaborated new approaches to the fusion of cerebral and dream imageries, and they have subtly diversified the use of juxtaposition. Among the realists a greater sense of time and history seems to be present, as is the case also with the performance-artists.

Fifth-generation abstractionists in this exhibition are Mario Bencomo, Carlos Alfonzo, and Susana Sorí. Bencomo has been influenced by a variety of schools and traditions: Tamayo, Cy Twombly, Mark Rothko, Peláez, and Antoni Tapies. He has fused multiple paradoxes that concern the position of a subjectivity in a reality of temporal flux and physical impermanence. Bencomo's work cannot be understood without acknowledging the great importance he has placed on landscape —on topography, and on the contours of continents seen from satellites— as a context rather than as a referent. It is an existential space that interests Bencomo, and not the bidimensionality of the canvas. This particular interest is what elevates his painting above the obsession with celebrating flat, non-referring canvas which figures highly in most abstractionist tendencies since World War II.

Bencomo's canvases are, in effect, abstract scenarios that dramatize the dialogue between transcendence and vertigo —the two poles around which our being in the world turn. He orchestrates texture to evoke intimacy in canvases that also inspire overwhelming distances. By expanding the shape of his early calligraphic lineation into broader forms, Bencomo has been able to expand his discourse on motion to includes flights of fear as well as those of elevation. He is an abstractionist thinker on existential themes, and his principal mode of expression is ambiguity. Hence the extraordinary cerebralness and sensuality of his work. Bencomo approaches in non-metaphorical and non-referential terms themes which emerge in the works of his Cuban predecessors, Rafael Soriano and Baruj Salinas. Bencomo's work gives abstract expression to the dual condition of exile and belongingness which lies at the heart of his generation's spirit.

In Carlos Alfonzo, motion and temporality are elaborated along lines which are different from Bencomo's. Alfonzo emphasizes violence and labyrinthine patterns in the tradition of Lam and Enríquez. Alfonzo abstracts forms from the human anatomy (eyes, tongues, hands) as well as from other everyday images (knives, leaves and crosses). He owes much to Peláez's use of the black line to impose form upon flat planes of color. Alfonzo's reference, like Peláez's, is linear and not chromatic. Lineation evokes order and reference in Alfonzo's vertiginous universe that summons from the unconscious the deepest hurricanes of pain and aggression.

In the work of Susana Sorí conflict and violence are absent; neither is there the anxiety of a subjectivity facing the world's vastness of form and light. Sorí's interests are metaphysical. She seeks to state in purely visual and abstract terms the one great quandary of all philosophies and religions: how can the physical world address and incorporate the infinite in its flesh? The spiral, long a universal symbol of infinite movement, is a major recurring motif in her work. Sorí expresses the physical dimensions of heightened conscioususness through a restricted use of color, the introduction of diverse textures and material into a work, and the refraction of light.

Expressionist art of this fifth generation has not been merely a rehearsal of trends emanating from New York or Europe. Paul Sierra has developed entirely in Chicago and shows in his work the influence of styles emanating from that city. He has managed one of the most powerful syntheses of humor and painterliness in Cuban art. Sierra explores the rhetoric of human gesture in ways that go beyond the parody of self and genre that predominates in the work of his predecessors Fernando Luis and Cruz Azaceta. He has a great breadth of subject matter and gleans insights from many styles and media. Silent movies, for example, have enriched his sense of how gesture codifies sentiment and action. He is very much at home with ambiguity, something that cannot be said of the univocal tantrums which prevail in most neo-expressionist art. Good examples are Sierra's paintings on the subject of *santería*. Unlike Boza of the fourth-generation, who is a devout believer in santería, Sierra satirizes this religion while describing accurately details of its rituals. In other works he indulges in the hackneyed metaphor of woman and flora, debunking the archetype while throwing new light on its sensual possibilities. Recently, Sierra began an important series with a painting entitled *Two Rooms*. The viewer looks out onto a hall through a peephole; the convex vision of doors and walls comments on the modernist preoccupation with bidimensionality in painting, as it does on photography's wide-angle distortions, and ultimately on distortions implicit in all observations. Sierra is saying that all art is distortion because all observation is. In an *a priorist* conception of the universe, realism is the fruit of ecstasy, trope, or transformation.

Two other leading expressionists of the fifth generation, Pedro Pérez and Gilberto Ruíz, have also explored the mechanics of gesture and awareness. Ruíz's series on Halley's Comet is of particular importance becauce it embodies a sense of impending doom which has become, over the decades, a leitmotif in Cuban art, literature, and popular culture. The series enters into the same ambiguous relationship with subject matter which characterizes the ironic works of Sierra and Cruz Azaceta. Ruíz, who lived in Cuba until 1980, approaches the interplay between catastrophe, consciousness, and expression. How does the narration of, or reaction to, sudden finales alter other ways in which cataclysm might be understood? This is a particularly relevant theme for Cuban expatriates who have been brought up with the permanent awareness of abrupt disjunctions in reality, of which the revolution of 1959 is but the most immediate and constant example. For the uprooted, the victimized, the exiled, eschatology has a tangibility all its own.

Pedro Pérez, like Sierra and Ruíz, is conscious of the rhetoric of expressionism. This awareness leads him to a more intense depiction of the theatrical nature of all representation. His installations, as well as his drawings and canvases, exploit the tensions between figure and ground, between two and three dimensional realities, and between varying degrees of visual reference. He uses abstract and referential forms, and incorporates written comments in the works. Pérez's humor, at times terse, outrageous at others, continues the tradition of combining satire with angst characteristic of *nueva figuración* artists from Argentina (de la Vega, Noé, among others) and Cuban expressionists like Cruz Azaceta, Fernando Luis and Antonia Eiriz.

Among those who have focused on the oneiric dimensions of awareness, two figures in the fifth generation are particularly important: María Brito-Avellana and Emilio Falero. Brito-Avellana's sculptures pick up on the recurring motif of the architectural scenario and give it a three-dimensional presence. Such a move into three dimensions could have resulted in a heightening of the conceptual or mathematical facets of the theme. But in Brito-Avellana quite the opposite has occurred. Although charged with psychological meaning, Brito-Avellana's sculptures are not created in a confessionalist mode. Rather, Brito-Avellana approaches the enigmatic nature of unconscious imagery and spaces. It is the enigma, and not its personal interpretations within ethnic, historical, or gender-oriented personal parameters that allows her entry to the oneiric dimensions of consciousness. Brito-Avellana's approach to the enigma of unconsciousness, to its apparent separation from reason and its resistance to singular interpretation, is her contribution to the Cuban and Latin American tradition that coalesces analytical and oneiric modes of awareness.

The act of presenting the viewer with enigma is equally central to the paintings of Emilio Falero, an artist whose work also resists facile interpretation and which in fact aims, in its very essence, to transcend interpretation. His principal device for achieving this is juxtaposition, although here the device functions in a limited tropological capacity. Falero juxtaposes images of baroque and modern painting, usually Velázquez with Miró, or Picasso or Vermeer with Mondrian. At times the juxtapositions are between images from 17th century painting and contemporary elements of everyday life — a bulldozer, for example, or a television set. By working with meta-representation Falero can amplify the range of relationships that might exist between two disjointed,

though far from disassociated, epochs and their aesthetics. Temporal juxtaposition (a staple of Cuban art since Peláez, and strong in the island's oneiric art) is the essential character of unconscious life which Falero addresses in the language of meta-art.

The two major realist figures of this generation, painter Miguel Padura and photographer Mario Algaze, are equally preoccupied with enigma and paradox. Algaze inherits from the late photographer, Jesse Fernández,[38] a keen awareness of the intellectual and creative protagonists of his time and their visual possibilities in portraits. Algaze has photographed many Latin American intellectuals and artists. Algaze has also trained his camera on aspects of street life the length and breadth of the Hispanic world. His "Little Havana" series brings to life strange, bicultural realities of Cuban-American Miami. Shots from this series often delight on the awkwardness of a culture caught between the stringencies of émigré survival and nostalgia for the homeland.

In contrast, the enigmatic is not made manifest for Miguel Padura in incongruous cultural phenomena. Rather, as a highly gifted still-life painter, Padura approaches the genre with a distinctive series of interests. Unlike Larraz, Padura is not primarily preoccupied with either allegory or metaphor, although tropes do play an ancillary role in his painting. Padura's focus is on the mysteries of representation and not on the orchestration of meanings attached to what is represented. A Padura still-life is as much about the shadows of fruits and vegetables on a wall as it is about those fruits and vegetables.

Padura uses precise rendition of detail and control of light to cast attention on the observational nature of still-lifes, although he does not dwell on *trompe l'oeil* as an end in itself or as a vehicle for exposing the fundamental illusoriness of all painting. The fictiveness which interests Padura is that of art's contextuality. The power of Padura's painting lies in that he blends forces which seem contradictory but which, in reality, are the poles around which reality revolves. Padura's sense of theater brings the still-life in line with a rich thaumaturgical interest in Cuban art embodied in the works of Bermúdez, Carreño, González, Larraz, Calzada, Brito-Avellana, Sierra and others who assert that art is supreme theater and, as such, is intellectually and spiritually independent of the world it refers to and elucidates.

The intellectual and aesthetic focus, the subtleties and ambiguity which run through this generation's art are also evident in the only performance-artist of this group, Carlos Gutiérrez-Solana. He accentuates the traumas of bicultural existence by juggling the internal tensions created by dual cultural legacies, with the external forces created by the dissonant cultural expectations which ultimately entangle him. As he ponders the paradoxical nature of media and representation, Gutiérrez-Solana concurs with concepts which typify his generation. While faithful to the ephemeral parameters which circumscribe performance art, Gutiérrez-Solana is concerned also with leaving something behind. The platforms and settings which are integral to his performance-art become altered in the process. In his embrace of vestigial performance as an effect of an ephemeral aesthetic act, Gutiérrez-Solana —like Brito-Avellana, Padura, Bencomo, Sierra and practically all members of his generation— is making of multiplicity and ambiguity the instruments of a refined mode of self-expression and media interrogation.

We come to the last group of artists in the exhibition. That any trace of Cuban aesthetic traditions can be found in their work is testimony to the survival of Cuban culture outside the island. Among sixth generation artists certain tropological concerns have been renewed. Tony Labat, a prominent video artist, introduces into visual discourse plays on simultaneity which are more typical of literary approaches to the volatile identity of events. Juxtaposition as a tropological premise has flourished in the works of photographer Silvia Lizama, who hand paints black and white photographs and employs color dramatically to regulate the presence of the fantastic in quotidian imagery. In this, Lizama recalls the work of Juan González. Painter Jorge Pardo coalesces imagery from a wide range of cultural contexts, ranging from refined Catholic iconography to naif motifs. Gilberto López

Espina, Aramis O'Reilly, and Adolfo Sánchez derive insights from surrealist juxtaposition of disassociated imagery and use them to delve into the mechanics of oneiric image-making.

Tropes play a particularly important role in the work of Carlos Domenech and Mario Petrirena. In Domenech's kwik print,[39] images of life from South Florida come together with allusions to the Minoan culture of ancient Crete. Domenech generates a startling counterpoint of values between two utterly disassociated cultures which share the rich experience of myth and cataclysm. Domenech lives in Miami, where Cuba is both a near and a distant presence, the source of passion and fear, the inevitable focus of attention, the prism of hope and nostalgia. Domenech's juxtapositions are literary in the sense that they invite symbolic readings, but his prints are intensely visual, as rich in formal rhymes and vibrant colors as they are in historical connections and arcane statements on the affinities between the destinies of Cuba and Minoan Crete.

The mechanics of symbolization, metaphor-making, and juxtaposition are less evident in the clay sculptures of Mario Petrirena than the presence of synecdoche, the trope which governs substitution between a whole and its parts. Petrirena's sculptures dealing with the Holocaust articulate a solemn commemoration by using the human face and head in synecdochic functions.[40] In some works, small faces completely make up the form of a larger head; in others these small faces comprise cones or tombstones. Petrirena's use of synecdoche underlines the individual human tragedy of murder while simultaneously addressing the wider historical dimension of genocide. That such a diversity of tropes should emerge among the works of the youngest Cuban artists abroad is an indication of how totally embedded tropological thinking really is in Cuban and Latin American art, for such tropes do not emerge as clearly or as strongly in the works of North American contemporaries.

Another important Cuban tradition which lingers in the art of the sixth generation is luminism. The symbolic power of light and translucency, as well as its purely visual dimension, has impacted every Cuban generation. In the sixth it is particularly evident in the work of painter Gustavo Ojeda and photographer María Martínez-Cañas. In one of Ojeda's dark canvases, the perimeter of light of a subway train provides focus to a cavernous tunnel. Ojeda's work contributes to the tradition of Cuban luminism represented by Enríquez, Ponce, Soriano, Larraz and Emilio Sánchez. Ojeda elucidates the anatomy of darkness in visual representation. For Martínez-Cañas, light is a tangible element to be manipulated more radically than might be possible in straight photography. She uses diverse techniques to, in effect, draw with light and create images which are fundamentally abstract, though she also employs photographic impressions in an ancillary manner.

Martínez-Cañas shares with ceramist Connie Lloveras the leadership in abstractionism in this generation. For both artists, and abstract aesthetic is linked to representation through the exploration of the line as a purely visual element and as a symbol of the sign-making functions of the mind. The line in Lloveras brings to mind the first human attempt to invent symbols with which to give order to chaos. Her clay sculptures operate at the formal level through an interplay between closed and open structures. The surfaces contain designs which allude to sign making and writing, many of them as allusive to cave signs and children's markings as to the work of Joaquín Torres-García.[41]

It is now possible to arrive at a synthesis that can reveal not just the stylistic currents which bind the art of the Cuban nation, but also the role which the imagination plays in preserving the essence of Cuba's visual culture, especially during the last quarter century.

The use of tropes is intense in Cuban art, all the more so when it deals with temporality. When artists think about change, transformation, or motion, they use a complex series of tropes to express their ideas. The tropes become complex by virtue of their inter-refractiveness. A particular symbol might transfer metonymically its semantic charge to another element in the painting, and that transference in itself might become a symbol of alteration or time lapsed in the performance of action or thought. In other words, tropes are often employed as subject matter, sharing the scene with images; when that happens, they are caught up in the same juxtapositions and transformations which they effect on signs and referents.

The power of tropes is so strong in Cuban aesthetic thinking that images not associated through history or any other causality can be juxtaposed presupposing the tradition which makes them decipherable. The connections between elements in a work and the multiple tropes that are mediating those connections are often so rich that any attempt to bypass tropes in comprehending the work will be fruitless. The same goes for positing affinities between artists. Amelia Peláez, Agustín Fernández, Rafael Soriano, and Carlos Domenech appear, at first glance, to have nothing in common. In terms of style, milieu, subject matter, and tone on would be hard put to pick out four artists which differ more radically from one another. Yet all four are bound by a powerful common denominator: juxtaposition. Taking note of the tropological dimensions of juxtapositions in each of these artists already changes our perception of the relationship between them. Peláez uses pure metaphor in fusing *vitrales* with cubism. Fernández uses juxtaposition to collapse the metonymic relationship between figure and armor into a visual alloy. Soriano dramatizes the act of fusion itself and uses the intersection of light and shadow in abstract, invented forms to symbolize the integral nature of all seeing. Domenech preserves the distinctness of the juxtaposed symbols —and even of the different media he mixes— precisely to make a statement about the symbol-oriented nature of creating and experiencing art. Attention to the power of tropes, then, is one way of identifying hidden, yet real, traditions that bind these seemingly unconnected generations and individual sensibilities.

The rich tropological repertoire in Cuban art that deals with temporality reveals another characteristic emphasis of this art: a preoccupation with the structure of the unconscious. More precisely, the interest in the structure of unconscious activity gravitates toward an exploration and revision of the models which traditionally have served as springboards into this arcane subject. Metaphors which combine space and buildings with memory and dream are prevalent.[42] At the same time, in many Cuban artists a perception of the dream state is never divorced from an interest in the infinite. Latin American art in general, and Cuban art in particular, coalesce dream and structure, reverie and pattern, fantasy and number, to provide representations of different aspects of the unconscious which are far from being typically "surrealist." The profound involvement of the infinite in approaches to the unconscious expressed in Cuban art is what permits the coexistence of cerebral and oneiric concerns in the art of Zilia Sánchez, Emilio Sánchez, Carreño, Calzada and many others.

Finally, no blossoming of modernist art could fail to enter into what is perhaps modernism's most salient characteristic: an interrogation of representation itself and of the media in which it is effected. In Cuba, as in Latin America, artists tended to revise the representational validity of painting or sculpture through tropological experimentation. Tropes tended to affirm art's capacity to say things about seeing, thinking, feeling, dreaming, remembering, or any other activity of the mind, rather than reduce, bracket, or undermine such capacities. That is, Cuban and Latin American artists re-established their faith in art as an activity through which knowledge about the world, perception, and intelligence could be obtained. Such is not the case with artists in North America or post-World War II Europe.[43]

Cuba was no exception to this Latin American rule. What is remarkable is that despite the tremendous impact which movements such as abstract expressionism, pop art, ephemeral art, and neo-expressionism have had on Cuban émigré artists, one senses that these artists possess an informed confidence in the powers of the imagination which is distinctively Latin American. Alluding to the words of American poet Wallace Stevens, who described poetry as "supreme fiction", we can say that the Latin American work of art functions largely on its own resources and those it evokes from its particular traditions.

The dialogical relationship of work to environment is much more reduced in Cuban and Latin American art than in North American art. Therefore, Cuban art is more likely to communicate within the context of symbols and meanings insular to the artist's imagination. The North American approach to art tends to depend more on context, often on the actual space in which the work appears, as is the case with practically all conceptual art.[44]

Contextual sophistries could not flourish in Latin America because they presuppose a pictorial tradition, as that of post-Duchamp North America, bereft of mastery over metaphor and predisposed to distrusting representation. The only approach to tropes of any kind sustained at the level of a major movement in North American art was the presence of metonymy (and a rare simile) in pop art, particularly in the works of Jasper Johns and James Rosenquist. Even with performance and installation artists, whose genres are the least Latin American, the workings of irony have been aimed at subject matter and have been mediated by tropes and thaumaturgical imperatives: metaphors between writing and physical control in Gutiérrez-Solana, meta-representation in Labat, and the blurring of divisions between nature and ritual in Boza.

After taking these currents into consideration to profile a personality of the Cuban visual imagination, what can be said about the interaction between that imagination and the condition of exile? Exile and imagination have helped to shape each other. Therefore, what structures of visual thinking have survived among Cubans after 30 years of displacement have done so because in a unique way they build up a kind of imagination which the exile favors. It is the workings of this art that truly aspires to genuine existential and historical insight. Too often the focus of critics is the subject matter, especially when dealing with the art of exiles and other citizens of displacement. Such a focus, however, stems from the primitive belief that the imagination of exile is hedonistically nostalgic and viced by impossible dreams to recreate and re-experience lost worlds. Adam Zagajewski, the exiled Polish poet, speaks of the power and nature of the exile imagination:

Being in exile, living abroad, you are not in touch with your friends, you are cut off from your native city, but the reality is with you... You are free and, if you are a writer, you may try to express your freedom. And expression of freedom is equally as important as freedom of expression. It has something to do with the very notion of reality... Being in exile is not a tragic situation. In the act of writing you may touch a reality that is deeper and stronger than the everyday reality of common sense. It is imagination that helps you. Imagination -- a way to reality, not an escape from it.[45]

Zagajewski's words illuminate the issue. The only choice which history allows an exile is to dwell freely in the imagination. To start the exercise of freedom, the imagination seeks to provide the self with the satisfaction of needs. This has nothing to do with nostalgia and everything to do with obtaining a vantage point on reality whose intensity and joy can overcome the parched distance, the erosion of memory, the constant awareness that your everydayness is not your own.

The pervasive reality of exile informs our view of a visual imagination that operates through inter-refractive tropes and is concerned with the structure of the unconscious, an imagination that seeks to redefine (rather than bracket or reduce) the ways of representation so that art might better deal with dream, temporality, historical juxtaposition, violence, resemblance, transformation, and non-causal thinking.

Exile cannot but trust representation, the buttress of memory and patience, the key to past and future freedoms. Exile finds its reflection in the dream that memory has transformed into concept and universal. Exile's time and place is made of numbers; exile measures everything, even the space between the numbers. Exile dwells in the theater of memory.

The bicultural being is an heir to the exile's imagination. The act of being in a place but not being entirely of it is an extension of exile. To coexist here and there, or rather to have "here" and "there" coexist in the self, is intrinsic to the reality of exile. Bicultural existence as part and product of the conditions which made original exile a necessity is only *apparently* less traumatic. Beneath the comfort of surfaces and the semblance of ease, the bicultural being is confronted daily with that other side of bereftment. For Cuban-American artists who left their country as youths or children, exile is an unalienable context of life, a subliminal legacy. They have adopted many of the patterns of visual thinking of the older exiled artist because they can use these very patterns to express their socio-historical, cultural and artistic reality in their adopted home.

In the case of Cuba, the imagination of exile artists and exile poets is the imagination of the culture. Only this imagination has been able to choose freely its freedoms and expressions. The structures that characterize this imagination are those which have withstood the test of exile, those which have served the survival of the imagination.

NOTES

1 José María Heredia, one of Cuba's major poets, lived all his adult life in exile, dying in Mexico in 1839. Cuba's foremost patriot, José Martí (1853-1895), lived most of his life in exile, forging the very essence of Cuba's national identity from New York, Tampa, Madrid, and Mexico in voluminous articles, speeches, and poems. Guillermo Collazo (1850-1896) the island's best 19th Century painter, lived exiled in Paris much of his life.

2 The Spanish-American War (1895-1898) ended Spain's colonial rule over Cuba. However, between 1898 and 1902, the U. S. occupied Cuba, and only under threat of civil war in the island was independence negotiated by the McKinley administration with the interim Cuban authorities. Nonetheless, the U.S. Congress refused to release its claim to Cuba altogether. Under the leadership of Senator Orville Platt, an amendment was imposed on the proposed Cuban Constitution (1901), which authorized the U.S. to intervene in Cuba's affairs. The Platt Amendment was a thorn in the political life of the island; it was repealed in 1934, but not before inspiring an anti-American sentiment which has been exploited widely in Cuba.

3 It should come as no surprise that over 50% of the younger artists included in this exhibition live in Miami, where a surrogate Cuban culture nourishes them. More than their elders, these younger artists seem to need Miami's Cuban reality as a cultural context.

4 Academia de Dibujo y Pintura San Alejandro (Academy of Painting and Drawing of San Alejandro) was founded in 1818 by French-born muralist, Juan Bautista Vermay (1786-1833). Throughout the 19th century San Alejandro shaped the aesthetics of the nation's art. Its influence remained strong even after Cuba became independent. The artists of the first three modernist generations obtained some or all of their training there.

5 The European experience of Peláez was particularly important to the rise of modernism in Cuba. Peláez left Cuba in 1924 to study briefly in New York's Art Students League. She resided in Paris from 1927-1934, traveling extensively throughout the continent (Italy, Spain, Eastern Europe, Germany). In 1933, she had a successful solo exhibition in the French capital before returning to Cuba in 1934.

6 Mexican Rufino Tamayo, Uruguayan Joaquín Torres-García, and Peruvian Fernando de Szyszlo are among the Latin American artists who have mastered, like Peláez, the theme of historical juxtaposition in painting.

7 Lam left Cuba for Spain in 1925 under a government-sponsored art scholarship. In 1938 Lam fled civil-war ravaged Spain for Paris and there met Picasso and the Surrealists. The outbreak of World War II brought him and Breton, along with the poet Aimé Cesaire, to the Caribbean. With Breton he learned much from Haiti's "naive" painters. Back in Cuba between 1940-43, he was able to put aside Picasso's considerable influence and, inspired by Breton's ideas, turned to the vegetation and lore of the tropics as subject matter for his own style.

8 The first conspiracies against the Spanish crown date from the early nineteenth century. Cuba was virtually an active or recovering battleground for almost one-hundred years, enduring two major wars (1868-1878 and 1895-1898) before finally securing its independence in 1902.

9 "Modern Cuban Painters" was the name of the exhibition and of the catalogue essay by Alfred H. Barr, Jr. The selection of works in the show was made by José Gómez Sicre in collaboration with the Museum of Modern Art. Gómez Sicre also published a book on Cuban art during this time, *Pintura Cubana de Hoy*, which accompanied the exhibition as its major documentation. The exhibition and the book were largely the result of María Luisa Gómez Mena's support of Cuban art. The artists included in the exhibition were: Felisindo Iglesias Acevedo, Cundo Bermúdez, Mario Carreño, Carlos Enríquez, Felipe Orlando, Mariano Rodríguez, Luis Martínez Pedro, Rafael Moreno, Amelia Peláez, Fidelio Ponce, René Portocarrero and Víctor Manuel García. The exhibition focused exclusively on Cuban artists living in Cuba at the time.

10 René Portocarrero is one of Cuba's foremost painters. Born in 1912, he died in Havana in 1985. His rich and turbulent palette produced many lyrical and expressionistic images of La Habana Vieja, the capital's colonial sector, and its citizens.

11 A particularly insightful essay on Herrera appears in the catalogue to her retrospective show at New York City's Alternative Museum, December 1984 - January 1985. The essay is by Judith Neaman, and the exhibition covers Herrera works from 1951-84. Discussing the work of the 60's, Neaman points out that the "playful" aspect of formal tensions which Herrera elaborates in her works are grounded in Oriental and Western approaches to pure space, color and form.

12 Carreño used some of these works to illustrate his book by the same name, published in 1949. Carreño has returned to the Antillana themes in what, at first glance, seem to be colorful celebrations of the tropics' sensuality and myths. A closer look reveals Carreño's sense of irony. The voracious crocodile, hostile despite his festive, mask-like demeanor, rests next to the sultry nude and the tumbling fruit. The faceless figure, one of Carreño's leitmotifs present in the apocalyptic paintings of the 1960's and 70's, also appears here.

13 See Guillermo de Zéndegui's article titled "El Cosmos Luminoso de Mario Carreño" (Américas, May 1977, pp. 9-11).

14 The theater metaphor implicit in "scene" is not used here in vain. Carreño's paintings of this period are very stage-like. Indeed, they can be read as still-lifes in which figures, musical instruments, tables, abstracted silhouettes of anatomical parts or of everyday objects and architectural components come together much as symbols do in an allegory or words in a poem.

15 The Institute was instrumental in the professional development of many second and third generation artists. It awarded not only fellowships but also scholarships for study or work abroad, and organized touring exhibitions, through which the emerging artists of the fifties became known.

16 Guido Llinás (born 1923) is presently exiled in Paris; Hugo Consuegra (born 1929), in New York. They have continued their careers. Raúl Martínez (born 1927) remains in Cuba, although he is allowed to travel extensively abroad where he must endorse the same regime which at one time censored and purged him from official cultural life.

17 Luis Martínez Pedro (born 1910) is particularly well known for his series Aguas Territoriales (Territorial Waters), done in the fifties. He was among second generation artists included in the 1944 MOMA exhibition "Modern Cuban Painters." He resides in Cuba.

18 For an extensive study of the role of metaphor in Fernández's work of the late 1960's and early 70's, see: R. C. Kennedy, Agustín Fernández, Joseph A. Novak, editor, 1973.

19 Agustín Cárdenas (born 1927) is a leading surrealist sculptor, inspired particularly by Lam and Tanguy. His work is characterized by abstract anatomical components which produce totemic images of metamorphosis, linking him aesthetically to painters Camacho and Mijares. He has lived in Paris since 1955.

20 One way they seem to accomplish this is through synecdoche, the trope that negotiates substitutions between parts and the wholes to which they belong. Synecdoche is central to the aesthetics of third generation artists.

21 While in New York the solution to surrealism's abstractionist concerns was the bracketing of reference and the conceptual "foregrounding" of the act of painting, in Latin America reference to the unconscious through the language of dream imagery was replaced with reference to luminosity. Latin Americans have avoided the theoretical pitfall of pretending to have suspended reference by focusing on the action of painting itself. To the extent that Latin Americans have understood that all art is referential, they have re-contextualized representation through a new source of imagery rather than assume that art could dispose of reference altogether and be left with "pure" expression in its place.

22 In metonymy, elements which are adjacent or associated to each other are joined in a trope, whereas in metaphor the juncture is negotiated by resemblance. In metonymy, functional or physical proximity is the factor that joins a trope's components.

23 The best known oneiric luministis are Lam, Chileans Roberto Matta and Mario Toral, Mexican Rufino Tamayo, Peruvian Fernando de Szyszlo, and Guatemalan Elmar Rojas.

24 Soriano's metonymies join figure and landscape. The echo of the human form is always present in his work, however oblique that presence might be, and it is always portrayed in a state of luminous dissolution —the moment of the being's fusion with the power and matter of the world.

25 Man/nature metaphors are traditionally the basis for views of man as a "microcosm." Such is not the case with García's sculptures or, for that matter, with the handling of tropes in general by Cuban artists. Micro-macrocosmic thinking is allegorical in consequence, analogical in structure. The handling of symbolism in Cuban tropes focuses on a redefinition of cause and effect which subverts analogy and allegory. The effect of these tropes is better described as the equal coexistence in the mind of the elements which comprise them and whose interaction in the act of apprehending the metaphor generates many simultaneous meanings. Because analogy and allegory are grounded in univocity, they cannot lend themselves readily to the eidetic thinking which metaphor necessitates. This is acutely pertinent to the densely metaphorical poetry and art of Latin America.

26 Interestingly, the element of humor has gone practically unrecognized among North American and European artists working in this trend. Its strong presence in Latin American expressionism is one of the characteristics which distinguishes it from the more serious incantations on alienation and anxiety that have typified the renewals of expressionism in North America and Europe over the last decade.

27 Macció, de la Vega and Noé are part of the Argentinean movement known as "nueva figuración" (new figuration). Antonia Eiriz is one of Cuba's foremost expressionists. Born in 1931, Eiriz developed a distinguished career, which she pursues with great difficulty in Cuba. She chose to remain there after the revolution of 1959, and although quite celebrated at first, was censored eventually for not complying with the strict parameters of socialist realism. Her canvases, she was told, were too macabre for the mandatory optimism of the times.

28 This focus on architectural motifs would hold continued interest among subsequent Cuban artists, as it did among Sánchez's Latin American contemporaries and among Cuban precursors like Carreño. The indispensable volume for understanding this tradition is Frances A. Yates, *The Art of Memory* (Chicago: University of Chicago Press, 1966).

29 Please refer to the Fuentes-Pérez essay in this book.

30 Boza's work derives its imagery from the rituals of *santería*, a syncretized religion which includes Roman Catholic and Yoruba rituals and beliefs.

31 Lam's works are accessible in Cuba since he supported the Castro regime until his death in 1982. Boza had contact with the magical world to which Lam alludes. But the religious theme in Boza's present work could not be pursued in Cuba for fear of reprisals. (For more detail on this subject, please refer to the Fuentes-Pérez essay in this book).

32 So constant is Calzada's awareness of space as a metaphor for the domains of consciousness that when he paints paintings-within-paintings, the ironies evident in all meta-representations are embraced by the symbolization of the space which they also subvert. That is, for the paintings-within-paintings to signify the presence of the infinite, Calzada must question the nature of representation and its capacity to connect concept with image. The extreme illusoriness of painted space (evident in its power to represent as many tri-dimensional worlds as there are paintings within one canvas) is indeed a product of the imagination. Painting becomes metaphor of dream and memory.

33 In Calzada, visual metaphor presents its elements simultaneously and not in the spoken chain of language. What's more, Calzada presents reflection as metaphor, and yet denies this reflective dimension. In other words, he affirms reflection by placing a painting within a painting, yet denies it by making the paintings different, not reflections or continuations of each other. in painting about painting, another dimension of metaphor is revealed. Metaphor of space becomes a symbolization of the infinite. (For more on the temporal analogies in Calzada's paintings, see Leonore D. Miller, bibliography "Humberto Calzada: Architecture is Frozen Music," catalogue text to exhibition of this name at Baumgarter Galleries, Washington, DC, Nov.-Dec., 1984).

34 Larraz's manipulation of the effects of light and shadow upon the carefully chosen image-actors of his paintings is what controls the significations that are put into play in each work. The fruit becomes a navigator or a warrior, the cloth becomes a rainstorm, a table top becomes a horizon, all achieved through the deft collocation and illumination of imagery. Larraz is also skillful in pictorial stagecraft and in the formulation of metaphor.

35 Ronny H. Cohen points out González's interest in "bringing together and playing off different levels of illusionism in a synthetic image, which immediately impresses as a spatio-temporal whole." ["Drawing the meticulous Realist Way," *Drawing*, 3 (Mar. -Apr., 1982), p. 124]. According to Cohen, an example of this is found in González's combination of "intensely colored" objects and "grisaillelike renderings" of people "after a photograph." The objects, then, represent the vivid present and the figures represent memory and "the distance of past time." If so, color, which is to say light (especially given the allusion to photography), regulates the temporal denotations of the images. Color and light, therefore, control the semantic context of González's images (given that images "play off" against each other and that describes a kind of visual syntax in operation). To this can be added another dimension, a psychoanalytical one, in which photo-like objects signify the unconscious. See also, by the same author, "The Art of Juan González," *Arts*, 57 (May, 1983) 9: 118-21.

36 In the Hispanic world, it is a girl's fifteenth birthday that is celebrated, and not the sweet sixteen typical of the United States. The staging of "los quince" —the sweet-fifteen party— has become a social ritual of debutante-ball magnitude, chaperons and all, quite lavish even among middle class families. The flamboyance of many a "quinces" is humorous subject matter to any discussion of Cuban "kitsch."

37 "Little Havana" is the center of gravity of the almost one million exiled Cubans who live in South Florida. A truly Latin American-Caribbean enclave, it has been built entirely by Cuban/Hispanic entrepreneurial determination.

38 Jesse Fernández, born in Cuba in 1925, died suddenly in 1986. He had resided in Paris for many years, since coming to exile in 1960. Before moving permanently to Europe, he lived in Puerto Rico and New York, where he taught at the School of Visual Arts. Although he was also a painter, his international fame was as a journalistic and portrait photographer.

39 Kwik print is a medium which combines photography with various printmaking techniques.

40 Although Petrirena's sculptures are not monumental in size, they can be projected on that scale and, indeed, seem conceived in this manner. Synecdoche in Petrirena uncovers an acute sense of the nature of martyrdom, an awareness best described as a metonymic continuity between single and group victimization that is expressed in a synecdoche where part and whole coexist. That is, synecdoche becomes metaphor, drawing some of its power from metonymy. In activating all three of these tropes, Petrirena is also uncovering the complexity of power, aggression, and martyrdom, especially when conceived from the standpoint of the reflective victim. The workings of synecdoche are also complex in Mijares, Camacho, and Alejandro, although not necessarily charged with the theme of aggression.

41 Uruguayan painter Joaquín Torres García (1874-1949) is a pillar of modern visual thinking in Latin America. Although he lived in Europe for many years, many of his most important works were done between 1932 and 1944, after his return to Montevideo. He is considered the father of Latin American constructivism, a variation of the European counterpart that incorporated varying degrees of reference into the purist conception of geometric space.

42 Combining Frances Yates and Gaston Bachelard in a reading of this motif in Cuban art would yield many insights. Such an approach would, of necessity, entail an elucidation of the way metaphor structures this thinking and the way such thinking defines the workings of metaphor and other tropes in the Cuban imagination. That is, the metaphor which addresses the structure of the unconscious might orient or inform the creation of all other kinds of metaphor, visual or linguistic.

43 In the Western world, and especially in the United States, the question of what art could represent and the very act of representing (i.e. employing a complex visual language to refer to the world) fell into a web of skepticism, randomness, and euphoric pessimism from which it has not yet emerged. That art could not be conceived as a way of obtaining knowledge, let alone representing or verbalizing it in some way, seems to function as the major negative premise of art everywhere in the West since World War II, except in Latin America.

44 The appropriation of the museum setting as part of the semantic of a work of art is an American proclivity whose manifestations in Latin America bear the markings of chic importation. Take away the museum context and practically all the ephemeral or experimental art of the 1970's in the U.S. vanishes into quotidian anonymity as rock formations, topographical aberration, or industrial waste. A row of bricks on the floor of a lumber yard only becomes a work of art when transported into a context that proclaims it as such: a well-lit, label-rich museum or gallery.

45 Adam Sagajewski, "Freedom in Exile," *Partisan Review*, LIII (1986), 2, p. 181. Taken from a talk given by the poet at the Forty-eighth International PEN Congress in January, 1986, in New York City.

Víctor Manuel
Paisaje con figuras / Landscape with figures, ca. 1950
Oil on canvas/Oleo sobre tela, 17 x 22 inches (43.1 x 55.8 cm)
Museum of Arts and Sciences, Daytona Beach, Florida

IDENTIDAD Y VARIACIONES

EL PENSAMIENTO VISUAL CUBANO EN EL EXILIO DESDE 1959

RICARDO PAU-LLOSA

El exiliado conoce su lugar, y ese lugar es la imaginación. El modernismo es una cultura de la imaginación más que la de cualquier época anterior, porque el modernismo es una cultura de exiliados. La Cuba del Siglo XX ofrece un magnífico ejemplo de este fenómeno.

La turbulenta historia de la isla ha impuesto el exilio a poetas, artistas y visionarios generación tras generación desde principios del siglo pasado.[1]* Cuando Cuba comienza su difícil vida como nación independiente en 1902, dejaba atrás un siglo en que la isla progresó lentamente entre guerras y desplazamientos. Los cimientos sobre los cuales la joven república había de erigir su vida política dieron lugar a una sucesión de gobiernos débiles y a menudo *de facto*, que estuvieron sujetos a la intervención directa norteamericana hasta la revocación de la Enmienda Platt en 1934.[2] Las inestabilidades trajeron consigo exilios, siendo los más notables los que se produjeron durante la presidencia del general Gerardo Machado (1925-1933) y, posteriormente, bajo la dictadura del general Fulgencio Batista (1952-1958).

Pero ningún éxodo ha sido tan masivo ni tan prolongado como el provocado por la revolución de 1959: ha continuado ininterrumpidamente por casi treinta años; representa el 12% de la población total de Cuba; y, a diferencia de los anteriores, ha traspuesto barreras raciales, étnicas y políticas. Dado que el estado totalitario no satisface las necesidades de la libre creación, para cientos de intelectuales, artistas plásticos, escritores, músicos, compositores, bailarines y actores el impacto de la revolución ha sido serio. Algunos fueron oficialmente purgados, otros optaron por el exilio voluntariamente. Muchos de los artistas que salieron al exilio durante la década del sesenta trajeron consigo tradiciones de la imaginación cubana que venían desarrollándose desde 1920 y que alcanzaban su madurez precisamente en los albores de la revolución de 1959. En su exilio permanente definen el concepto patria por medio de la idea y la metáfora, y han llegado a ser una inspiración para artistas cubanos criados y educados en el extranjero, cuya relación con las tradiciones cubanas ha sido fragmentaria en el mejor de los casos. El desarrollo generacional del arte cubano de este siglo —incluso del arte cubano-norteamericano— muestra claramente que las disyunciones de la historia no han eliminado ciertas continuidades básicas, tanto en lo que Rudolph Arnheim llama *pensamiento visual*, como en las inquietudes temáticas entre las varias generaciones de artistas. El objetivo primordial de este ensayo es explicar el proceso por el cual tal continuidad trasciende el carácter híbrido del biculturalismo.

El replantamiento de valores culturales cubanos en el contexto de otra cultura ha reemplazado los mecanismos tradicionales de transferencia entre una generación de artistas y la que le sigue.[3] El trasplante de la vida cubana a comunidades emigradas recién formadas es una innovación de la realidad actual del exilio, y ello puede que explique su supervivencia cultural. Pero hemos de recordar que el exilio —el desplazamiento— ha sido una constante en el desarrollo de la imaginación cubana durante casi dos siglos. Esto constituye el segundo punto importante para explicar la continuidad estética del modernismo cubano: la realidad del exilio mismo.

La imaginación cubana ha evolucionado bajo un proceso de selección que favorece aquellas estructuras que prosperan en el exilio y que, en efecto, son la

Wifredo Lam
La jungla / The jungle, 1943
Gouache on paper mounted on canvas/Gouache sobre papel montado sobre tela,
The Museum of Modern Art, New York. Inter-American Fund.

mejor expresión de la realidad del exiliado. Los temas aducidos por cada sucesiva generación de artistas cubanos, desde que la primera generación acuñó su autonomía estética alrededor de 1927 en La Habana, reflejan manifestaciones, fielmente reformuladas o alteradas, del *pathos* existencial de la imaginación exiliada. Lo que ha sobrevivido —y lo que se ha transformado— de las tradiciones plásticas cubanas dentro de la dinámica de un medio bicultural lleno de vitalidad, se ha hecho gracias a los frutos de esta imaginación colectiva. El estudio de una cultura nacional centrada en el arquetipo del desplazamiento ofrece una perspectiva universal para entender un siglo cuyo arte y cuya literatura han versado extensamente sobre la alienación y el desarraigo.

La naturaleza esencial de un pueblo se define por los temas e ideas que recurren en la cultura. Para los cubanos, lo que ha sido esencial a su pensamiento y expresión plásticos durante los últimos 50 años constituye una serie de preocupaciones que, a lo largo del tiempo, han dado lugar a ciertas tradiciones. Esto no ha sido un elemento restrictivo en la cultura. Más bien las tradiciones han sido un contexto de valores del cual han surgido las obras de arte y que, a su vez, ha sido moldeado por esas mismas obras. Estas tradiciones han evolucionado fuera de la isla según los artistas de la segunda y tercera generación han alcanzado una madurez profesional. Además, muchos artistas jóvenes las han empleado en su desarrollo.

El abordar estas tradiciones en el pensamiento plástico cubano conducirá a una comprensión de la aventura en la supervivencia cultural que han emprendido todos los artistas de la segunda y tercera generación —y muchos de la cuarta, de la quinta y de la sexta. La supervivencia de estas tradiciones es lo que define una vaga "identidad colectiva" entre muchos artistas cubanos emigrados, y no la presencia de clisés folklóricos, regionalistas, que son el punto favorito de la mayoría de los historiadores del arte y de los conservadores de museos al enfocar el arte latinoamericano. Antes de pasar a las preocupaciones estéticas que abarcan estas tradiciones cubanas, es necesario saber la génesis del arte moderno en Cuba a mediados de los años veinte.

LOS PRIMEROS MODERNISTAS

Los fundadores del modernismo cubano rompieron con la escuela tradicional poco después de la Primera Guerra Mundial. Fue a mediados de los años veinte que Víctor Manuel García (1897-1969), Amelia Peláez del Casal (1896-1968), Fidelio Ponce de León (1895-1949) y Carlos Enríquez (1900-1957), entre otros, rompieron con la decadente influencia del Siglo XIX que prevalecía en el currículo de la Academia de Dibujo y Pintura de San Alejandro.[4] La ruptura no fue hostil tanto como inspirativa. Con la excepción de Ponce, todos los modernistas cubanos viajaron a Europa y cayeron bajo la influencia del cubismo, el surrealismo, y otros movimientos parisinos.[5]

Pero la experiencia de Europa hizo más que abrirles los ojos a la modernidad: también les abrió los ojos para mirar a Cuba. El arte de los modernistas fundadores se preocupó intensamente con lo cubano. Víctor Manuel, influido por Gauguin, desarrolló una fascinación por los campesinos de la isla. Aunque era el menos talentoso de los grandes pintores de la primera generación, Víctor Manuel fue el primer artista cubano que exhibió pinturas modernistas en Cuba en el histórico año de 1927. Amelia Peláez, influida por Fernand Léger y discípula de Alexandra Exter, integró planos cubista-sintéticos de color con motivos coloniales. Sin duda la artista más importante de su generación, la influencia de Peláez se deja sentir aún hoy entre los jóvenes artistas cubano-norteamericanos. Peláez tiene un sitial único entre los grandes de América Latina por haberse concentrado en una imagen del período colonial español como emblema de identidad regional. Ese emblema para Peláez fue el vitral, que hasta la fecha puede encontrarse en muchos edificios de los siglos XVIII y XIX en Cuba.

El vitral se hace de simples paneles de vidrios de colores que bien rematan un dintel en forma semicircular denominada mediopunto; o bien lo bordean en forma de paneles laterales; o simplemente funciona como ventana. Lo que Peláez vio en los brillantes paneles del vitral, sostenidos por un marco de hierro, fue una imagen cuyo contenido histórico podía fundamentar una estética moderna. En efecto, las pinturas de Peláez son metáforas que fusionan dos enfoques temporalmente disociados con la platitud pictórica: el vitral y el cubismo sintético. Aunque Peláez nunca trascendió completamente la influencia de Léger, fue capaz de integrarla en una actividad estética muy latinoamericana: la creación de metáforas compuestas de aproximaciones a la disolución del espacio que corresponde a diferentes regiones y sistemas culturales. Ninguno de los grandes artistas europeos o norteamericanos ha acometido la yuxtaposición histórica como tema con la intensidad de Peláez.

Las yuxtaposiciones temporales estuvieron muy en boga entre los vanguardistas de América Latina durante los años veinte y treinta. Estos artistas procuraron esas intersecciones asumiendo una compulsión arqueológica y rescatando imágenes indígenas o africanas de la herencia no europea de América Latina. Tal búsqueda produjo resultados mediocres, con pocas excepciones,[6] y algunas tergiversaciones totalmente embarazosas, como es el caso de Wifredo Lam. El cubano Lam (1902-1982) es elogiado con frecuencia como el salvador modernista de la fantasía africana de Cuba. Sin embargo, el arte tribal que lo inspiró era de Oceanía, no afrocaribeño. Lam, que vivió en París la mayor parte de su vida, perteneció al círculo surrealista, y era a la Polinesia —no al Africa, de la que se habían apropiado los cubistas— a la que los surrealistas se dirigieron en busca de inspiración naive.[7]

Mientras Peláez exploraba metáforas de la conciencia histórica y se centraba en temas pictóricos fundamentales, tales como el color, la forma, la bidimensionalidad y el motivo, fue Lam, junto con Carlos Enríquez y Fidelio Ponce, el que ahondó en el inconsciente. Lam basó su modo de abstracción en la pincelada que sugería la espontaneidad. Lo que surge en la obra de Lam, Enríquez y Ponce es otro enfoque del tiempo que no se basa en metáforas y yuxtaposiciones a la manera de Peláez. Cierto, la fantasía de Lam fusiona lo tribal con lo moderno, pero su centro, al igual que el de otros surrealistas, consistió en dramatizar la naturaleza mágica y ritual del estado onírico. Lam se apropió del léxico del primitivismo sin comprometer su fascinación europea con los accidentes de lo grotesco en el arte tribal, prescindiendo de una interpretación erudita sobre religión y cosmología.

El énfasis que Lam, Enríquez y Ponce pusieron en los temas del cambio, la transformación y la muerte tuvieron un impacto perdurable en el arte cubano. Si hay un maestro en la descripción de la voluptuosidad de lo etéreo es Enríquez. El paisaje de la isla parecería convocar esas emociones, con su torrente de colores, el eros de La Habana, el tiempo traslúcido. Las pinturas de Enríquez tratan del éxtasis cuando no tratan de la violencia; porque en ambos temas él identificó una de las características fundamentales de sus latitudes: la experiencia estridente, orgásmica, de la finitud. Por otra parte, Ponce fue autor de obras monocromáticas (especialmente en blanco y en varios tonos de ocre) caracterizadas por grueso empaste y temas de melancolía. Enríquez y Ponce representan dos enfoques de la muerte: el primero marcado por la fuga y la emoción exhuberantes; el segundo por la contemplación temperamental. Si Enríquez pintó el delirio que sucede al asedio, Ponce pintó la antecámara del pesar.

Los maestros de la primera generación modernista prepararon la escena para la prevalencia de ciertos temas que regirían el arte cubano después de 1930, y que repercutirían con variada intensidad en esas generaciones que surgirían completamente en el exilio después de 1960. Entre 1934 y 1940, y recuperándose del derrocamiento de Gerardo Machado, Cuba buscaba identidad cultural en sus raíces europeas y africanas. El paisaje, la flora, la fauna y el pueblo de la isla, así como sus campesinos —alma folklórica y económica del país— emergieron en ese arte. Para entonces, un siglo de luchas había llevado la imaginación a pensar en términos de desplazamiento y de disyunción histórica.[8] Cuando Peláez yuxtapuso la fantasía colonial y la cubista, o cuando Lam, Enríquez y Ponce planteaban metamorfosis y violencia, estaban expresando una cultura cuyo lenguaje propio hablaba de cambio y cuyo espíritu inquieto conocía de caos y peregrinajes.

Retrospectivamente, es posible ver exactamente cuánto ellos lograron mientras trataban de dar expresión visual a la identidad de una cultura. Pero seguramente estos fundadores del modernismo cubano sólo pudieron intuir, en el mejor de los casos, la dimensión de su obra. El arte de la primera generación pronto daría lugar al de la próxima. Nacida durante la década de los veinte, la segunda generación modernista revisaría el explícito léxico cubano de los pintores de la primera y se aventuraría hacia el inconsciente como fuente temática y como fundamento de una estética. Ellos amplificaron también el impulso abstracto iniciado por Peláez.

EL INICIO DE UNA TRADICION: LA SEGUNDA GENERACION

La revisión de la temática de la primera generación y la suspensión de su iconografía regionalista fue gradual. En abril de 1944, el Museo de Arte Moderno de Nueva York inauguró una importante exhibición de arte contemporáneo cubano.[9] La brecha entre los artistas de la primera y la segunda generación no se hizo evidente de inmediato. Los más jóvenes de este grupo —Cundo Bermúdez, René Portocarrero y Mario Carreño— aún mostraban la influencia de la primera generación, así como también la de Picasso, la del expresionismo Europeo y la del movimiento muralista mexicano. Los artistas de la segunda generación comenzarían a abrirse paso en áreas tales como la abstracción concreta y el arte onírico. Estas rupturas se vieron influidas por ciertas tendencias de Europa, muchos de cuyos intelectuales más notables erraban por el Nuevo Mundo evadiendo los horrores de la Segunda Guerra Mundial.

En Cuba, al igual que en gran parte de América Latina y Europa, el caos y la devastación causados por la guerra inclinó inicialmente a los artistas hacia una de dos corrientes diametralmente opuestas: el *abstraccionismo* intelectual y despersonalizado de las formas concretas; y el mundo del inconsciente, explorado 20 años antes por los surrealistas parisinos en reacción a la carnicería de la Primera Guerra Mundial. En Cuba, como en América Latina en general, la dicotomía entre arte intelectual y onírico no duraría por mucho tiempo, ya que un enfoque peculiarmente latinoamericano a esta dicotomía no tardó en repercutir sobre ambas corrientes, fusionándolas en una tradición estética unificada y paradójica. Los modernistas cubanos de la segunda generación encontraron modelos a seguir entre sus predecesores y formularon medios de vincular el pensamiento visual basado en formas geométricas puras con el basado en imágenes del inconsciente.

Los abstractos concretos tuvieron a Peláez de precursora, pero también se inspiraron en el constructivismo, el Bauhaus, y DeStijl. Sin embargo, Cundo Bermúdez evolucionó fundamentalmente de Peláez. Bermúdez incorpora el motivo de espacios de colores planos en figuras erectas que habitan espacios iridiscentes y que visten trajes elaborados. Si bien sus óleos contienen modelaje y perspectiva volumétricos en diversos grados de intensidad, sus aguazos en papel son uniformemente planos y dan testimonio de cuán profundamente Peláez y sus vitrales conformaron su sensibilidad. Bermúdez es un pintor enigmático que revela una fantasía oculta mediante la representación de objetos y figuras luminosos convertidos en símbolos por el rumor de un sueño. Las manos con cuatro dedos de sus figuras; sus rostros sin boca; sus narices grotescas y no obstante estilizadas, invitan a toda clase de interpretaciones freudianas. Las pinturas de Bermúdez son esencialmente sobre el ensueño, ese estado donde las fuerzas del inconsciente convierten los objetos cotidianos en símbolos. Sin duda, Bermúdez es uno de los más variados coloristas que Cuba ha producido jamás, sobrepasando a Peláez en este aspecto. Como colorista su único rival de la segunda generación es René Portocarrero.[10]

La obra de Bermúdez ha cambiado poco de temática o estilo a lo largo de los años; ha vivido en Puerto Rico desde que salió de Cuba, y puede que la semejanza entre las dos islas explique esta característica. Un caso similar es el de Alfredo Lozano, otra figura de la segunda generación que también vive en Puerto Rico. En el caso de Lozano, el ambiente puede no ser el único factor que influya en la continuidad. Lozano es uno de los más notables escultores y dibujantes abstractos de Cuba. Sus ideas surgen fundamentalmente de combinaciones geométricas y de formas orgánicas y mecánicas idealizadas, así como también de elementos abstractos de la figura humana. Lozano nunca abandonó realmente la abstracción geométrica, y gran parte de su continuidad en el estilo puede ser el resultado de un compromiso purista con esas formas.

La pintora minimalista Carmen Herrera ofrece otro ejemplo de la influencia ejercida por la composición bidimensional concreta, sobre el desarrollo de la estética modernista cubana. Herrera ha creado algunas de las telas más vivas y tensas de esta generación, obteniendo sus efectos con sólo dos colores en el mismo número de espacios formales. La concisión de su vocabulario contrasta con la energía de sus colores. Su arte es el más cerebral de su generación. Herrera es la única minimalista de importancia que Cuba ha producido.[11]

Cuando la obra de Mario Carreño apareció en la exhibición del Museo de Arte Moderno de Nueva York en 1944, ya él estaba en camino de convertirse en el artista estilísticamente más diverso de la segunda generación. Su obra mostraba varias influencias (Picasso, los muralistas mexicanos, y los futuristas italianos) fusionadas en un genuino lenguaje regional que culminaría mucho después en la serie de acuarelas y óleos titulada *Antillanas*.[12]

Durante el período de veinte años que media entre 1960 y 1980, Carreño produjo las pinturas más importantes de su generación. Estas son obras que unifican los intereses de períodos anteriores, intereses que, en el nivel teórico, parecerían irreconciliables. Son pinturas que orquestan la pureza concreta, geométrica, con la fantasía del sueño. El interés de Carreño en la temporalidad ha evolucionado desde una preocupación en el movimiento inspirada en el futurismo hasta una perspectiva escatológica de la historia.[13] Hay dos líneas de pensamiento en la obra de Carreño durante este período: un reduccionismo

geométrico purista, y una representación volumétrica realista. La ambigüedad de su estética constituye una paradoja dramática ya que el movimiento físico comparte la escena con finales apocalípticos, la reducción de toda acción y todo movimiento a su puro *telos*.[14] En esta intersección paradójica, las imágenes surgen simultáneamente como signos y formas reducidas, objetos y abstracciones, entidades físicas y conceptuales.

Con la obra de Mario Carreño y Cundo Bermúdez, así como también con la obra de Daniel Serra-Badué, la realidad del sueño habría de convertirse en una fuerza fundamental del arte cubano. Serra-Badué es quizá el más europeo de los pintores oníricos en que sus metáforas y yuxtaposiciones, así como la visión nostálgica de la Cuba colonial, le sitúan en línea con el modo en que Magritte, Delvaux, De Chirico y otros maestros europeos desarrollaron intereses paralelos en su época. En efecto, la preocupación con la historia y la temporalidad recorren de punta a cabo toda la obra de Serra-Badué, lo mismo si el sujeto es una escena colonial de su Santiago de Cuba natal, o si es una yuxtaposición onírica de imágenes disociadas de la historia cubana. El aporte principal de la segunda generación al arte cubano fue la elaboración de este tema en términos de tropos complejos que ahondan en el inconsciente, para descubrir mediante la metáfora que el pensamiento puramente analítico es inseparable de las dimensiones oníricas de la conciencia. Tal elaboración representó un adelanto importante en la manera de abordar el concepto de cambio y de yuxtaposición temporal.

Fueron estos maestros los que produjeron el primer arte puramente abstracto de Cuba. Fueron ellos, también, los primeros en introducir claramente en el arte cubano una nueva forma de pensamiento plástico basada en tropos —metáfora, metonimia, sinécdoque, e ironía— con los cuales enfocar temas difíciles como el tiempo, la semejanza, y la dinámica del simbolismo. En su aproximación al vínculo entre el sueño como movimiento fugaz en el inconsciente, el infinito como concepto expresado tradicionalmente en el lenguaje de las matemáticas o la filosofía, los artistas de la segunda generación dieron rienda suelta a una estética en extremo imaginativa que ha tenido expresiones semejantes en otras partes de América Latina desde los años cuarenta.

LA EBULLICION DE LOS AÑOS CINCUENTA: LA TERCERA GENERACION

La aparición de la tercera generación coincide con el auge que siguió a la Segunda Guerra Mundial. En general, esta es la generación que representa por primera vez la madurez en la diversidad del modernismo cubano en las artes. Estos artistas surgieron a principio de los años cincuenta a la vez que surgía una clase media y profesional deseosa de apoyar su obra. A pesar del descontento ocasionado por el golpe militar del general Fulgencio Batista en 1952, el crecimiento de la vida cultural del país no fue sofocado. En 1956, se fundó el Instituto Nacional de Cultura, que benefició a artistas de todas las disciplinas con las numerosas becas que otorgó para viajar y estudiar en el extranjero.[15]

La tercera generación adoptó varios modos de abstracción y los fundamentó en el arte cubano durante este período. Dos movimientos importantes surgieron en La Habana como respuesta a las diversas tendencias extranjeras: el Grupo de los Once, importadores del expresionismo abstracto a la Isla; y el Grupo de los Diez Pintores Concretos, inspirado en el arte geométrico de Vasarely y Mondrian. El expresionismo abstracto cubano no elaboró nuevas corrientes significativas, aunque los nombres de Guido Llinás, Hugo Consuegra y Raúl Martínez tienen un lugar en el arte cubano por su papel en esos procesos.[16] El único artista concreto que produjo una obra trascendente en Cuba durante los años cincuenta fue Luis Martínez Pedro.[17] Ambos movimientos influyeron sobre las principales figuras de la tercera generación.

Si bien el impacto de diferentes corrientes abstractas resultaría formidable en esta generación, la característica de este grupo fue el arriesgarse en nuevas direcciones, mostrando cuan diverso había llegado a ser realmente el pensamiento plástico cubano. Aun entre los artistas más abstractos algún grado de referencia infundiría a sus obras energía y ambigüedad. Las pinturas de Gina Pellón, por ejemplo, están llenas de los ritmos caligráficos y de las libertades cromáticas del expresionismo abstracto. Estas líneas y colores interactúan con la figura humana que aparece en medio de gesticulaciones. Las formas concretas en las obras tridimensionales de Zilia Sánchez sugieren torsos y orificios, fusionando de este modo dos extremos aparentes: la forma matemática y el eros. Las abstracciones de Baruj Salinas, influidas por la Escuela de Nueva York, aluden a las realidades estelares y moleculares tanto como a la acción misma de pintar. Las esculturas más fascinantes de Rolando López Dirube, se basan en dilemas matemáticos, como por ejemplo la cinta de Möbius, y derivan gran parte de su fuerza de la rica vegetación tropical cuyas ondulantes superficies añaden un atractivo sensual a las tensiones formales representadas en sus piezas.

Otros artistas han integrado diversos énfasis abstractos a obras cuya fuerza principal deriva de tropos. Tal es el caso con Agustín Fernández, Jorge Camacho, Rafael Soriano, José Mijares, Enrique Gay García y Fernando Luis. Agustín Fernández ha explotado toda una serie de tropos en sus pinturas crípticas, muchas de las cuales perfeccionan la ruda yuxtaposición de sexualidad y violencia que se vio por primera vez en la pintura cubana con Enríquez y Lam.[18] Mediante fantasías biomórficas que insinúan formas sexuales y representan armaduras y arneses, Fernández juega magistralmente con los actos de fusión y separación, esencia de la metáfora para el sexo y la violencia. El instrumento y el tema se combinan e interactúan en gran medida como lo hacen las imágenes mismas, y en tanto ocurre este evento intelectual y poético, Fernández desarrolla un atrevido sentido de la forma, una elocuente economía de la textura y el color, y un genio para los múltiples usos retóricos del dibujo.

José Mijares y Jorge Camacho, junto con el escultor Agustín Cárdenas,[19] exploran los tropos legados por los maestros del surrealismo abstracto Joan Miró, Wifredo Lam, Arshile Gorky, Roberto Matta, Yves

Tanguy. Profundamente impresionados por el sentido fluido de la línea y la fantasía totémica de Lam, estos tres artistas emplean la sinécdoque como tropo central de su estética.[20] La interacción de formas biomórficas es interpretada por Mijares y Camacho en términos de las nuevas unidades anatómicas que evocan. En Camacho, los tótemes óseos y las formas orgánicas se montan en aproximaciones bidimensionales de esculturas rituales. Mijares, cuyas influencias incluyen también los vitrales de Amelia Peláez, genera abstracciones anatómicas barrocas cuyas unidades aluden a las fuerzas reorganizadoras del inconsciente. La influencia recíproca entre la unidad biomórfica y la inventada coherencia anatómica a la cual pertenece subraya en ambos artistas un enfoque cubano a la paradoja de la destrucción y el renacer en el cual toda entidad es un todo reestructurado a través de la metamorfosis.

La metáfora y la metonimia operan en las obras de otros artistas de la tercera generación, como es el caso del pintor Rafael Soriano y del escultor Enrique Gay García. Soriano es una de las principales figuras de una tradición latinoamericana de particular importancia que puede denominarse *luminismo onírico*. Esta tradición es la respuesta latinoamericana a los últimos anhelos del surrealismo por lograr una representación abstracta de las fuerzas del inconsciente.[21]

El enfoque que hace Soriano de la luminosidad es profundamente original. Aparte del misterio intrínseco y de la belleza de sus telas, sus pinturas son importantes como expresiones del modo en que un tropo difícil como la metonimia puede funcionar dentro de un proceso no referencial de pensamiento visual.[22] Para Soriano, como para la mayoría de los luministas oníricos latinoamericanos,[23] la abstracción no es meramente la presencia de un pigmento como imagen única sobre el lienzo ni tampoco una forma extrema de obliterar la referencia. Para los luministas oníricos, la abstracción es el resultado de una referencia que se subordina a los mecanismos de significado de una realidad pictórica específica que no alcanzan repercusión en el mundo del cual se derivan. En este sentido, Soriano emplea la metonimia

para lograr simultáneamente una ambigüedad de abstracción y referencia. La luz, símbolo milenario de la energía y el espíritu, proporciona el tejido visual en el cual se ejecuta esta metonimia.

En el arte de Soriano culmina una tradición que es tanto cubana como latinoamericana. En sus escenas traslúcidas se encuentran ecos de los vórtices de luz y cólera de Enríquez, y de la síntesis de imágenes humanas y vegetales de Lam.[24] En efecto, es el interés de Soriano en la fusión lo que le permite entrar directamente en el inconsciente, y apoderarse de las facultades del sueño para suspender el tiempo. Las pinturas de Soriano amalgaman en realidades simultáneas lo que la consciencia capta como discretas entidades que existen en una secuencia temporal.

La fusión es una de dos maneras de trascender la temporalidad; la otra es una acción cataclísmica esencial, cuyo principal lenguaje visual no es la luz sino la explosión. El maestro de este lenguaje de representación, el escultor Enrique Gay García, maneja las transferencias metonímicas utilizando la metáfora como premisa. Al igual que Soriano, Gay García ahonda en la interacción entre los elementos humanos y naturales. Sus esculturas de bronce funden estos elementos. Orificio y terreno, cráneo y roca se hacen uno. Su objetivo no es simplemente mostrar estas fusiones, sino asumirlas en complejos enunciados sobre la naturaleza de la existencia humana. Su escultura *Icaro*, por ejemplo, modifica el vínculo entre lo humano y lo natural planteado originalmente en la leyenda griega. Tal modificación se logra mediante la metonimia, pero se basa en el vínculo milenario entre el hombre y la naturaleza que yace en el núcleo de todas las teorías microcósmicas y macrocósmicas del mundo.

Las alas del *Icaro* de Gay García no fallan. Por el contrario, son firmes y pulidos pilares horizontales, incapaces de derretirse o de ceder ante las acciones del hombre y la naturaleza. El torso del héroe, sin embargo, parece como chatarra, como una herida rugosa y salpicada de facetas, como restos de magma enfriada. La fuerza y la debilidad son los valores que se están definiendo de nuevo en el *Icaro*, incorporándose en símbolos que contradicen la leyenda griega. Ningún héroe podría convertir esas alas en la poesía del vuelo; el centro existencial del relato es Icaro, que se cae a pedazos, no sus alas. Así pues, mientras la transferencia de valores causativos es metonímica, ella ocurre en los fundamentos de una metáfora arquetípica que une al hombre y la naturaleza en la teoría y la religión.[25]

La ironía es el tropo que en último término gobierna la redefinición del relato de Icaro, y su presencia tropológica puede conectarse muy bien con el drama de la fuga hacia la libertad, referencia que es parte de la imaginación del exilio cubano. Pero la ironía no es un tropo importante en la obra de García. Es a través de otro artista que la ironía alcanza enfoque central en el arte cubano: el difunto Fernando Luis. Profundamente inspirado por las obras del pintor británico Francis Bacón, y por Cuevas, Luis captó el importante elemento del humor en las tendencias expresionistas internacionales, característica que ha llegado a incorporarse en el arte expresionista cubano subsiguiente.[26] La ironía y el humor que uno encuentra en las pinturas de Luis tienen sus raíces en la obra de Cuevas, en la de los argentinos Rómulo Maccio, Jorge de la Vega, Luis Felipe Noé, y en la de la cubana Antonia Eiriz.[27] En su serie más importante que lleva por título *Los Intrigantes*, Luis distorsiona la figura humana para exagerar lo grotesco, inspirándose tanto en Goya, Bacon y Cuevas como en el mimo teatral. La distorsión obedece en Luis a los imperativos de la parodia, pero la tensión se logra contraponiendo esa distorsión con efectos sensuales, opalescentes, que permean las figuras y sus entornos. En efecto, es la tensión entre lo grotesco y lo atractivo lo que distingue el uso de la ironía en Luis, y es esta tensión la que permite que la ironía de sus pinturas sobreviva más allá del encuentro humorístico inicial.

La ironía surge también en la obra de un pintor muy diferente de esta generación, Emilio Sánchez, radicado en Nueva York. Gran parte de los cuadros de Sánchez muestra casas de playa privadas de toda anécdota y presencia humana, reducidas a sus elementos esenciales luminosos. Esas imágenes arquitectónicas activan espontáneamente una dimensión onírica de la conciencia. Sánchez emplea un pensamiento reductivista en el cual la representación realista se hace abstracta, bien mediante la supresión de elementos de una imagen familiar o mediante un enfoque minucioso de la imagen. Sánchez es un realista poético, que incorpora sutilmente la presencia de sus espectadores para generar el contraste de incomodidad y atracción, y explota la arquitectura a través de recursos mnemotécnicos, que la transforman en analogía para la conciencia y el recuerdo.[28]

Eduardo Michaelsen, también de esta generación, usa traviesos y festivos escenarios arquitectónicos en sus visiones *naive*. Pero es en Sánchez solamente donde los aspectos oníricos, arquetípicos, realistas y reduccionistas de las estructuras humanas se juntan simultáneamente y con igual intensidad.

La tercera generación había alcanzado su madurez artística antes de la revolución de 1959. Sus logros ya eran importantes. Sin embargo la complejidad de pensamiento tropológico que distingue su obra no alcanzó plena expresión hasta después de su exilio. Por ejemplo, cuando Soriano y Mijares se fueron de Cuba, se debatían aun en la vertiente concreta de la escuela abstracta. Agustín Fernández no se dedicaría a los temas del eros y la violencia hasta principio de los años sesenta. Ninguno de los artistas emigrados más importantes de la tercera generación realizó su obra más distintiva antes de salir al exilio.

No obstante, a diferencia de las generaciones que le suceden, estos artistas se llevaron consigo fundamentos estéticos definidos. Se debe en gran medida a la amplia variedad de tropos en la obra de la tercera generación que lo que fueron meras orientaciones temáticas en las dos generaciones anteriores cuajaran en estructuras de pensamiento de tanto alcance.

LA PROYECCION DE TRADICIONES EN EL EXTERIOR: LA CUARTA GENERACION

La revolución de 1959 ha tenido repercusiones singulares en las artes. Los sucesores de los artistas de la segunda y la tercera generación —tanto dentro de

Cuba como en el exilio— han surgido sin la totalidad de las tradiciones estéticas cubanas acumuladas a lo largo de un período de treinta o cuarenta años antes de la revolución. Los artistas de la cuarta generación entraron en la adultez en medio de serias disyunciones nacionales que han alterado y distorsionado el pasado histórico.[29] En ese contexto, integran una generación de artistas formada y rescatada por sí misma. Sus miembros no tuvieron la oportunidad de asumir o rechazar las tendencias estéticas elaboradas por sus predecesores. Todo joven artista cubano emigrado ha tenido que llenar y re-llenar esta especie de vacío a fin de dar explicación a contextos que de tanto repetirse, no pueden desestimarse como ocurrencia aislada. En efecto, surgen ciertos patrones en la obra de artistas más jóvenes que tienen afinidades distintivas con estructuras de las tradiciones plásticas cubanas.

¿Cómo es que ciertos modos de pensar, de crear tropos, de generar un foco visual y de forjar símbolos, sobrevivieron el desarraigo del exilio? Al salir de Cuba, ya solos o con sus familias, a una edad en la que debían iniciar estudios superiores en Cuba, millares de jóvenes se encontraron iniciando el precario camino del exilio. La búsqueda de legados cubanos en el arte tendría que ceder su lugar a la urgencia de sobrevivir y ubicarse en una cultura extranjera. Para estos jóvenes hombres y mujeres que compondrían la cuarta generación de modernistas cubanos en el exterior, el contacto con las tradiciones culturales cubanas se rehizo mediante los nexos de familias y amigos. Después de todo, los patrones de pensamiento plástico que predominaron en el arte cubano hasta 1960 eran expresiones de una realidad cubana específica y gran parte de esa realidad se encontraba en busca de refugio en aviones y barcos que partían rumbo a los Estados Unidos y otras democracias occidentales. Si bien se interrumpió el contacto con artistas cubanos establecidos, el contacto con los vestigios de la cultura cubana seguía siendo posible en medio de grandes grupos representativos de una población desplazada.

Pese a estas disyunciones, pueden identificarse afinidades entre la obra de los artistas exiliados de la cuarta generación y los maestros cubanos que les precedieron. Estas afinidades podrían atribuirse al contacto fragmentado, pero significativo, con las obras de artistas establecidos que también se encontraban en el exilio; o al hecho de que los patrones del pensamiento se transfirieron a través del contacto con una cultura sobreviviente. Sea cual fuere la causa, las afinidades existen, y con asombrosa intensidad.

Las obras surrealistas de Ramón Alejandro han surgido en París, en el mismo ambiente que nutrió las ideas de Lam, Camacho y Carreño. La obra de Alejandro es parte de esa tradición en el arte latinoamericano que ahonda en el inconsciente mediante el manejo de tropos complejos. Alejandro se fascinó —como Lam antes que él— con la intersección de lo humano y lo natural. Pero las tropologías de ambos artistas son bastante diferentes. La metonimia en Lam se inspiraba en cosmologías animistas. Alejandro se vale de la yuxtaposición para elaborar sutiles transferencias metonímicas entre entidades hechas por el hombre y sus escenarios naturales. Sus imágenes son robóticas y reclaman una semblanza insectoide o crustácea. Aparecen extrañas en la naturaleza, monumentos por accidente, incongruentes con lo que les rodea. Es la descripción cuidadosa y realista de un habitat foráneo que ofrece, de la manera surrealista clásica, el inestable poder de la representación. En tanto Lam desarrolló la metamorfosis dentro de las formas mismas, en Alejandro la transformación entre la máquina y la naturaleza se concentra sobre la fuerza dramática de la escena misma y sus elementos disociados yuxtapuestos. No hay ninguna fusión de lo humano y lo natural en Alejandro, tan sólo una medrosa co-presencia.

De los artistas de la cuarta generación representados en esta muestra, Juan Boza es el único que maduró en Cuba. Sin embargo, la obra de Boza, al igual que la de sus colegas, se produjo a partir de un cierto vacío, que se profundizó con el éxodo periódico de artistas a lo largo de los años sesenta y setenta. En Cuba, la obra de Boza tenía un definido sabor internacional. Su fantasía era abstracta, o derivada de referencias mecánicas, valiéndose de patrones y repeticiones de modos formalmente pronosticables. Desde que llegó a Nueva York en 1980, su obra cambió radicalmente, expandiéndose de dos dimensiones a tres, y abarcando toda la escala de tradiciones africanas que son parte de su herencia cultural.[30] Las instalaciones de Boza invocan oración, ídolo y ritual, y derivan energía de las fantasías de junglas y demonios, de animismo y de eros en la obra de Lam.[31]

El motivo de la arquitectura ha perdurado en el arte cubano. En esta generación Humberto Chávez trabaja dentro de este tema. Aunque es esencialmente un abstracto, Chávez enfoca el motivo arquitectónico en diversos niveles de intensidad referencial, emplea la imagen de la ventana, por ejemplo, independientemente de las connotaciones históricas y nemónicas que haya adquirido en el arte cubano. Por ejemplo, en su obra *La Ventana Recuerda*, Chávez usa varios materiales para construir una escultura que expande y distorsiona el plácido contexto geométrico de una ventana en un muro. En estas implosiones y explosiones de la imagen, Chávez pone énfasis en las ironías implícitas de la metáfora ventana/pintura. "Ventana" como símbolo de "pintura" enuncia la bidimensionalidad de esta última. Es la bidimensionalidad lo que separa la pintura de la realidad, y dentro de esta premisa fundamental sus exploraciones tridimensionales de esta metáfora adquieren importancia. Como han hecho tantos otros artistas de esta generación, Chávez usa la ironía en su enfoque de la representación; pero también lleva estas ironías a su obra puramente abstracta.

El foco sobre el contexto mismo y sobre su impacto dramático ha saturado el arte de esta generación. Uno de los ejemplos más evidentes es la pintura de Humberto Calzada. Sus raíces estéticas le vinculan a Emilio Sánchez, a Mario Carreño y a Amelia Peláez. Pero, en Calzada se da un nuevo cambio en el manejo cubano del motivo arquitectónico: el surgimiento gradual de una paradoja multifacética en la cual la arquitectura se despoja de valores oníricos o nemónicos para convertirse en símbolo mismo, la esencia de la memoria y de la conciencia onírica. Calzada inter-

secta la proyección concreta, cerebral y matemática de espacios y formas con la simbología de la memoria.[32] Esta intersección surge porque, al igual que Alejandro, Calzada hace hincapié en el escenario más que en los símbolos dentro de un ambiente, a la manera de Carreño al igual que con las cualidades abstractas de la escena. En los artistas de la cuarta generación, el escenario se convierte en tema de mayor importancia.

Las pinturas de Calzada operan totalmente en un nivel cerebral. Incluso, la cualidad nebulosa de sus escenarios taumatúrgicos evoca el concepto escénico del sueño y no un evento onírico específico. Cuando el escenario se convierte en el tema principal de una pintura, como ocurre en Calzada, se necesitan elementos que amplíen el poder representativo del escenario. El cuadro-dentro-del-cuadro es sólo uno de estos elementos.[33]

Al menos dos pintores de esta generación han hecho de la luminosidad protagonista de sus pinturas taumatúrgicas. Son ellos Julio Larraz y Juan González. Larraz usa la luz para expresar la habilidad intrínseca de lo intencional para descubrir simbologías entre objetos de la vida cotidiana. El término fenomenológico *intención* denota la conciencia que define el contenido y el carácter de toda experiencia. La luz en Larraz simboliza la agencia de la conciencia, el poder de *noesis* que hace relevante al interés y dominio humanos esos aspectos del mundo que se muestran indiferentes.[34] Lo que eleva el arte de Larraz a la estatura de un discurso filosófico es el hacer de tal agencia noética una presencia tangible sin privarla de inmediatez sensual.

En la obra de Juan González, es el discurso intencional de la luz lo que regula que una imagen sea realista u onírica. Para González la luz no es un símbolo per se, ni tampoco lo que enfoca la vida simbólica de una imagen. Más bien, la luz es el instrumento que guía la percepción del espectador para que este capte el carácter representativo de las imágenes. La presencia o la ausencia de color en una representación denota en González el origen de la imagen. Las derivadas de la experiencia consciente están coloreadas, en tanto las que se derivan del sueño o la memoria se representan en blanco y negro.[35]

Esta dicotomía no restringe a González; casi todas sus imágenes aluden al sueño y a la memoria tanto como a la experiencia inmediata. La simbolización de gamas cromáticas le sirve para introducir temas del tiempo y la meta-representación en un nivel estructural más que en un nivel simbólico. El uso que González hace de la luz es sintáctico, en contraste con el uso semántico que le dan Larraz y Calzada. La luminosidad sintáctica tiene sus raíces en Enríquez, en Lam y en Soriano; la luminosidad semántica tiene precursores en Peláez, Carreño, Bermúdez y Emilio Sánchez.

Otros artistas de esta generación han explorado las diversas relaciones entre estructura e imagen, Luis Cruz Azaceta es uno de esos artistas. Su obra interrelaciona el sujeto y su entorno, especialmente en sus cuadros recientes, donde también muestra un grado más introspectivo que el de los autorretratos/parodias de su obra anterior. Cruz Azaceta tiene prominencia internacional, y se le considera un expresionista importante, cuyo fantástico sentido del humor e imaginación rapaz devoran los manidos fetiches y clisés de su estilo. Las raíces de Cruz Azaceta van más allá de sus predecesores cubanos inmediatos —Fernando Luis, Antonia Eiriz, René Portocarrero, Fidelio Ponce— hasta otros artistas latinoamericanos como Cuevas, Macció, de la Vega, y Julio Rosado del Valle. En la obra de Cruz Azaceta, como en la de otros pintores latinoamericanos, la angustia expresionista comparte el escenario con el humor y la parodia tanto del género como del propio yo.

Lo mismo se encuentra en César Trasobares, artista del collage que emplea la sátira en su obra para lograr el comentario social. En su serie *Quinceañeras*,[36] por ejemplo, Trasobares satiriza en construcciones bidimensionales lo que hay de afectado y ridículo en los vestidos y accesorios identificados con estas celebraciones. La orquestada sobreimposición de elementos da la oportunidad de una representación formal, pero estas acciones transforman también los elementos en símbolos cuyo significado popular queda subvertido. Como emblemas sociales cargados de una esencia ritualista y vulgar, los vestidos y los recordatorios de las debutantes se convierten en blanco natural de la parodia cuando se abordan en el contexto del arte. La sátira es una premisa, y no un efecto, de las instalaciones de Trasobares. Sin embargo, la plena importancia de sus obras radica en otra dimensión. Estos emblemas pequeño-burgueses están desconectados de significado no sólo por virtud de su contexto en un objeto de arte, sino también por la apariencia fantasmal que toman cuando se les aplasta y se les coloca dentro de un marco. Trasobares deja esos emblemas desprovistos por completo de significado. La ironía surge al separar el símbolo de su referencia, volviéndolo más inmediato y físico. Sus propiedades tangibles se destacan al agrupar sus connotaciones sociales. En gran medida Trasobares ha tomado este concepto de Duchamp y de sus discípulos norteamericanos, los artistas *pop*. Trasobares enfatiza cuan ineluctables son realmente los mecanismos de referencia visual en el arte, y cuan poderosa puede resultar esa referencia en la transformación de nuestra visión de los elementos de la vida. La ironía se hace tan inseparable de la referencia como la referencia lo es del arte.

La relación entre significación social y personal es también un tema importante en la obra del fotógrafo Tony Mendoza. De especial importancia es *Cuentos*, una serie sobre su familia, sus amigos, y sobre sí mismo. Mendoza incorpora textos en sus fotografías, comentarios sobre las ocasiones de las fotos o acerca de las personas que aparecen en ellas. La ironía y la sátira funcionan prácticamente en todas las obras de *Cuentos*. El texto subvierte la imagen y viceversa. Los tonos se re-definen y amplían, se cuestionan y se re-evalúan. La combinación de estos dos medios —lenguaje y fotografía— amplía la posibilidad de la ironía, puesto que tradicionalmente ambos medios compiten por la fidelidad referencial. Pero gran parte del impacto irónico de *Cuentos* se logra al yuxtaponer la temporalidad intrínseca del medio fotográfico y del lingüístico. La fotografía es la esencia del instante, mientras que la lengua es la esencia de la continuidad y la secuencia. ¿Cómo afecta a los mecanismos de representación, en las obras en las cuales coexisten, la reunión de dos medios cuya naturaleza temporal es tan radicalmente diferente? La coalescencia del texto y la imagen fotográfica crea una reverberación de contextos y paradojas que han sido subvertidos y que atraen la atención a lo que no se ha incluido en la obra.

Artistas de la cuarta generación han dado al arte cubano una nueva y más intensa conciencia del medio y de la complejidad de la representación. El arte norteamericano post Duchamp ha tenido un gran impacto en la formulación de objetivos estéticos en los artistas que se desarrollan fuera de Cuba. Pero la manera en que dichos objetivos se han definido y cumplido revela un nexo con las tradiciones del pensamiento plástico en Cuba y en Latinoamérica. También se percibe que estos artistas hacen uso más libre y más frecuente de los tropos que sus contemporáneos norteamericanos.

LA MANIFESTACION DE VINCULOS SUBCONCIENTES: LA QUINTA Y SEXTA GENERACION

Aunque sólo median cinco años entre las edades de algunos de los artistas de la cuarta y la quinta generación hay notables diferencias entre los dos grupos en lo tocante a su relación con la experiencia del exilio. En su gran mayoría, los artistas de la quinta generación vinieron al exilio de la adolescencia; los de la sexta eran aún niños. De aquí que estas dos generaciones tengan un sentimiento más atenuado de desarraigo que la generación anterior.

Lo que parece destacarse en el desarrollo de los artistas emigrados cubanos más jóvenes es el biculturalismo: prácticamente todos ellos viven en los Estados Unidos. Las razones de esta característica demográfica podría vincularse al surgimiento de una dinámica ciudad cubana fuera de Cuba: Miami.[37] La próspera cultura cubana que ha definido el carácter de esta ciudad norteamericana, también ha permitido que jóvenes artistas cubano-norteamericanos lleguen a familiarizarse con los estilos de vida y la herencia de su país natal de un modo más cotidiano y

empírico del que fue posible, generalmente, para los artistas de la cuarta generación. ¿Por qué destacar a Miami?

Porque esta nueva ciudad situada escasamente a unas 150 millas del horizonte cubano ofrece un marco para la reconquista de tradiciones y costumbres culturales, incluso en el arte. Una razón puede ser que muchos de los artistas de la tercera generación vinieron a residir a Miami después de 1960. Sus carreras se han reavivado; su lugar en la noble trayectoria de la plástica cubana ha sido reconocido al menos por sus compatriotas emigrados. Sus obras se han exhibido mucho en Miami a lo largo de las últimas dos décadas. Todos los artistas de la segunda y tercera generación que no viven en Miami han exhibido allí con bastante frecuencia para hacer la obra muy accesible a la crítica de los artistas que van surgiendo. En contraste, los artistas de la cuarta generación no se beneficiaron de este contacto progresivo durante su desarrollo artístico. De manera que, en tanto la presencia de la vida y la cultura norteamericanas se hace más fuerte en la obra de artistas cubanos cuanto más jóvenes son, es cierto también que la presencia de la cultura y el arte cubanos sigue siendo un enérgico motor de su desarrollo como individuos y como seres creadores.

Además, los artistas de la quinta y la sexta generación en Miami han entrado en un contacto mucho mayor con el arte de otros países latinoamericanos que ninguna otra generación anterior. Las afinidades que muestran con el modernismo latinoamericano a veces son sutiles, a veces explícitas. Coexisten ellos con igual fluidez en dos culturas complejas, en dos tradiciones estéticas, en dos cosmovisiones, en dos contextos existenciales e históricos. Este fenómeno da a su obra gran diversidad y energía.

Las corrientes que moldean el pensamiento plástico de la quinta generación tienen profundas raíces en las tradiciones plásticas latinoamericanas y cubanas, y poseen una elocuente afinidad con las tendencias contemporáneas del arte norteamericano y europeo. Los abstractos entre ellos se han concentrado en varios aspectos del infinito; los expresionistas exploran el ingenio y la ironía con miras no sólo a los referentes de su fantasía en el mundo social, sino a los problemas contextuales a que el arte se enfrenta cuando asume tal discurso. Artistas jóvenes han elaborado nuevos enfoques sobre la fusión de la fantasía cerebral y la onírica, y también han diversificado y refinado sutilmente los usos de la yuxtaposición. Entre los realistas parece estar presente un mayor sentido del tiempo y de la historia, como también es el caso con el arte de escenificación conceptual, o performance art.

Los abstractos de la quinta generación en esta muestra son Mario Bencomo, Carlos Alfonzo y Susana Sorí. En Bencomo han influido diversas escuelas y tradiciones, desde Rufino Tamayo, Cy Twombly, Mark Rothko, hasta Peláez y Antoni Tapies. Bencomo ha fusionado múltiples paradojas que contemplan lo subjetivo en términos de temporalidad y transitoriedad física. Para entender la obra de Bencomo se precisa tener en cuenta la importancia referencial, y no contextual, que él le ha dado al paisaje, a la topografía y a los perfiles de continentes vistos desde satélites. Es un espacio existencial el que le interesa a Bencomo y no la bidimensionalidad del lienzo. Este interés particular es lo que eleva su pintura por encima de la obsesión antireferencial que caracteriza las tendencias más abstractas desde la Segunda Guerra Mundial.

Las telas de Bencomo son, en efecto, escenarios abstractos que dramatizan el diálogo entre la trascendencia y el vértigo —los dos polos en torno a los cuales gira nuestro ser en el mundo. El arregla la textura para sugerir intimidad a la vez que evoca abrumadoras distancias. Al expandir la figura de su esbozo caligráfico ha ampliado su discurso sobre el movimiento para insinuar vuelos tanto de temor como de exaltación. Bencomo es un pensador abstracto sobre temas existenciales, y su modo principal de expresarse es la ambigüedad; de aquí el extraordinario carácter intelectivo y sensual de su obra. Bencomo aborda en términos no-metafóricos y no-referenciales temas que surgen en las obras de sus predecesores cubanos, Rafael Soriano y Baruj Salinas. La obra de Bencomo da una expresión abstracta a la condición contradictoria de ser exiliado que

urga en lo más íntimo del espíritu de su generación.

Carlos Alfonzo elabora movimiento y temporalidad diferente a Bencomo. Alfonzo hace énfasis en la violencia y en motivos intrincados, en la tradición de Lam y Enríquez, abstrayendo formas de la anatomía humana (ojos, lenguas, y manos) y de otras imágenes cotidianas (cuchillos, hojas y cruces). Alfonzo debe mucho al uso que hizo Peláez de la línea negra para imponer la forma sobre colores planos. Su referencia como la de Peláez, es lineal y no cromática. El uso de la línea evoca orden y referencia en su universo vertiginoso que convoca del inconsciente los más profundos arrebatos de agresión y agonía.

En la obra de Susana Sorí no hay ningún sentido de conflicto ni de violencia como lo hay en la de Alfonzo, ni tampoco la ansiedad de una subjetividad que se enfrenta a la vastedad de forma y de luz, como en Bencomo. Los intereses de Sorí son metafísicos. Ella trata de enunciar en términos puramente visuales y abstractos el gran dilema de todas las filosofías y religiones: ¿cómo puede el mundo físico dirigir e incorporar el infinito en su carne? La espiral, símbolo universal del movimiento infinito, es uno de los motivos a que más recurre en su obra. Sorí expresa las dimensiones corpóreas de la conciencia más elevada mediante un uso restringido del color, la introducción de texturas y materiales diversos en una obra, y mediante la refracción de la luz.

El arte expresionista de esta quinta generación no ha sido una repetición de tendencias surgidas en Nueva York y de Europa. Paul Sierra, por ejemplo, se ha formado en Chicago y lógicamente muestra en su obra la influencia y estilos del arte de esa ciudad. No obstante, Sierra ha logrado una de las síntesis más vigorosas de humor y estilo artístico en el arte cubano. Ha explorado la retórica del gesto humano de modos que trascienden la parodia del ser y del género, presentes en la obra de sus predecesores Fernando Luis y Cruz Azaceta. Sierra posee una gran variedad temática y utiliza muchos estilos y medios. El cine silente, por ejemplo, ha enriquecido su sentido de cómo el gesto codifica sentimiento y acción. Se siente a gusto con la ambigüedad, algo que no puede decirse de las rabietas catárticas que predominan en el arte neo-expresionista. Un buen ejemplo son las pinturas de Sierra sobre la santería. A diferencia de Boza de la cuarta generación, que es un devoto creyente de esta religión, Sierra la satiriza mientras describe sus rituales con detalles precisos. En otras obras emplea la metáfora de la mujer y la flora, derribando el arquetipo al mismo tiempo que arroja nueva luz sobre sus posibilidades sensuales. Sierra comenzó recientemente una importante serie con una pintura titulada *Las dos habitaciones*. En ella, el espectador mira a un pasillo a través de una mirilla; la visión convexa de las puertas y las paredes habla de la preocupación modernista por la bidimensionalidad en la pintura, de las distorsiones fotográficas del gran angular, y sobre las distorsiones implícitas en toda observación. Sierra nos recuerda que el arte es en sí una distorsión, porque toda observación lo es. En una concepción *a priori* del universo, el *realismo* es el fruto del éxtasis, del tropo, o de la transformación.

Otros dos expresionistas importantes de la quinta generación son Pedro Pérez y Gilberto Ruiz. Ambos han explorado los mecanismos del gesto y la conciencia. La serie de Ruiz sobre el cometa Halley es de particular importancia porque incorpora un sentido de fatalidad inminente que ha llegado a ser, a lo largo de las décadas, el *leit motif* del arte, la literatura y la cultura popular cubanos. La serie establece la misma relación ambigua con el tema que caracteriza las obras irónicas de Sierra y Cruz Azaceta. Ruiz, que vivió en Cuba hasta 1980, aborda la interrelación entre la catástrofe, la conciencia y la expresión. ¿Cómo se logra que la narración de súbitos finales —o la reacción a ellos— altere otros medios para entender el cataclismo? Este tema es de particular importancia para los desterrados cubanos que se han criado conscientes de las abruptas disyunciones de la realidad, entre las cuales la revolución de 1959 es el ejemplo más inmediato y constante. Para los desarraigados, los atropellados, los exiliados, la escatología tiene una tangibilidad propia.

La obra de Pedro Pérez, al igual que la de Sierra y Ruiz, conoce la retórica del expresionismo. Este conocimiento le lleva a una manifestación más viva de la naturaleza teatral de toda representación. Sus insta-laciones, así como sus dibujos y sus telas, explotan las tensiones entre la figura y el terreno, entre realidades de dos y tres dimensiones, y entre diversos grados de referencia plástica. Pérez fluctúa entre las formas abstractas y las referenciales, incorporando comentarios escritos a sus obras. Su humor es conciso en ocasiones, excesivo en otras, siguiendo la tradición de combinar la sátira con la angustia, característica de artistas argentinos de la *nueva figuración* (de la Vega, Noé y otros) y de expresionistas cubanos como Cruz Azaceta, Fernando Luis y Antonia Eiriz.

Entre los que persiguen las dimensiones oníricas de la conciencia, dos figuras de la quinta generación se destacan en particular: María Brito-Avellana y Emilio Falero. Las esculturas de Brito-Avellana recogen el motivo recurrente de escenario arquitectónico dándole una presencia tridimensional. Tal cambio a las tres dimensiones pudo haber agudizado las facetas conceptuales o matemáticas del tema, pero en Brito-Avellana ha ocurrido completamente lo opuesto.

Aunque sus esculturas están saturadas de implicaciones psicológicas, no son actos de confesión. Más bien, Brito-Avellana aborda la naturaleza enigmática de la fantasía y de los espacios inconscientes. Es el enigma y no su interpretación personal en términos étnicos, históricos o sexuales lo que le permite a Brito-Avellana una entrada directa a las dimensiones oníricas del inconsciente. Su enfoque en torno al mismo, su separación de la razón y su resistencia a una interpretación singular y apodíctica es su contribución a la tradición cubana y latinoamericana que fusiona el modo analítico y el onírico de la conciencia.

El acto de presentar al espectador un enigma es igualmente central a las pinturas de Emilio Falero, cuya obra se resiste también a fácil interpretación. Es más, Falero busca esencialmente trascender toda interpretación; para lograrlo emplea la yuxtaposición, con una capacidad tropológica limitada. Falero yuxtapone imágenes de la pintura moderna y barroca, usualmente Velázquez con Miró o Picasso, o Vermeer con Mondrián. A veces las yuxtaposiciones son entre imágenes de la pintura del Siglo XVII y elementos contemporáneos de la vida cotidiana, como una aplanadora o un televisor. Al crear meta-representaciones, Falero amplía las relaciones que podrían existir entre dos épocas desarticuladas, si bien no disociadas, y sus respectivas estéticas. La yuxtaposición temporal (un elemento básico del arte cubano desde Peláez, y preponderante en su vertiente onírica) es el carácter esencial de la vida inconsciente que Falero aborda en el metalenguage del arte.

Los dos grandes realistas de esta generación, el pintor Miguel Padura y el fotógrafo Mario Algaze, están igualmente preocupados por lo enigmático y lo paradójico. Algaze hereda del difunto fotógrafo Jesse Fernández,[38] una aguda conciencia de los intelectuales y creadores de su tiempo y sus posibilidades plásticas en el retrato. Algaze ha fotografiado a destacados intelectuales y artistas de América Latina. Es sin duda el fotógrafo puro más importante de su generación. Su cámara ha recogido aspectos de la vida pública a todo lo largo y ancho del mundo hispánico. En su serie "La Pequeña Habana" Algaze capta el enigma bicultural del Miami cubano-norteamericano, complaciéndose a veces en la torpeza de una cultura atrapada entre la sobrevivencia y la nostalgia por la patria.

En contraste, lo enigmático no se manifiesta para Miguel Padura en un incongruente fenómeno cultural. Talentoso pintor de naturalezas muertas, Padura aborda el género con fines particulares. A diferencia de Larraz, Padura no está preocupado fundamentalmente ni con la alegoría ni con la metáfora, aunque los tropos desempeñan un papel ancilar en su pintura. El foco de Padura radica en los misterios de la representación, y no en la orquestación de significados agregados a lo que se representa. Una naturaleza muerta de Padura es tanto acerca de las sombras de las frutas y legumbres sobre la pared como acerca de las frutas y legumbres mismas.

Padura se vale de una ejecución de detalles y del control de la luz para llamar la atención sobre el carácter observador de las naturalezas muertas, aunque él no se instala en el trompe l'oeil como fin en sí mismo o como vehículo para exponer las ilusiones fundamentales de toda pintura. La ficción que inte-resa a Padura es la de la contextualidad del arte. El poder de su pintura está en la mezcla de fuerzas aparentemente contradictorias pero que, en realidad, son polos en torno a los que gira lo real. El sentido teatral de Padura asocia las naturalezas muertas con un rico interés taumatúrgico en el arte cubano, encarnado en las obras de Bermúdez, Carreño, González, Larraz, Calzada, Brito-Avellana, Sierra y otros que aseguran que el arte es la teatralización absoluta y, como tal, intelectual y espiritualmente independiente del mundo al que se refiere y elucida.

El foco intelectual y estético de las ambiguas sutilezas que recorren el arte de esta generación es evidente también en Carlos Gutiérrez-Solana, el único artista de escenificación conceptual que se incluye en esta generación. Carlos Gutiérrez-Solana acentúa los traumas de la existencia bicultural equilibrando las tensiones que crea el biculturatismo en el individuo, con las fuerzas externas que ejercen las expectaciones culturales disonantes que lo embrollan. Mientras reflexiona sobre la naturaleza paradójica de los medios y la representación, Gutiérrez-Solana coincide con conceptos típicos de su generación. Aunque en extremo fiel a los parámetros efímeros que circunscriben el arte escénico conceptual, Gutiérrez-Solana se preocupa por dejar una huella de su acontecer, y así construye plataformas y escenarios en sus representaciones que se alteran en el proceso. Al igual que Brito-Avellana, Padura, Bencomo, Sierra y prácticamente todos los miembros de su generación, Gutiérrez-Solana hace de la multiplicidad y la ambigüedad instrumentos de un refinado estilo propio y de cuestionamiento de los medios.

Llegamos finalmente al último grupo de artistas representados en la exhibición. El que podamos hallar huellas de las tradiciones estéticas cubanas en su obra es prueba de la supervivencia de la cultura cubana en el exterior. Entre los artistas de la sexta generación se han renovado ciertas inquietudes tropológicas. Tony Labat, prominente artista de video, introduce en el discurso plástico juegos sobre la simultaneidad, típicos de un enfoque literario a la volátil identidad de los acontecimientos. La yuxtaposición como premisa tropológica se evidencia también en las fotografía de Silvia Lizama. Lizama pinta a mano los originales en blanco y negro empleando color de manera dramática para regular la presencia de lo fantástico en la imaginación cotidiana, recordándonos la obra de Juan González. El pintor Jorge Pardo conglutina imágenes de una amplia gama de contextos culturales, que abarcan desde la refinada iconografía católica hasta los motivos primitivos Gilberto López-Espina, Aramís O'Reilly, y Adolfo Sánchez se benefician de la yuxtaposición surrealista de imágenes disociadas, y las utilizan para ahondar en los mecanismos creadores de la imagen onírica.

Los tropos desempeñan un papel importante en la obra de Carlos Domenech y Mario Petrirena. En el *Kwik print* de Domenech,[39] se juntan imágenes floridanas que aluden a la cultura minoica de la antigua Creta. Domenech genera un asombroso contrapunto de valores entre dos culturas completamente disociadas que comparten la experiencia del mito y el cataclismo. Domenech vive en Miami, donde Cuba es distancia y cercanía, origen de la pasión y del temor, inevitable centro de la atención, prisma de la esperanza y de la nostalgia. Las yuxtaposiciones de Domenech son literarias porque invitan a interpretaciones simbólicas, pero sus fotos son intensamente plásticas, ricas en rimas formales y colores vivos, en conexiones históricas y enunciados arcanos sobre la afinidad entre los destinos de Cuba y la Creta minoica.

Los mecanismos creadores de símbolo, metáfora y yuxtaposición son menos evidentes en las cerámicas de Mario Petrirena. Sus esculturas sobre el Holocausto expresan una solemne conmemoración mediante el uso del rostro y la cabeza humanos en funciones sinecdócicas.[40] En algunas obras, diminutas caras configuran completamente la forma de una cabeza mayor; en otras, estos pequeños rostros componen conos o piedras sepulcrales. Mediante la sinécdoque, Petrirena subraya la tragedia humana individual que es el asesinato al tiempo que enuncia la dimensión histórica universal que es el genocidio. La diversidad de tropos que surge en las obras de los artistas cubanos más jóvenes en el exterior es un indicio de cuán profundo e ineludible es el pensamiento tropológico en el arte cubano y latinoamericano. Tales tropos no surgen con la misma intensidad y claridad entre sus contemporáneos norteamericanos.

Otra importante tradición cubana que perdura en el arte de la sexta generación es el luminismo. El poder simbólico de la luz y la translucidez, al igual que su dimensión puramente plástica, ha influido en todas las generaciones cubanas y es particularmente evidente en la obra del pintor Gustavo Ojeda y de la fotógrafa María Martínez-Cañas. En una de las oscuras telas de Ojeda, el perímetro de luz de un tren subterráneo enfoca a un túnel cavernoso. La obra de Ojeda hace su aporte a la tradición del luminismo cubano representado por Enríquez, Ponce, Soriano, Larraz y Emilio Sánchez, al elucidar la anatomía de la oscuridad en la representación plástica. Para Martínez-Cañas, la luz es un elemento tangible para ser manipulado más radicalmente que lo que podría hacerse en la fotografía pura. Ella usa diversas técnicas para dibujar con luz y crear imágenes fundamentalmente abstractas, aunque también emplea impresiones fotográficas de manera ancilar. María Martínez-Cañas comparte con la ceramista Connie Lloveras el liderazgo del arte abstracto en esta generación. Para ambas artistas, la estética abstracta se vincula a la representación mediante la exploración de la línea como elemento puramente plástico y como símbolo de las funciones semiogenéticas de la mente. Sus esculturas de arcilla funcionan formalmente a través de una interrelación entre estructuras abiertas y cerradas. Las superficies contienen diseños que aluden a la invención de signos, a la escritura, a signos rupestres y a garabatos infantiles; también aluden a la obra de Joaquín Torres-García.[41]

Ahora es posible llegar a una síntesis que pudiera revelar no sólo las corrientes estilísticas que unen el arte de la nación cubana, sino también el papel que la imaginación desempeña en preservar la esencia de la cultura plástica de Cuba, especialmente durante el último cuarto de siglo.

El uso de tropos es intenso en el arte cubano, sobre todo cuando aborda la temporalidad. Cuando los artistas piensan en términos de cambio, transformación, o movimiento, emplean diversos tropos para expresar sus ideas que se tornan complejos por virtud de su interrefractividad. Un símbolo cualquiera podría transferir metonímicamente su carga semántica a otro elemento del cuadro. Esa transferencia podría convertirse en símbolo de alteración o de tiempo en la representación de la acción o del pensamiento. O sea, se da a menudo que los tropos comparten el escenario temático con las imágenes; cuando esto sucede, se ven sujetos a las mismas yuxtaposiciones y transformaciones que ellos ejercen sobre signos y referentes.

El poder de los tropos es tan fuerte en el pensamiento estético cubano que imágenes no asociadas mediante la historia o cualquier otra causalidad pueden yuxtaponerse presuponiendo la tradición que las hace descifrables. Las conexiones entre elementos en una obra y los múltiples tropos que las mediatizan son frecuentemente tan ricas que cualquier intento por ignorar tropos en la interpretación de la obra sería estéril. Ocurre lo mismo al señalar afinidades entre artistas. A primera vista, Amelia Peláez, Agustín Fernández, Rafael Soriano y Carlos Domenech no tienen nada en común. En términos de estilo, medio ambiente, temática, y tono, a uno le resultaría difícil escoger cuatro artistas que difieran más radicalmente entre sí. Sin embargo, los cuatro están vinculados por un poderoso denominador común: la yuxtaposición. Si señalamos las dimensiones tropológicas de la yuxtaposición en cada uno de estos artistas, ya cambia nuestra percepción de las relaciones entre ellos. Peláez usa la metáfora pura en la fusión de los *vitrales* con el cubismo. Fernández usa la yuxtaposición para convertir una relación metonímica entre figura y coraza en una amalgama visual. Soriano escenifica el acto de fusión mismo y usa la intersección de la luz y la sombra en formas abstractas inventadas para simbolizar la naturaleza integral de todo lo que ve. Domenech preserva la distinción de los símbolos yuxtapuestos —e incluso de los diferentes medios que mezcla— precisamente para enunciar acerca de la naturaleza de orientación simbólica de crear y experimentar el arte. La fuerza de los tropos es, pues, un modo de identificar la presencia subconsciente de tradiciones que vinculan estas generaciones y sensibilidades individuales aparentemente desconectadas.

El rico repertorio tropológico del arte cubano que trata de la temporalidad revela otro énfasis característico de este arte: una preocupación con la estructura del inconsciente. El interés en la estructura de una actividad inconsciente lleva el creador a explorar y revisar los modelos que han servido de trampolín a este tema arcano. Prevalecen las metáforas que combinan el espacio y los edificios con la memoria y los sueños.[42] Al mismo tiempo, la percepción de los sueños que poseen muchos artistas cubanos nunca se divorcia de un interés en el infinito. El arte latinoamericano en general, y el arte cubano en particular, mezcla sueño y estructura, contemplación y forma, fantasía y número, para ofrecer representaciones del inconsciente que distan de ser típicamente surrealistas. La profunda implicación del infinito en aproximaciones al inconsciente es lo que permite la coexistencia de las inquietudes intelectuales y oníricas en el arte de Zilia Sánchez, Emilio Sánchez, Carreño, Calzada y muchos otros.

Finalmente, ningún florecimiento del arte modernista podría evadir lo que es acaso la característica más sobresaliente del modernismo: el cuestionamiento de la representación misma y de los medios en que ésta se lleva a cabo. En Cuba, como en América Latina, los artistas solían revisar la validez representativa de una obra mediante la experimentación tropológica. Tales tropologías afirmaban la capacidad del arte de reflejar cualquier actividad de la mente, más bien que reducir, limitar o socavar tal capacidad. O sea, artistas cubanos y latinoamericanos restablecieron su fe en el arte como una actividad a través de la cual se obtiene un conocimiento acerca del mundo, la percepción y la inteligencia. No ocurre lo mismo con los artistas en Estados Unidos o en la Europa posterior a la Segunda Guerra Mundial.[43]

Cuba no fue una excepción a esta regla latinoamericana. Lo notable es que pese al tremendo impacto que movimientos tales como el expresionismo abstracto, el arte pop, el arte efímero, y el neoexpresionismo han ejercido sobre los artistas fuera de Cuba, uno siente que ellos poseen una confianza peculiarmente latinoamericana en los poderes de la imaginación. Aludiendo a las palabras del poeta norteamericano Wallace Stevens, que describió la poesía como "la suprema ficción", se puede decir que la obra de arte latinoamericana funciona en base a sus propios recursos y los que evoca de sus tradiciones.

La relación dialógica entre obra y ambiente es mucho más reducida en el arte cubano y en el latinoamericano que en el arte norteamericano. Por consiguiente, el arte cubano tiene mayores probabilidades de expresarse dentro del contexto de símbolos y significados propios de la imaginación del artista. La manera norteamericana de abordar el arte depende más del contexto, incluso del espacio real en el cual la obra aparece, como sucede con casi todo el arte conceptual.[44]

Las sofisterías contextuales no florecieron en Latinoamérica porque presuponen una tradición pictórica como la post Duchamp en Norteamérica, carente de dominio sobre la metáfora y predispuesta a desconfiar de la representación. El único tropo empleado a nivel de movimiento importante en el arte norteamericano es la metonimia en el arte *pop*, especialmente en las obras de Jasper Johns y James Rosenquist. En los ejemplos cubano-norteamericanos de representación conceptual e instalación (tradiciones que son las menos latinoamericanas), la ironía apunta a la temática y ha sido mediatizada por tropos e imperativos taumatúrgicos: metáforas entre control físico y escritura en Gutiérrez-Solana; metarrepresentación en Labat; indistinción entre naturaleza y ritual en Boza.

Después de considerar estas corrientes para perfilar una personalidad de la imaginación visual cubana, ¿qué puede decirse de la interacción entre esa imaginación y la situación de exilio? Exilio e imaginación se han formado mutuamente; o sea, las estructuras de pensamiento visual que han sobrevivido a través de casi treinta años de desplazamiento lo han logrado porque de manera única intensifican un pensamiento y una imaginación que el destierro favorece. Todo estudio de este arte que aspire a una auténtica interpretación existencial e histórica debe partir de esta imaginación. Con demasiada frecuencia los críticos se centran en la temática, especialmente cuando se ocupan del arte de exiliados y de otros ciudadanos desplazados. Tal enfoque, sin embargo, parte de la creencia primitiva que la imaginación exiliada es hedonísticamente nostálgica y que está viciada por sueños imposibles de re-crear y revivir mundos perdidos. Adam Zagajewski, poeta polaco exiliado, habla de la fuerza y la naturaleza de la imaginación del exiliado:

> Al estar en el exilio, al vivir en el extranjero, no se está en contacto con los amigos; se está distanciado de la ciudad natal, pero la realidad está con uno... Se es libre y, si se es escritor, se puede tratar de expresar la libertad. Y la expresión de la libertad es tan importante como la libertad de expresión. Tiene que ver con la noción misma de la realidad... Estar en el exilio no es una situación trágica. En el acto de escribir se puede palpar una realidad que es más profunda y más poderosa que la ordinaria realidad cotidiana. Es la imaginación lo que ayuda. La imaginación, que es una vía para entrar en la realidad, no para escapar de ella.[45]

Las palabras de Zagajewski iluminan el tema. La única opción que la historia permite a un exiliado es la de habitar libremente en la imaginación. Para comenzar el ejercicio de la libertad, la imaginación trata de satisfacer las necesidades del ser humano. Nada tiene que ver con la nostalgia sino con lograr de la realidad una alegría e intensidad que puedan sobreponerse a la distancia sedienta, a la erosión de la memoria, a la constante conciencia de que la cotidianeidad no nos pertenece.

La constante del exilio forma nuestra opinión de una imaginación plástica que opera mediante tropos interrefractarios y estructuras del inconsciente, una imaginación que busca redefinir (más bien que limitar o reducir) los modos de representación de manera que el arte pueda entendérselas mejor con los sueños, la temporalidad, la yuxtaposición histórica, la violencia, la semejanza, la transformación y el pensamiento no causal. La esencia del exilio se encarna en estas inquietudes.

El exilio tiene que confiar en la representación, sostén de la memoria y la paciencia, clave que da acceso a libertades pasadas y futuras. El exilio encuentra su reflexión en el sueño que la memoria transforma en concepto y en proposición universal. El tiempo y el lugar del exiliado se hacen de números; el exiliado lo mide todo, incluso el espacio que media entre los números. El exiliado habita en el teatro de la memoria.

El ser bicultural, heredero de la imaginación del exilio, también forma parte de él. El hecho de estar en un lugar pero no ser enteramente de ese lugar, es una extensión del exilio. Coexistir aquí y allá, o más bien, tener un "aquí" y un "allá", que coexisten en la persona, es intrínseco a la realidad del exiliado. La exis-

tencia bicultural, producto del exilio mismo, sólo aparenta ser menos traumática. Bajo la comodidad superficial y la holgada apariencia, el ser bicultural se enfrenta a diario con alguna carencia. Para los artistas cubano-norteamericanos que salieron de su país de niños o de jóvenes, el exilio es un contexto inalienable de la vida, un legado subliminal. Ellos han adoptado y transformado muchos de los patrones del pensamiento plástico de los artistas exiliados más viejos porque esos patrones ayudan a expresar su realidad socio-histórica, cultural y artística.

En el caso de Cuba, la imaginación de artistas y poetas exiliados es *la* imaginación de la cultura. Sólo esta imaginación ha sido capaz de elegir espontáneamente sus libertades y expresiones, aun cuando haya sido inconscientemente. Las estructuras que han surgido para caracterizar esta imaginación son las que han resistido la prueba del exilio, las que han fomentado la supervivencia de la imaginación.

NOTAS

1 José María Heredia, el gran poeta cubano, vivió casi toda su vida adulta en el exilio, y falleció en México en 1839. El más destacado patriota de Cuba, José Martí (1853-1895), vivió la mayor parte de su vida en el exilio, forjando la esencia misma de la identidad nacional cubana en extensos artículos, en discursos y en poemas que escribió desde New York, Tampa, Madrid y México. Guillermo Collazo (1850-1896), el mejor pintor cubano del Siglo XIX, vivió gran parte de su vida exiliado en París.

2 La Guerra Hispano-Americana puso fin al dominio colonial de España sobre Cuba en 1898, pero hasta 1902 Estados Unidos ocupó Cuba, y sólo ante la amenaza de una guerra civil en la isla el gobierno del presidente McKinley negoció la independencia con las autoridades cubanas provisionales. Sin embargo, el Congreso rehusó renunciar completamente a sus reclamos sobre Cuba y, a propuesta del senador Orville Platt, se adhirió una enmienda a la Constitución de la naciente república (1901), enmienda que facultaba a los EE.UU. a intervenir en los asuntos cubanos.

La Enmienda Platt fue una rémora en el desarrollo político de la nación cubana y, aunque fue abrogada en 1934, el sentimiento antinorteamericano que tanto se ha explotado en Cuba depende, en gran medida, de la existencia de esta enmienda que muchos consideraron una afrenta al honor nacional.

3 No debe resultar sorpresivo que más de 50% de los artistas jóvenes incluidos en esta exposición vivan en Miami, donde la cultura cubana, que coexiste allí como una alternativa, ha sido un factor importante en su formación. Más que sus mayores, estos jóvenes artistas parecen necesitar la realidad cubana de Miami como contexto cultural.

4 La Academia de Dibujo y Pintura de San Alejandro fue fundada en 1818 por el muralista francés Juan Bautista Vermay (1786-1833). A lo largo de todo el Siglo XIX, San Alejandro formó la estética del arte nacional. Su influencia siguió siendo poderosa después de la independencia. Y casi todos los artistas de las tres primeras generaciones modernistas estudiaron allí.

5 La experiencia europea de Peláez fue particularmente importante para el surgimiento del modernismo en Cuba. Peláez salió de Cuba en 1924 y estudió por breve tiempo en la Liga de Estudiantes de Arte (*Art Students League*) de New York. Residió en París de 1927 a 1934, y viajó extensamente por todo el continente (Italia, España, Europa Oriental, Alemania). En 1933, poco antes de regresar a Cuba, presentó una exhibición personal muy exitosa en la capital francesa.

6 El mexicano Rufino Tamayo, el uruguayo Joaquín Torres-García, y el peruano Fernando de Szyszlo, se encuentran entre los artistas latinoamericanos que han dominado, al igual que Peláez, el tema de la yuxtaposición histórica en la pintura.

7 Lam salió de Cuba para España en 1925, con una beca de arte auspiciada por el gobierno. En 1938 abandonó España, asolada por la guerra civil, y se fue a París donde se unió a Picasso y los surrealistas. El estallido de la Segunda Guerra Mundial lo trajo de vuelta al Caribe, en compañía de Bretón y el poeta Aime Césaire. Con Bretón "descubrió" y aprendió mucho de los pintores nativos de Haití. De regreso a La Habana, entre 1940 y 1943, se liberó un poco de la influencia de Picasso e, inspirado por las ideas de Bretón, hizo suyos el folklore y la vegetación del trópico como temática de su propio estilo.

8 Las primeras conspiraciones contra la corona española datan de principios del siglo XIX. Cuba fue virtualmente un campo de batalla por casi cien años, librando dos guerras grandes (1868-1878 y 1895-1898) antes de obtener finalmente su independencia en 1902.

9 *Modern Cuban Painters* fue el nombre de la exposición y del ensayo de Alfred H. Barr, Jr. para el catálogo. La selección de obras en la muestra fue hecha por José Gómez Sicre en colaboración con el Museo de Arte Moderno. Para acompañar la exhibición, Gómez Sicre publicó el libro *Pintura cubana de hoy (Cuban Painting Today)*. La exhibición y el libro se debieron en gran medida al apoyo de María Luisa Gómez Mena al arte cubano. Los artistas incluidos en la exposición fueron: Felisindo Iglesias Acevedo, Cundo Bermúdez, Mario Carreño, Carlos Enríquez, Felipe Orlando, Mariano Rodríguez, Luis Martínez Pedro, Rafael Moreno, Amelia Peláez, Fidelio Ponce, René Portocarrero y Víctor Manuel García. La exhibición se centró exclusivamente en artistas que vivían en Cuba en ese momento.

10 René Portocarrero es uno de los más destacados pintores de Cuba. Nació en 1912 y murió en La Habana en 1985.

Su rica y turbulenta paleta produjo muchas imágenes líricas y expresionistas de La Habana Vieja, el sector colonial de la capital, y sus habitantes.

11 Judith Neaman escribió un ensayo muy lúcido sobre Herrera que aparece en el catálogo de su retrospectiva (1951-1984) en el *Alternative Museum* de Nueva York de enero de 1985. Discutiendo la obra de los años sesenta, Neaman señala que el aspecto "humorístico" de las tensiones formales que Herrera elabora en sus obras se fundan en enfoques orientales y occidentales del espacio, el color y la forma puros.

12 Carreño utilizó algunas de estas obras para ilustrar su libro del mismo nombre, publicado en 1949. Carreño ha regresado a los temas antillanos que, a primera vista, parecen ser celebraciones llenas de colorido de la sensualidad y mitos de los trópicos. Una mirada más atenta revela el sentido de la ironía de Carreño. El voraz cocodrilo, hostil a pesar de su comportamiento festivo, descansa cerca del voluptuoso desnudo y de la fruta saltarina. La figura sin rostro, uno de las rúbricas de Carreño desde sus pinturas apocalípticas de los años sesenta y setenta, también aparece aquí, llevando consigo todas las denotaciones de finitud de las que estaba imbuida originalmente.

13 Véase el artículo de Guillermo de Zéndegui titulado "El cosmos luminoso de Mario Carreño" (*Américas*, mayo de 1977, pp. 9-11).

14 La metáfora teatral implícita en "escena" no se usa aquí gratuitamente. Las pinturas de Carreño de este período son muy escenográficas. Ciertamente, pueden leerse como naturalezas muertas en donde las figuras, los instrumentos musicales, las mesas, las siluetas abstractas de partes anatómicas o de objetos de la cotidianeidad y de componentes arquitectónicos se unen casi de la misma manera que lo hacen los símbolos en una alegoría o las palabras en un poema.

15 El Instituto resultó útil en el desarrollo profesional de muchos artistas de la segunda y tercera generación. No sólo concedía subvenciones sino también becas para estudiar o trabajar en el extranjero, y organizaba exhibiciones itinerantes.

16 Guido Llinás (nacido en 1923) vive actualmente exiliado en París; Hugo Consuegra (nacido en 1929), en New York. Han continuado activamente sus carreras. Raúl Martínez (nacido en 1927) decidió quedarse en Cuba; aunque se le permite viajar extensamente al extranjero donde suele respaldar al mismo régimen que en un momento lo censuró y lo purgó de la vida cultural cubana.

17 Luis Martínez Pedro (nacido en 1910) es más conocido por su serie *Aguas territoriales* hecha en los años cincuenta. Fue uno de los artistas incluidos en la exhibición "Modern Cuban Painters" presentada en el Museo de Arte Moderno de Nueva York en 1944.

18 Para un estudio extenso del papel de la metáfora en la obra de Fernández, véase: R.C. Kennedy, *Agustín Fernández*, Joseph A. Novak, ed. 1973.

19 Agustín Cárdenas (nacido en 1927) es un importante escultor surrealista, que se inspira especialmente en Lam y Tanguy. Su obra se caracteriza por imágenes totémicas metamórficas de componentes anatómicos abstractos que le vinculan estéticamente a los pintores Camacho y Mijares. Vive en París desde 1955.

20 Un modo de realizar esto es mediante la sinécdoque, tropo que media las sustituciones entre las partes y los todos a los cuales pertenecen. La sinécdoque es central a la estética de los artistas de la tercera generación.

21 Mientras en Nueva York se resolvieron las inquietudes abstractas del surrealismo relegando la referencia y destacando a nivel conceptual el acto de pintar, en América Latina se reemplazó la fantasía onírica del inconsciente con la referencia a la luminosidad. Los latinoamericanos han evitado el escollo teórico de pretender haber eliminado la referencia. En la medida en que los latinoamericanos han entendido que todo arte es referencia, han re-contextualizado la representación onírica a través de una nueva fuente de imaginación sin asumir que el arte pueda prescindir de toda referencia y ser meramente una expresión "pura".

22 En la metonimia, elementos adyacentes o asociados entre sí se unen en un tropo, mientras que en la metáfora la coyuntura se salva por la semejanza. En la metonimia, la proximidad funcional o física es el factor que une los componentes.

23 Los luministas oníricos más conocidos son Lam, el chileno Roberto Matta, el mexicano Rufino Tamayo, y el peruano Fernando de Szyszlo.

24 Las metonimias de Soriano unen la figura y el paisaje. El eco de la forma humana siempre está presente en su obra, no obstante lo oblicua que pueda ser esa presencia, y siempre es retratada en un estado de luminosa disolución: el momento de la fusión del ser con la fuerza y la materia del mundo.

25 Las metáforas hombre/naturaleza han fundamentado tradicionalmente la opinión de que el hombre es un "microcosmos". Tal *no* es el caso en las esculturas de García ni en el manejo de tropos en general en el arte cubano. El pensamiento micro/macrocósmico es alegórico en consecuencia, analógico en estructura. El manejo del simbolismo en tropologías cubanas se centra en una redefinición de causa y efecto que subvierte la analogía y la alegoría. Podríamos describir mejor el efecto de estos tropos como la igual coexistencia intelectual de los elementos que los componen y cuya interacción en el acto de aprehender la metáfora genera muchos significados simultáneos. Puesto que la analogía, y especialmente la alegoría, se basan en la univocidad, no pueden prestarse fácilmente al pensamiento eidético que la metáfora necesita. Esto es muy evidente en la poesía y en el arte latinoamericanos, ricos en metáforas.

26 Curiosamente, el elemento de humor ha pasado prácticamente inadvertido entre los artistas norteamericanos y los de Europa Occidental que siguen esta tendencia. Su pujante presencia en el expresionismo latinoamericano es lo que lo distingue de los más serios conjuros sobre la alienación y la ansiedad característicos del expresionismo en Norteamérica y en Europa durante la última década.

27 Macció, de la Vega y Noé forman parte del movimiento argentino nueva figuración. Antonia Eiriz es una de las más importantes expresionistas de Cuba. Nacida en 1931, Eiriz desarrolló una distinguida carrera que aún ejerce con grandes dificultades en Cuba. Ella eligió quedarse allí después de la revolución de 1959. Aunque bastante elogiada al principio, fue censurada a mediados de los años sesenta por no atenerse a los estrictos parámetros del realismo socialista establecidos por el gobierno cubano. Sus cuadros, le dijeron, eran demasiado macabros para el optimismo que exigía la revolución.

28 Esta concentración en los motivos arquitectónicos mantendría un continuo interés entre subsiguientes artistas cubanos, como lo hizo entre los latinoamericanos contemporáneos de Sánchez y entre los precursores cubanos como Carreño. El libro indispensable para entender esta tradición es *The Art of Memory* de Frances A. Yates (Chicago: University of Chicago Press, 1966).

29 Véase el ensayo de Ileana Fuentes-Pérez en este libro.

30 La obra de Boza deriva su fantasía de los rituales de la santería, religión sincretista de creencias católicas y yorubas.

31 Las obras de Lam son accesibles en Cuba puesto que él apoyó al régimen de Castro hasta su muerte en 1982. Boza tuvo contacto con el mundo mágico al que Lam alude; pero las implicaciones religiosas inherentes a la actual obra de Boza no pudieron desarrollarse en Cuba. (Véase ensayo de Ileana Fuentes-Pérez en este libro).

32 Tan constante es para Calzada la percepción del espacio como metáfora de la conciencia, que cuando él pinta cuadros dentro de cuadros, la ironía evidente en toda meta-representación es abarcada por la simbolización del espacio que subvierte. Es decir, para significar la presencia del infinito en los cuadros-dentro-de-cuadros, Calzada tiene que cuestionar la naturaleza de la representación y su capacidad de conectar el concepto con la imagen. La extrema ilusión del espacio pintado (evidente en su fuerza de representar tantos mundos tri-dimensionales como "cuadros" hay dentro de *una* tela) es ciertamente un producto de la imaginación. La pintura se convierte en metáfora del sueño y la memoria.

33 En Calzada, la metáfora plástica presenta sus elementos simultáneamente y no en la sucesión hablada del lenguaje. Es más, Calzada presenta la reflexión como metáfora, y sin embargo niega su dimensión reflexiva. En otras palabras, él afirma la reflexión situando un *cuadro* dentro de un *cuadro*, y no obstante, la niega al hacer los cuadros diferentes. Al pintar acerca de la pintura, revela la naturaleza de la metáfora. La metáfora del espacio se convierte en una simbolización del infinito (para más información sobre las analogías temporales en los cuadros de Calzada, consulte el ensayo de Leonore O. Miller, "Humberto Calzada: Archi Lecture is Frozen Music", que aparece como texto en el catálogo de la exhibición que el pintor presentó con ese título en Baumgarter Galleries, Washington, D.C. de noviembre a diciembre de 1984).

34 La manipulación que hace Larraz de los efectos de la luz y la sombra sobre los actores-imágenes cuidadosamente escogidos de sus cuadros es lo que controla las significaciones que se ponen en juego en cada obra. Una fruta resulta ser un navegante o un guerrero, la ropa se vuelve una tormenta, el tablero de una mesa se convierte en un horizonte, todo ello logrado mediante la diestra colocación e iluminación de las imágenes. Larraz también domina la escenificación pictórica y la formulación de metáforas.

35 Ronny H. Cohén señala el interés de González "en confrontar y oponer diferentes niveles de ilusionismo en una imagen sintética, que inmediatamente causa la impresión de un todo temporo-espacial"]"Drawing the Meticulous Realist Way", *Drawing*, 3 (Mar. -Apr., 1982). Según Cohén, un ejemplo de esto se encuentra en la combinación que hace González de objetos "intensamente coloreados" y "representaciones grisallescas" de personas "como en fotografías". Los objetos, pues, representan el presente inmediato y las figuras representan la memoria y "la distancia del pasado". De ser así, el color, o sea la luz (especialmente dada la alusión a la fotografía), regula las denotaciones temporales de las imágenes. El color y la luz, por tanto, controlan el contexto semántico de las imágenes de González (dado que las imágenes "se oponen" unas a otras y eso describe una especie de sintaxis visual en función). A esto puede añadirse otra dimensión, la psicoanalítica, en la cual los objetos que asemejan fotos significan el inconsciente. Véase también, del mismo autor, "The Art of Juan González", *Arts*, 57 (May, 1983) 9: 118-21.

36 En el mundo hispánico, se celebran los "quince" años de una muchacha y no los típicos "dulces dieciséis" o baile de debutantes de Estados Unidos. El montaje de la fiesta de quince se ha convertido en un rito social de ostentosa magnitud, cuya extravagancia es tema humorístico en cualquier discusión de lo "cursi" cubano.

37 Miami es el centro de gravedad de casi un millón de exiliados cubanos, una verdadera ciudad caribeña y latinoamericana que ha sido edificada casi en su totalidad gracias a la iniciativa empresarial de los cubanos y otros emigrantes de habla hispana.

38 Jesse Fernández, nació en Cuba en 1925 y murió inesperadamente en París en 1986. En esta ciudad había residido durante muchos años, desde que se exiliara en 1960. Antes de mudarse definitivamente a Europa, vivió en Puerto Rico y New York, donde enseñó en la Escuela de Artes Plásticas *(School of Visual Arts)*. Aunque también era pintor, alcanzó fama internacional como fotógrafo.

39 *Kwik print* es un medio que combina la fotografía con varias técnicas de impresión.

40 Aunque las esculturas de Petrirena no son de tamaño monumental, pueden proyectarse en esa escala y, ciertamente, parecen concebidas de esa manera. La sinécdoque en Petrirena descubre un aguzado sentido de la naturaleza del martirio; la continuidad metonímica entre el sacrificio del individuo y del grupo se expresa en una sinécdoque convertida en metáfora, extrayendo parte de su fuerza de la metonimia. Al activar estos tres tropos, Petrirena también descubre la complejidad del poder, la agresión, y el martirio, especialmente cuando se concibe desde el punto de vista de la víctima. Los efectos de la sinécdoque son complejos también en Mijares, Camacho y Alejandro, aunque no están necesariamente cargados con el tema de la agresión.

41 El pintor uruguayo Joaquín Torres García (1874-1949) es un pilar del actual pensamiento visual en América

Latina. Aunque vivió en Europa durante muchos años, realizó sus.obras más importantes entre 1932 y 1944, después de su regreso a Montevideo. Se le considera el padre del constructivismo latinoamericano, una variante de su homónimo europeo que incorporó diversos grados de referencia en la concepción purista del espacio geométrico.

42 Combinar a Frances Yates y a Gastón Bachelard en una lectura de este motivo en el arte cubano daría lugar a un conocimiento más profundo sobre el tema. Tal enfoque, necesariamente, conllevaría una dilucidación del modo en que la metáfora estructura este pensamiento y el modo en que tal pensamiento detine las funciones de la metáfora y otros tropos en la imaginación cubana. Es decir, la metáfora que aborda la estructura del inconsciente podría orientar o informar la creación de todas las otras clases de metáforas, visuales o lingüísticas.

43 En el mundo occidental, y especialmente en los Estados Unidos, tanto la cuestión de qué podría representar el arte, como el acto mismo de la representación (es decir, emplear un lenguaje plástico complejo para referirse al mundo) se perdieron en un laberinto de escepticismo, azar y pesimismo eufórico del cual no han salido todavía. Que el arte no puede concebirse como un medio de alcanzar el conocimiento, mucho menos de representarlo o verbalizarlo de alguna manera, parece obrar como la principal premisa negativa del arte en cualquier lugar de Occidente desde la Segunda Guerra Mundial, excepto en América Latina.

44 La incorporación del espacio museológico como parte de la semántica de una obra de arte es una tendencia norteamericana, cuyas manifestaciones en América Latina llevan las huellas evidentes de una importación de moda. Elimínese el contexto del museo y prácticamente todo el arte efímero o experimental de los años setenta en Estados Unidos se disolvería en el anonimato cotidiano y la obra se vería como lo que es: formaciones rocosas, aberraciones topográficas, o desechos industriales. Una hilera de ladrillos sobre el piso de un aserradero sólo se convierte en una obra de arte cuando la trasladan a un contexto que la proclama como tal: un museo o galería bien iluminado y con abundancia de rótulos.

45 Adam Sagajewski, ''Freedom in Exile'', *Partisan Review*, LIII (1986), 2, p. 181. Tomado de una plática ofrecida por el poeta en el 48o. Congreso Internacional del *PEN Club* en enero de 1986 en la ciudad de New York.

"... each sunrise becomes an act of faith and each awakening an affirmation of the spirit."

"... cada amanecer se convierte en un acto de fé, y cada despertar en una afirmación del espíritu".

Omar Torres
"Carta de un exiliado"
Tiempo Robado, Ediciones Contra Viento y Marea, 1978

THE SECOND GENERATION

CUNDO BERMUDEZ
MARIO CARREÑO
CARMEN HERRERA
ALFREDO LOZANO
DANIEL SERRA-BADUE

LA SEGUNDA GENERACION

When I was young I wanted to be a writer; although I studied at San Alejandro, I never intended to take art seriously. The thirties was a decade of labor strikes and university closings; the economic situation was terrible by the time I went to Mexico in 1938. I was never awarded a scholarship in Cuba; I have never had material ambitions, and have been very independent. When the news came of Batista's *coup d'etat* in 1952, I was vacationing in Europe. I returned home, and dedicated myself full time to painting. It has been like that ever since. I have fun at what I do; the pleasure I get from painting is vital for me. I enjoy art like Mozart enjoyed his music. Some people are concerned over philosophic postulates, over universal chaos, over the atomic bomb; for me, painting is a celebration of form and color, and nothing more. I left Cuba absolutely disillusioned, perhaps because I had believed totally in the revolution. Between 1962 and 1967, the government obliterated me; I was neither harassed nor persecuted, simply ignored. Exile has affected the individual, not the artist; when I arrived in Puerto Rico, I felt as if I had reached a region of Cuba I had not known previously. In a way, I still feel uprooted, for I do not feel at home anywhere.

En mi juventud quise ser escritor; aunque estudié en San Alejandro, nunca pensé tomar el arte en serio. La década de los treinta fue de huelgas y cierres en la universidad, y de una situación económica terrible. En 1938, fui a México por mi cuenta. Nunca tuve una beca en Cuba; siempre he sido muy independiente, sin ambiciones materiales. Me he valido por mí mismo. En marzo de 1952, viajé a Europa de vacaciones y allá me enteré del golpe de estado de Batista. Cuando regresé a Cuba, me dediqué de lleno a pintar, y hasta el día de hoy. Me divierto pintando; disfrutar mi trabajo es vital para mí. Mi labor es alegre, como la de Mozart. Hay quienes se preocupan por la expresión filosófica, por el caos, por la bomba atómica; para mí la pintura no es nada más que una celebración de la forma y el color. Me fui de Cuba con un desencanto total, quizá más acentuado por el hecho de que yo sí creí en la revolución. Entre 1962 y 1967, me tuvieron marginado; ni acosado ni perseguido, simplemente ignorado. Mi exilio ha afectado al individuo, no al artista; llegar a Puerto Rico fue como llegar a una parte de Cuba que no conocía. En cierto modo, me siento trasplantado; no me hallo, ni creo que lograré hallarme en ninguna parte.

Lunes, 21 de diciembre / Monday, December 21, 1974
Oil on canvas/Oleo sobre tela, 37 x 50 inches (93.9 x 127 cm)
Collection of the Museum of Modern Art of Latin America,
Organization of American States, (OEA), Washington, DC

Mujeres con pescados / Women with Fish, 1954
Oil on canvas/Oleo sobre tela, 40 x 60 inches (101.6 x 152.4 cm)
Collection of Museo Nacional, La Habana, Cuba
(Formerly Palacio de Bellas Artes)

Facing page/Página opuesta
La visita del músico / The Musician's Visit, 1980
Oil on canvas/Oleo sobre tela

CUNDO BERMUDEZ

Interior, ca. 1938

Facing page/Página opuesta
Mujer peinando a su amante / Woman Grooming her Lover, 1945
Oil on canvas/Oleo sobre tela

Born/Nacido en	La Habana, 1914
Leaves Cuba/Sale de Cuba	Via Miami, Florida, 1960
Reside en/Resides in	San Juan, Puerto Rico

Studies / Estudios
1941 Doctorate, Political Science & Economics
Universidad de La Habana, Cuba

Awards / Honores
1973 Cintas Foundation Fellowship
Prize "Homage to Picasso", Organization of
American States, (OEA), Washington, DC
1972 Honorable Mention, UNESCO Graphics Biennial,
San Juan, Puerto Rico

Solo Shows / Exposiciones personales
1987 Cuban Museum of Art and Culture, Miami,
Florida
1980 1979, 1978 Forma Gallery, Coral Gables, Florida
1979 Museum of Modern Art of Latin America,
(OEA), Washington, DC
De Armas Gallery, Miami, Florida
1978 Lowe Art Museum, University of Miami, Florida
1975 Metropolitan Museum and Art Center,
Coral Gables, Florida

Group Shows / Exposiciones colectivas
1987 "Latin American Drawing," The Art Institute of
Chicago, Illinois
1980 John and Mable Ringling Museum of Art,
Sarasota, Florida
1979 1977 Miami-Dade Public Library System, Florida
1976 Cuban Museum of Art and Culture, Miami, Florida
1972 "Pintura Cubana," Miami Art Center, Florida
1944 Museum of Modern Art, New York
1941 Capitolio Nacional, La Habana

Collections / Colecciones
Cuban Foundation, Museum of Arts and Sciences,
Daytona, Florida
Metropolitan Museum and Art Center, Florida
Museo Nacional, La Habana
Museum of Modern Art of Latin America, Organization of
American States, (OEA), Washington DC
Museum of Modern Art, New York

Like so many other artists, I studied in San Alejandro, but when I left for Spain in 1931, I wasn't able to dedicate myself immediately to painting. Graphic design allowed me to earn a living in those difficult years which were prelude to the Spanish Civil War. In 1935, I left for México, where I met and worked with the great muralists. But it was in Paris, between 1937 and 1939 that I began to exhibit with some success. The artistic environment was excellent; my circle was the same as that of Picasso and Lam. During the 40's I moved to New York and began to do abstract painting, which was in vogue at the time. I would often return to Cuba. In 1957, I came to Chile, at the urging of someone who was already a great friend, Pablo Neruda. He was always in awe of Cuba, of its climate, its beaches, its seashells (especially the *polimitas*). For me Chile was a sort of paradise, in contrast to the overly fast- paced reality of New York. I realized that it offered a different kind of life, more attuned to the rhythm of human beings, and that's what impelled me most strongly to stay. When I returned to Paris in 1962, I found a great preoccupation, a terrible anguish over the possibilities of an atomic war. For a long time, I was traumatized by a fear that pervaded all of Europe. From this experience emerged the series *The Petrified World*, my protest against war, against human suffering. In recent years I have had a great desire to feel the warmth of Cuba, to be in Cuba, and this has led me again to the theme of *Antillanas*. I have not returned to Cuba since 1957.

Estudié como tantos artistas en San Alejandro, pero al irme a España en 1931, no pude dedicarme inmediatamente a la pintura. El diseño gráfico me permitía ganarme la vida en aquellos años difíciles que fueron el preámbulo de la Guerra Civil Española. En 1935 decidí irme a México, donde conocí y trabajé con los grandes muralistas. Pero es en París, entre 1937 y 1939, que empiezo a exponer con cierto éxito. La actividad artística era excelente; mi círculo era el de Picasso, el de Lam. Durante los años cuarenta me radiqué en New York y comencé a hacer pintura abstracta, que era lo usual en aquella época. A menudo regresaba a Cuba. En el año 57, vine a Chile, a insistencia de quien ya era un gran amigo, Pablo Neruda. El siempre estuvo maravillado con Cuba, por el clima y las playas, y por los caracoles, especialmente las polimitas. Para mí Chile fue una especie de paraíso en comparación a la realidad demasiado movida de New York; me di cuenta de que ofrecía otra vida, a ritmo de seres humanos, y eso es lo que más me motivó a quedarme. Cuando volví a París en 1962, me encontré una gran preocupación, una angustia terrible ante las posibilidades de una guerra atómica. Estuve bastante tiempo traumatizado por el miedo que se sentía en Europa. De esa experiencia surge la serie *El Mundo Petrificado*, mi protesta contra la guerra, contra la angustia humana. En los últimos años he sentido una gran nostalgia por el calor de Cuba, y deseos de estar allí. Quizá esto motiva el regreso al tema de *Antillanas*. Desde 1957 no he vuelto a Cuba.

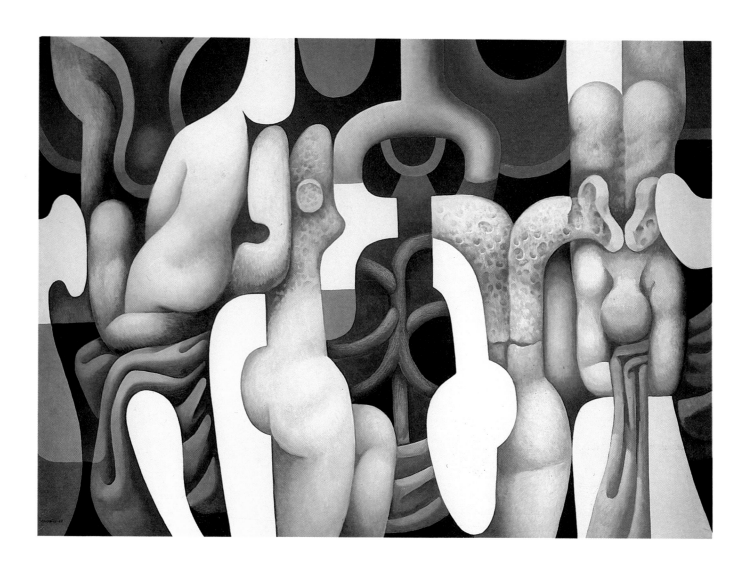

Sonata de la piedra y de la carne / Sonnet of Stone and Flesh, 1967
Oil on canvas/Oleo sobre tela, 48 x 64 inches (121.9 x 162.5 cm)
Collection of the Museum of Modern Art of Latin America,
Organization of American States, (OEA), Washington, DC

Noche de cocodrilos / Night of the Crocodiles, 1985
Oil on canvas/Oleo sobre tela

Facing page/Página opuesta
Amantes sin tiempo / Lovers Without Time, 1978
Oil on canvas/Oleo sobre tela, 47 1/2 x 67 inches (120.6 x 170.2 cm)
Collection of Mr. & Mrs. Manuel Agosin, Santiago, Chile

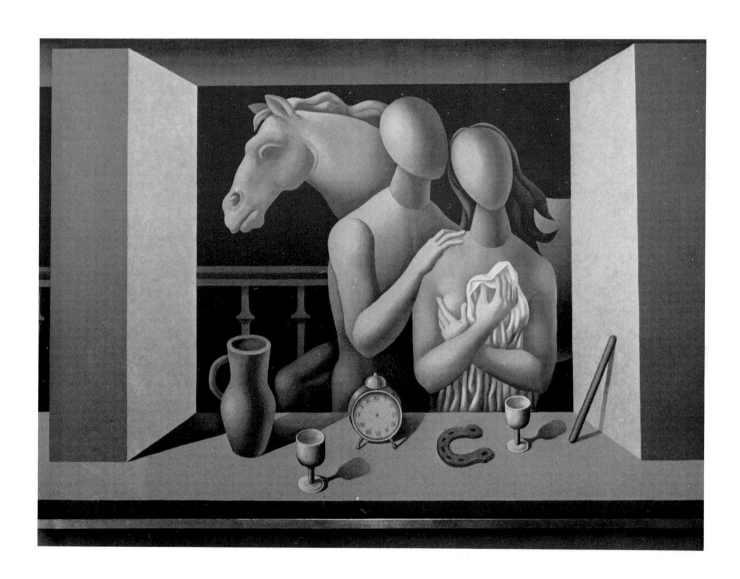

MARIO CARREÑO

Born/Nacido en	La Habana, 1913
Leaves Cuba/Sale de Cuba	Via Chile, 1957
Resides/Reside en	Santiago de Chile

Studies / Estudios
1935 Academia de Bellas Artes de San Alejandro, Cuba

Awards / Honores
1987 Cintas Foundation Fellowship
1984 Medalla de Bronce, Premio Pablo Neruda, Chile
1982 Premio Nacional de Arte, Santiago de Chile
1956 Guggenheim International Award
1937 Premio Nacional de Pintura, La Habana

Solo Shows / Exposiciones personales
1986 Acanthus Gallery, Miami, Florida
1984 1980 Galería Epoca, Santiago de Chile
1978 Museo de Bellas Artes, Caracas, Venezuela
1962 Galerie Hauteffeville, Paris
1957 Museo Nacional, La Habana
1944 Museum of Art, San Francisco, California
1930 Meras & Rico Gallery, La Habana

Group Shows / Exposiciones colectivas
1988 The Bronx Museum of the Arts, New York
1987 "Latin American Drawing," The Art Institute
     of Chicago, Illinois
1979 Lowe Art Museum, Coral Gables, Florida
1977 Instituto Cultural de Las Condes, Santiago de Chile
1966 "Art of Latin America since Independence,"
     Yale University, New Haven, Connecticut
1952 XXV Biennale di Venezia, Italy
1944 Museum of Modern Art, New York
1943 Institute of Modern Art, Boston, Massachusetts

Collection / Colecciones
Carrol Reece Museum, Tennessee University
Metropolitan Museum and Art Center, Coral Gables,
Florida
Musée d'Art Moderne, Ceret, France
Museo de Arte Latinoamericano de Punta Del Este,
Uruguay
Museo de Bellas Artes, Santiago de Chile
Museo de Bellas Artes, Caracas, Venezuela
Museo Nacional, La Habana
Museo de La Plata, La Plata, Argentina
Museum of Art of San Francisco, California
Museum of Modern Art, New York
Museum of Modern Art of Latin America, Washington, DC

Paisaje de La Habana / Havana Landscape, 1943
Oil on canvas/Oleo sobre tela
Collection of Mr. & Mrs. Mario Amiguet, Miami, Florida

Facing page/Página opuesta
Sobre fondo azul / On Blue Background, 1955
Oil/Oleo

The Montessori School in Havana provided a very good basic education for me and for many women in my generation. Art in my family was almost hereditary; I attended San Alejandro and also studied architecture in the university, but a lot of time was wasted due to political turmoil. Under President Machado, schools were often shut down; in the midst of that unrest, meeting with a group of women at the Lyceum to paint and sculpt was truly an oasis. Conditions were perfectly chaotic and getting an education —especially for women—was a task that demanded great will power. I am not sorry I didn't finish architecture, for I feel that it would have interfered with my development as a painter. The hard-edge style of my work emerged in Paris during the forties. I was able to free myself from the influence of San Alejandro, and started to conceive spaces differently. In Europe there were always less prejudices against women; there were many in New York. The difficulties for me were aggravated by my being Latin American. In spite of my great friendship with Barnett Newman and his circle, it took a long time before anybody took me seriously. Between scholarships and exhibits, I often traveled to Cuba; I never broke the ties with my family or with the Cuban artists I knew. All the painters of my generation —Lozano, Bermúdez, Mijares, Mariano—remained my great friends. The last time I went to Cuba was when my mother died, in 1963; I have not been back. I like to think that my work is a continuation of that of Amelia Peláez, especially where color is concerned. Although I have lived outside Cuba for so many years, I regard myself as a Cuban painter.

Mis primeros estudios fueron en una escuela Montessori en La Habana, donde muchas mujeres de mi generación adquirieron muy buena educación básica. El arte en mi familia era una cosa casi genética. Estudié en San Alejandro, y arquitectura en la universidad, pero se perdía un tiempo extraordinario con los problemas políticos. Durante Machado las escuelas se abrían y se cerraban; en medio de aquella revolución, el que un grupo de mujeres pudiéramos reunirnos en el Liceo a pintar y esculpir era un verdadero oasis. Aquello era un perfecto caos, y se necesitaba una gran voluntad para educarse, especialmente la mujer, que ya empezaba a despertar. No me pesa el no haber terminado la arquitectura, porque creo que hubiera interferido con mi desarrollo como pintora. Mi obra concreta la empecé en París, en los años cuarenta; me liberé de la academia, y comencé a ver el espacio de otra manera. En Europa siempre hubo menos prejuicios contra la mujer; en Nueva York había muchos, y yo tenía el agravante de ser latinoamericana. A pesar de mi gran amistad con Barnett Newman y su círculo, pasó mucho tiempo antes de que me tomaran en serio. Entre exposiciones y becas, viajaba a Cuba muy a menudo; nunca perdí mi nexo con Cuba, ni el familiar ni el artístico. Todos los pintores de mi generación -Lozano, Cundo Bermúdez, Mijares, Mariano- eran mis grandes amigos. La última vez que fui allá fue en 1963, cuando murió mi madre; nunca más he vuelto. Pienso que mi obra es como una continuación de la de Amelia Peláez, especialmente en lo que concierne a los colores. A pesar de que he vivido tantos años fuera de Cuba, me considero una pintora cubana.

Thursday / Jueves, 1978-79
Acrylic on canvas/Acrílico sobre tela, 66 x 42 inches (167.6 x 106.6 cm)
Courtesy of L. Rastovsky Gallery, New York

Tuesday / Martes, 1979
Acrylic on canvas/Acrílico sobre tela,
64 x 42 inches (162.5 x 106.6 cm)
Collection of the artist

Sunday / Domingo, 1979
Acrylic on canvas/Acrílico sobre tela,
64 x 42 inches (162.5 x 106.6 cm)
Courtesy of L. Rastovsky Gallery

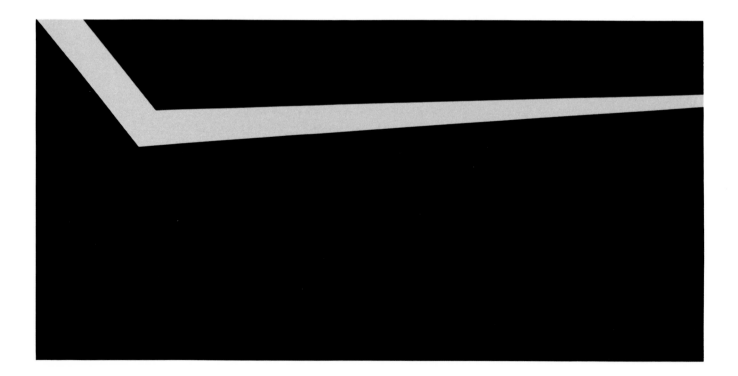

CARMEN HERRERA

Born/Nacida en	La Habana, 1915
Leaves Cuba/Sale de Cuba	Via Texas, 1939
Resides/Reside en	New York

Studies / Estudios
1943- 47 Art Students League, New York
1937- 38 Universidad de La Habana, Cuba
1930- 31 Marymount College, Paris

Awards / Honores
1978 Creative Artists Public Service Fellowship
1968 and 1966 Cintas Foundation Fellowship

Solo Shows / Exposiciones personales
1987 Rastovski Gallery, New York
1984 Alternative Museum, New York: Retrospective
1965 Cisneros Gallery, New York
1963 Trabia Gallery, New York
1956 Galeria Sudamericana, New York
1955 Eglinton Gallery, Toronto, Canada
1951 Lyceum, La Habana

Group Shows / Exposiciones colectivas
1988 "The Latin American Spirit: Art and Artists
    in the U.S., 1920-1970," The Bronx Museum
    of the Arts, New York (Exhibition tour: El Paso,
    Texas; San Diego, California; San Juan,
    Puerto Rico; Vero Beach, Florida).
    Rastovski Gallery, New York
1981 1974 Buecker and Harpsichords, New York
1974 Center for Inter-American Relations, New York
1973 Women Inter-Art, New York Cultural Center,
    New York
1968 "Five Latin American Artists at Work in New York,"
    Center for Inter-American Relations, New York
1962 "Geometric Painting, Classic and Romantic," Jerrold
    Morris International Gallery, Toronto, Canada
1953 "Quelques Femmes Peintres," Galerie Olga
    Bogroff, Paris
1952 Salon d'Arte Moderne, Zurich, Switzerland
1952 1951, 1950, 1949 Salon des Réalites Nouvelles,
    Paris
1951 "Art Cubain Contemporain,"Musee d'Arte Moderne,
    Zurich, Switzerland

Collections / Colecciones
Cintas Foundation, New York
Museo Nacional, La Habana
Museo de Santiago de Cuba
Rusk Institute, New York University Medical Center, NY

Facing page, above/Página opuesta, arriba
Red and Black / Rojo y negro, 1978
Acrylic on canvas/Acrílico sobre tela,
25 x 54 inches (63.5 x 137.1 cm)
Collection of Mr. and Mrs. Francis Kloeppel
New York

Below/Abajo
Green and Black / Verde y negro, 1981
Acrylic on canvas/Acrílico sobre tela,
30 x 60 inches (76.2 x 152.4 cm)
Collection of Mr. and Mrs. John Gregory,
New York

I started my studies at San Alejandro in the midst of the school and university strike during the Machado period. Under threats and bomb scares, San Alejandro had to close its doors, and that's when the teachers took the students to their own studios. After the fall of Machado, things at San Alejandro went from bad to worse; they didn't agree to any of the reforms we were demanding, nor did they reinstate to their posts the teachers fired during Machado's government. I left for México; Mariano, the painter, also left with me; we already were very good friends. Mariano was a militant communist; in those days, there was already an anti-imperialist struggle in Cuba. Cundo Bermúdez and Mario Carreño would also leave for México. México was a great experience; I learned a great deal of technique there, and for a time I worked with stone. But in 1937 Mariano and I returned to Havana; the Free Workshop was being organized; eventually it was run only by the two of us and Portocarrero. The Free Workshop was a success, but did not last long. This was a very exciting period; it is when the generation of 38 was born; later the Department of Culture was founded and modern art began to be officially recognized. We would have to count the years that the Cuban political process has taken away from us. We lived through Machado's dictatorship; during our adolescence, we were greatly oppressed, downtrodden; there were deaths. Then came Batista, although under Batista the Museum was built and the Institute of Culture was founded. Everyone in Cuba wanted a change, a better government. With the revolution, the Union of Artists was formed; politics became mandatory for everyone; then came my exile since 1967. If I had to enumerate the influences in my work, I would say that the influence of México was extraordinary; also, on an unconscious level, the remembrance of Mariano painting on the blackboard, in the house behind my school; an exiled sculptor named Bernard Reder who shaped my concept of volume and space; the sensuality of the Caribbean, the island ambience. My art has changed, although Puerto Rico offers similarities; I like the country, but one never feels the same. My wish is to continue to work, ready to reflect our Cuban culture.

En plena huelga universitaria y escolar durante el período de Machado comencé a estudiar en San Alejandro. Bajo amenazas y bombas, San Alejandro tuvo que cerrar sus puertas, y fue cuando los profesores se llevaron sus alumnos a sus estudios. Después de la caída de Machado las cosas en San Alejandro siguieron de mal en peor; no se concedían ninguna de las reformas que todos exigíamos, ni se restauraron a sus puestos los profesores cesanteados cuando Machado. Me fui a México; Mariano, el pintor, también salió conmigo; ya éramos muy amigos. Mariano era un comunista activo; en aquella época ya había en Cuba una lucha anti-imperialista. A México también se irían Cundo Bermúdez y Mario Carreño. México fue una gran experiencia; aprendí mucha técnica y trabajé un tiempo directamente con la piedra. Pero en 1937, Mariano y yo regresamos a La Habana; se organizaba el Taller Libre, que se redujo a nosotros dos y Portocarrero. El Taller Libre fue un éxito, aunque no duradero. Esta época fue muy excitante; es cuando surge la generación del 38. Luego se crea la Dirección de Cultura y se empieza a dar reconocimiento oficial al arte moderno, a la pintura. Habría que sumar el tiempo que nos ha quitado el proceso político en Cuba. Pasamos la dictadura de Machado; toda nuestra adolescencia fue muy disciplinada, muy golpeada; hubo muertes. Luego viene Batista, y en ese período se hace el Museo y se funda el Instituto de Cultura; pero todo el mundo en Cuba quería un cambio, un gobierno mejor. Con la revolución se forma la Unión de Artistas, y ya viene la cosa política directa, y el exilio a partir de 1967. Si resumiera las influencias que hay en mi obra, diría que la de México fue tremenda; también inconscientemente el recuerdo de Mariano dibujando en la pizarra, en la casa al fondo de mi escuela; un escultor exiliado llamado Bernard Reder que moldeó mi concepto del volumen y del espacio; la sensualidad del Caribe, la cosa isleña. Mi obra ha cambiado un poco, aunque Puerto Rico ofrece similaridades; me gusta el país, incluso trabajar aquí, pero uno no siente lo mismo. Mi deseo es seguir trabajando, hacer una obra conocedora de nuestra cultura cubana.

Planetarium, 1974
Bronze/Bronce, 15 x 12 x 11 inches (38.1 x 30.4 x 27.9 cm)
Collection of the artist

Flor / Flower, 1980
Marble/Mármol

Templo sintoísta / Shinto Shrine, 1980
Bronze/Bronce

114

ALFREDO LOZANO

Born/Nacido en	La Habana, 1913
Leaves Cuba/Sale de Cuba	Via Miami, Florida, 1967
Resides/Reside en	Río Piedras, Puerto Rico

Studies / Estudios
Sculpture Center of New York
Escuela Libre de México, México
Academia de San Carlos, México
Academia de Bellas Artes de San Alejandro, Cuba

Awards / Honores
1982 and 1969 Cintas Foundation Fellowship
1951 Primer Premio Nacional de Escultura,
V Salón Nacional, La Habana
1950 Primer Premio Nacional de Escultura,
IV Salón Nacional, La Habana
1938 Primer Premio Nacional de Escultura, La Habana

Art in Public Spaces / Obras en espacios públicos
1970 Murals, Laguna Gardens, Puerto Rico
1963 "La Anunciación", Iglesia del Espíritu Santo, Cuba
1959 "Crisálida", Teatro Nacional, La Habana
1956 "Cristo", Iglesia, Playa de Baracoa, La Habana
1953 "La Perspectiva," Façade, Palacio de Bellas
Artes, La Habana
1947 "Desarrollo de la Cultura," Teatro del Palacio de
los Trabajadores, La Habana

Solo Shows / Exposiciones Personales
1983 1980, 1979 Meeting Point Art Center, Coral Gables,
Florida

Group Shows / Exposiciones colectivas
1978 Lowe Art Museum, University of Miami, Coral
Gables, Florida
Museum of Modern Art of Latin America,
Organization of American States, (OEA),
Washington, DC
1977 Miami-Dade Library System, Florida
1977 1974 Bacardi Gallery, Miami, Florida
1970 Museo de Arte de Ponce, Puerto Rico
1959 1957, 1955, 1954, 1952, 1944 Lyceum,
La Habana
1953 II Bienal de Sao Paulo, Brazil

Collections / Colecciones
Cintas Foundation New York
Museo Nacional, La Habana
Miami-Dade Public Library System, Florida
WLTV-Channel 23 Collection, Miami, Florida

Bacanal / Bacchanal, 1943
Terracota
Collection of Mr. J. Losada,
New York

Facing page/Página opuesta
Arquero / The Archer, 1954
Iron/Hierro
Collection of Mr. R. Gutiérrez,
Cuba

I was always somewhat introspective, a bit of a loner; I didn't seem to need activities outside of my studies. When I began my art training in Barcelona, Dali was already a celebrity there. I cannot claim to share a common bond, or influence or perception with the artists of my generation, since I have always had one foot in the United States and the other in Barcelona. What I have tried to do throughout my career and especially after my exile, is to seek more emphatically a universalist direction and enhance the quality of my artistic production through study. I believe that two developments have taken place in me which may seem contradictory: the confirmation of Cuban localism, and the reaffirmation of the universal. The concept of lithography in my work pays homage to Santiago de Cuba, my native city, the first place in the entire Western Hemisphere to engage in this form of print making. Through lithography I establish a second visual contact with what I leave behind. There's a relationship between me, as an artist, and the land where I was born, which is manifested in my vision of my country. This vision is very localist, very urban, in the sense that what interests me is the architecture, the squares, and the urban setting. For better or for worse, I don't feel like a foreigner in any place, because I continue to create my own vision of the world.

Siempre fui un poco solitario, introspectivo; no parecía necesitar otras actividades además de las de estudiar. Cuando inicio mis estudios de arte en Barcelona ya Dalí era una persona frecuentemente vista y oída allí. No puedo reclamar un vinculo o una influencia, o una percepción en común con los compañeros de mi generación, porque viví siempre un poco de cara a los Estados Unidos y de cara a Barcelona. Lo que he tratado de hacer a lo largo de mi carrera, y especialmente después de mi exilio, es proyectarme más fuertemente en una dirección universalista, e incrementar la calidad de la producción artística mediante estudios. Creo que en mí se han producido dos fenómenos que pueden parecer contradictorios: la confirmación del localismo cubano, y la reafirmación de lo universal. El concepto de la litografía en mi obra es un homenaje a Santiago de Cuba, mi ciudad natal, donde se practicó la litografía por primera vez en todo el hemisferio occidental. A través de ella establezco un segundo contacto visual con lo que dejé atrás. Hay una relación entre yo como pintor y la tierra donde nací, que se manifiesta en mi visión de Cuba. Dicha visión es muy localista, muy urbanista en el sentido de que lo que me interesa es la arquitectura, las plazas, lo urbano. Para bien o para mal, yo no me siento extranjero en ningún lado, porque lo que sigo haciendo es mi propia visión del mundo.

Cuban Polymita / Polimitas cubanas, 1985
Oil on canvas/Oleo sobre tela, 28 x 28 inches (71 x 71 cm)
Collection of Mr. & Mrs. Albert Young, New York

The House on the Hill / *La casa de la loma*, 1980
Lithograph/*Litografía*, 20 x 24 inches (50.8 x 61 cm)

Facing page/*Página opuesta*
Self-Portrait from an Old Photogragh that Was Never Taken / *Autorretrato*
de una fotografía que nunca se tomó, 1972
Oil on canvas/*Oleo sobre tela*, 30 x 28 inches (76.2 x 71. cm)
Collection of the artist

DANIEL SERRA-BADUE

Born/Nacido en	Santiago de Cuba, 1914
Leaves Cuba/Sale de Cuba	Via Jamaica, 1962
Resides/Reside en	New York

Studies / Estudios
1964 Pratt Institute Graphic Center, New York
1948 Doctorate, Universidad de La Habana
1943 Academia de Bellas Artes de San Alejandro, Cuba
1936 Licenciatura, Escuela de Bellas Artes, Barcelona

Awards / Honores
1984 Certificate of Merit in Graphics, National Academy of Design
1964 and 1963 Cintas Foundation Fellowship
1954 Purchase Prize, II Bienal Hispanoamericana de Arte, La Habana
1941 Walter Lippincott Prize, Pennsylvania Academy of Fine Arts
1939 and 1938 Guggenheim Foundation Fellowship

Solo Shows / Exposiciones personales
1988 Jersey City Museum, New Jersey
1985 Sala Gaudí, Barcelona, Spain
1984 Brooklyn Museum, New York
1983 Museum of Arts and Sciences, Daytona Beach, FL
1980 Instituto de Cooperación Iberoamericana, Madrid
1973 Galería La Pinacoteca, Barcelona, Spain
1972 Columbia Museum of Art, South Carolina
1955 1948, 1937 Lyceum, La Habana

Group Shows / Exposiciones colectivas
1988 The Bronx Museum of the Arts, New York
     Fine Arts Museum, Taipei, Taiwan
1987 Center for the Fine Arts, Miami, Florida
1984 ''¡Mira!'' Canadian Club Hispanic Art Tour I, New York, San Antonio, Los Angeles
1975 The Royal Scottish Academy, Edinburgh, Scotland
1959 V Bienal de Sao Paulo, Brazil
1956 III Bienal Hispanoamericana, Barcelona

Collections / Colecciones
Brooklyn Museum, New York
Graphickabinett, Germanisches National Museum, Nuremberg, Germany
Metropolitan Museum of Art, New York
Musée D'Art et D'Histoire, Geneva, Switzerland
Museo de Arte Contemporáneo, Ibiza, Spain
Museo de Arte Contemporáneo, Panamá
Museum of Modern Art of Latin America, Washington, DC
Museum of Arts and Sciences, Daytona Beach, Florida
Museum of Modern Art, New York

Rojo / Red, 1956
Oil on canvas/Oleo sobre tela, 26 x 31 inches (66 x 78.7 cm)
Collection of Museum of Modern Art of Latin America,
Organization of American States, (OEA), Washington, DC

Facing page/Página opuesta
Cuban Sweets / Dulces cubanos, 1957
Oil on canvas/Oleo sobre tela, 29 x 40 inches (73.6 x 101.6 cm)
Collection of the Museum of Art, Daytona Beach, Florida

THE THIRD GENERATION

JORGE CAMACHO
ROLANDO LOPEZ DIRUBE
AGUSTIN FERNANDEZ
ENRIQUE GAY GARCIA
FERNANDO LUIS
EDUARDO MICHAELSEN
JOSE MIJARES
GINA PELLON
BARUJ SALINAS
EMILIO SANCHEZ
ZILIA SANCHEZ
RAFAEL SORIANO

LA TERCERA GENERACION

Instinctively and inexplicably, in 1951 I decided to be a painter. I never studied art; I adamantly refused to enter the School of Fine Arts. By the end of the 40's my friend, the poet Carlos M. Luis, and I were very well versed in contemporary painting, especially in surrealism. It was he who first introduced me to the paintings of Klee, Miró, Tanguy and De Chirico. In 1953 I went to México; I lived there for a year, and met the great José Luis Cuevas. My first major influence was the Wifredo Lam exhibit at the University of Havana in 1955. As a young man I was also influenced by the work of Tamayo, Miró, Bacon and Tanguy. Basically, what is important is that these influences be positive, that they generate a new and personal language. When I returned to Havana I had my first one-man show at the Cuban Gallery in 1954. Painters like Felipe Orlando, José Ignacio Bermúdez, René Portocarrero and the critic José Gómez Sicre lent me support with their friendship and encouragement. In a sense, they were my first ''teachers''. In 1960, I exhibited in Paris for the first time, at the R. Cordier Gallery. My meeting with André Breton in 1961 tied me to the Surrealist Movement. Surrealism is, without a doubt, the most important *poetic creation* of the XX century, because it is a world open to enchantment. As to the present? A series of works inspired by the magical and hermetic circle of the Shaman, that medicine man ever present in the life of all primitive societies. As to the future? A perennial openness to new horizons.

De un gesto instintivo, aún inexplicable, en 1951 decidí comenzar a pintar. Nunca hice estudios; me negué rotundamente a entrar en la Escuela de Bellas Artes. Ya a finales de los años cuarenta, mi amigo el poeta Carlos M. Luis y yo conocíamos de pintura contemporánea, particularmente la surrealista. Fue él quien me mostró las primeras pinturas de Klee, Miró, Tanguy y De Chirico. En 1953, viajé a México; viví allí por un año, y conocí al gran José Luis Cuevas. Mi primera influencia capital fue la exposición de Wifredo Lam en la Universidad de La Habana en el año 1955. De joven me influyó la obra de Tamayo, Miró, Bacon y Tanguy. Lo fundamental es que esas influencias sean positivas, y que generen un lenguaje personal nuevo. De regreso a La Habana realizo mi primera exposición personal en la Galería Cubana en 1954. Pintores como Felipe Orlando, José Ignacio Bermúdez, René Portocarrero y el crítico José Gómez Sicre, me apoyaron con su amistad y estímulo. En el fondo, fueron mis primeros ''maestros''. En 1960 expuse por primera vez en París, en la galería R. Cordier. Mi encuentro con André Bretón en 1961 me unió al Movimiento Surrealista. El surrealismo es indiscutiblemente la *creación poética* más importante del siglo XX, porque es un mundo abierto hacia lo maravilloso. ¿El presente? Una serie de cuadros inspirados en el círculo mágico y hermético del Chamán, ese hombre-medicina que está latente en la vida de toda sociedad primitiva. ¿El futuro? Una apertura perenne hacia nuevos horizontes.

L'oiseau, la nuit / The Bird, the Night / El pájaro, la noche, 1980
Oil on canvas/Oleo sobre tela, 60 x 40 inches (152.4 x 101.6 cm)
Collection of Mr. & Mrs. Mario Amiguet, Miami, Florida

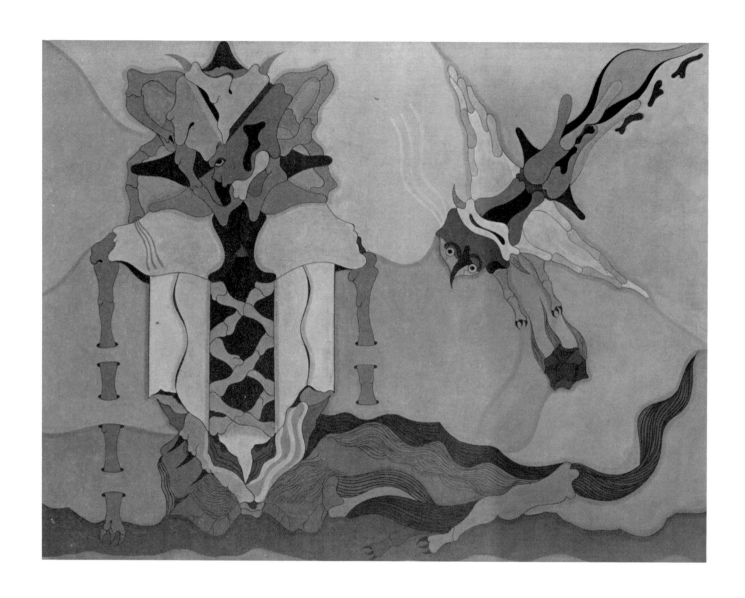

Agressive Bird / Pájaro agresivo, 1981
Oil on canvas/Oleo sobre tela
Collection of Mr. and Mrs. Miguel Angel Capriles,
Caracas, Venezuela

Facing page/Página opuesta
Le roitelet / The Little King / El Reyezuelo, 1980
Oil on canvas/Oleo sobre tela,
51 x 45 inches (129.5 cm x 114.3 cm)
Collection of Paolo Gentili, Italy

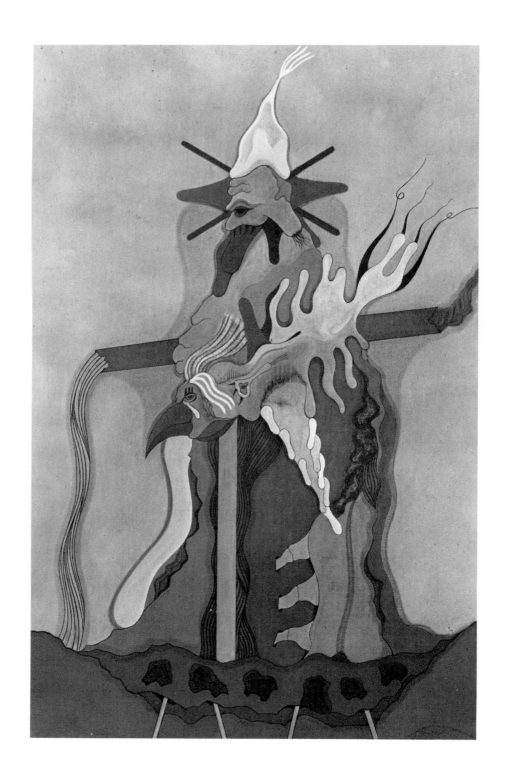

Le oiseleur / The Birdman / El pajarero, 1979
Oil on canvas/Oleo sobre tela, 51 x 45 inches (129.5 cm x 114.3 cm)
Private collection, Paris

Facing page, above / Página opuesta, arriba
L'araignee transparente / The Transparent Spider / La araña transparente, 1968
Oil on canvas/Oleo sobre tela, 45 x 35 inches (114.3 x 88.9 cm)
Collection of Manuel Matos, Coral Gables, Florida

Below/Abajo
Shooting / Tiro, 1957
Oil on canvas/Oleo sobre tela, 47 x 72 inches (119.3 x 182.9 cm)
Collection of the Museum of Modern Art of Latin America,
Organization of American States, (OEA), Washington, DC

JORGE CAMACHO

Born/Nacido en	La Habana, 1934
Leaves Cuba/Sale de Cuba	Via Paris, 1959
Resides/Reside en	Paris

Studies / Estudios
Self-taught/Autodidacta

1972 to 1975 Ornithological studies in Venezuela and French Guyana/Estudios ornitológicos en Venezuela y en la Guayana Francesa
1968 Begins formal study of Hermetic Science/ Comienza el estudio de la Ciencia Hermética

Solo Shows / Exposiciones personales
1988 Internacional Art Fair, Basel, Switzerland
    Galeria L'Affresco, Montecatini, Italy
1987 Galerie Epsilon, Brussels, Belgium
    Editart Gallery, Geneva, Switzerland
1985 Nadar Gallery, Casablanca, Morocco
1984 Albert Loeb Gallery, Paris
    Galerie J. Storme, Lille, France
1983 Camino Brent Gallery, Lima, Perú
1982 "Historia de los pájaros", Galerie Maeght, Paris
    Galería Minotauro, Caracas, Venezuela
1979 Galería Joan Prats, Barcelona, Spain
1978 Galerie Larcos, Paris
1976 "La danza de la muerte", Galerie de Seine, Paris
1966 Galerie Maya, Brussels, Belgium
1962 1960 Galerie Raymond Cordier, Paris
1958 Pan American Union, Washington, DC
1957 Lyceum, La Habana
1954 Galería Cubana, La Habana

Group Shows / Exposiciones colectivas
1970 Embraces as a motto Michel Maier's phrase "Silentium Post Clamores," and stops participating in any group endeavors / Elige como divisa la frase de Michel Maier "Silentium Post Clamores," y cesa de participar en toda actividad colectiva
1967 "Homage a Raymond Roussel", Galerie Mathiasfels, France
1965 "XI Exposición Internacional del Surrealismo," France

Collections / Colecciones
Cintas Foundation, New York
Cuban Museum of Arts and Culture, Miami, Florida
Museum of Modern Art of Latin America, Organization of American States, (OEA), Washington, DC

Now that I am older I realize that childhood memories are important, although an artist should work from his knowledge, not from inspiration. I lost my hearing as a child; it happened quite suddenly. Painting became a process of verification: if I couldn't draw an object or person, I couldn't trust its existence. I am still a compulsive painter. I have sought to accentuate the physical beauty of things; that was the motivation behind the *Swords' Series*, and the *Mirrors Series*. By using wood and stone, I have negated the functionality of the object and emphasized its beauty. Stone swords cannot kill; wooden mirrors cannot reflect images. I denied them their vital characteristic. I don't believe an artist should work in only one medium, although many do just that. Artists are rich in ideas, and should channel them through every possible medium; the more, the better. That is how I have worked all my life. After traveling throughout the United States, Europe and parts of Latin America, I decided to settle in Puerto Rico; of all my options, it seemed to be the place closest to the Cauto River, in Oriente. Since leaving Cuba in 1960, I have done nothing but my art work. I don't think we can speak of a "Cuban" art; it takes centuries to define a national identity, and we are still growing and experimenting with our aesthetics. I am certain that exile has influenced my work, but, in what way? That remains a mystery.

Hoy por hoy me doy cuenta que los recuerdos de infancia son importantes, aunque el artista debe realizar su obra a base de conocimiento, no de inspiración. De niño quedé sordo súbitamente; la pintura se convirtió para mí en un análisis de comprobación: si no podía pintar un objeto o una persona, no quedaba convencido de su realidad. Sigo siendo un dibujante compulsivo. He querido acentuar la belleza física de los objetos; así, por ejemplo, están la *Serie de las espadas*, y la *Serie de los espejos*. Al utilizar madera y piedra he negado la utilidad del objeto, enfatizando el objeto mismo. La espada de piedra no mata; el espejo de madera no refleja. Les he negado su característica vital. Aunque hay artistas que se concentran solamente en un medio, yo no creo en las especialidades. El artista produce ideas, y las canaliza a través de las técnicas que conoce; mientras más técnicas domine mejor para la obra. Así he trabajado toda mi vida. Después de viajar por Estados Unidos, Europa, y América Latina, decidí radicarme en Puerto Rico; fue, dentro de las posibilidades, el lugar más cercano al Río Cauto. Desde que salí de Cuba en 1960 he estado entre cuatro paredes, haciendo mi obra. No creo que exista "lo cubano" porque la identidad nacional se logra por definición y esa definición toma siglos. Nosotros todavía estamos creciendo, experimentando. No dudo que mi exilio influya en mi obra, pero ¿en qué forma? Eso es una sorpresa.

Gynes, 1963
Wood/madera, 33 1/2 x 21 x 12 inches
(85 x 53.3 x 30.4 cm)
Collection of Museo de Arte de Ponce,
Puerto Rico

Tripode #51 / Tripoid #51, 1981
Wood/Madera

Facing page/Página opuesta
Serie cartas de amor, #207 / Love Letters Series, #207, 1980
Ink on paper/Tinta sobre papel

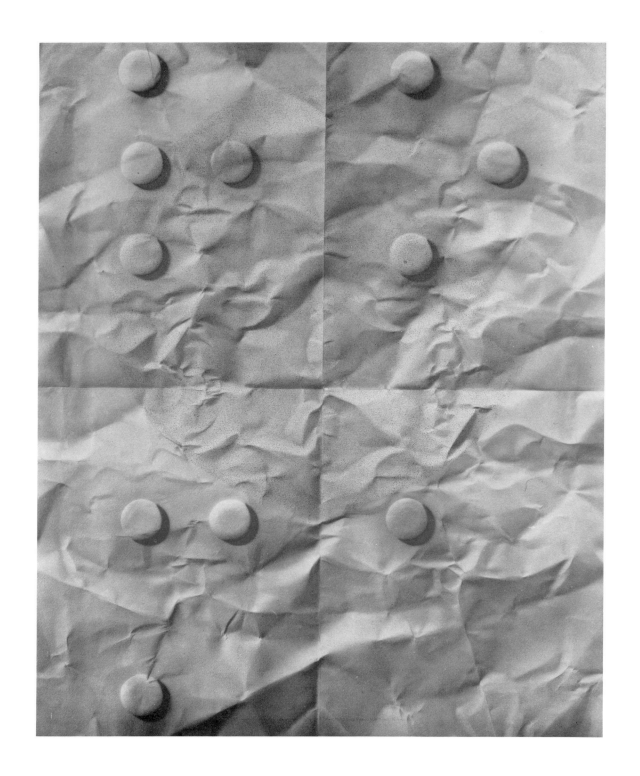

134

Möbius I, 1974
Wood/Madera, 32 x 29 x 25 inches (81.2 x 73.6 x 63.5 cm)

Facing page/Página opuesta
Espejo ciego, #17 / Blind Mirror, #17, 1980
Wood/Madera

ROLANDO LOPEZ DIRUBE

Born/Nacido en	La Habana, 1920
Leaves Cuba/Sale de Cuba	Via New York, 1960
Resides/Reside en	Cataño, Puerto Rico

Studies / Estudios
1952 Escuela Nacional de Artes Gráficas, Madrid
1950 Brooklyn Museum Art School, New York
1949 Art Students League, New York
1948 Colegio de Arquitectos, La Habana

Awards / Honores
1965 and 1964 Cintas Foundation Fellowship
1949 Art Students League, New York
Colegio de Arquitectos de Cuba, Award for
Monumental Sculpture in San Juan, Puerto Rico

Art in Public Spaces / Obras en espacios públicos
Mural, One Biscayne Tower, Miami, Florida
Miramar Yacht Club, Cuba
Parque de la Arboleda, San Juan, Puerto Rico

Solo Shows / Exposiciones personales
1979 De Armas Gallery, Miami, Florida
     Museum of Modern Art of Latin America,
     Organization of American States, (OEA),
     Washington, DC
1978 Lowe Art Museum, University of Miami, Florida
1977 Miami Dade Public Library, Florida

Group Shows / Exposiciones colectivas
1979 Miami-Dade Public Library, Florida
1978 1977, 1976, Cuban Museum of Art and Culture,
     Miami, Florida
1974 Bienal de Coltejer, Medellín, Colombia
1972 Miami Art Center, Miami, Florida
     IX Biennale Internationale D'Art, Menton, France
1954 1951 Victoria and Albert Museum, London
1953 II Bienal de Sao Paulo, Brazil
1952 I Bienal Hispanoamericana de Arte, Ministerio
     de Educación de España, Madrid

Collection / Colecciones
Metropolitan Museum and Art Center, Miami, Florida
Metropolitan Museum of Art, New York
Miami-Dade Public Library System, Florida
Museo de Arte Contemporáneo, Caracas, Venezuela
Museo de Arte Contemporáneo, Madrid
Museo de Arte de Ponce, Puerto Rico
Museo Nacional, La Habana

I used to go to my grandmother's house as a child, and we would draw together. When I was twelve, I took private drawing lessons, and at fifteen, I decided to register at San Alejandro, although no one in my family wanted me to be a painter. In Havana there was a great deal of contact among established artists. Cuba is small, and Havana smaller still. I was to be nourished by a thousand things when I went abroad. From a realist and figurative painter I went through a phase when I would only paint still-life. Around 1959, while in Paris, I began to make the images more concrete, to condense; later, I would start to use beige, or sober colors, white and black with earth tones. In Paris I was guided by artists like Enrique Senal and Roberto Matta, and encouraged by the independent surrealists; not so by Breton and his circle. In my work there are certain erotic references which have images compelling to me. There are things one sees subconsciously that conjure up specific images. But my work is not erotic. My esthetic preoccupation has been with volume, and with the oscillation between the exact and the inexact. I have always painted the same theme, but in different ways. Even so, my paintings were more Cuban, more romantic before 1960; in exile they have become more metaphysical. I don't know if exile influences my work, but it has influenced me. It is not that I left Cuba, it's not being able to return.

Yo iba a casa de mi abuela de niño, y pintaba con ella. A los doce años me pusieron una maestra de dibujo. A los quince, decidí matricular en San Alejandro aunque nadie en la familia quería que fuera pintor. En La Habana había gran contacto entre los artistas establecidos. Cuba es muy chica, y La Habana más chica todavía. Uno se nutría de miles de cosas cuando venía al extranjero. De pintor realista y figurativo pasé por una fase en que sólo hacía naturalezas muertas. Por el año 1959, en París, empecé a concretar las imágenes, a reducir; después a usar solamente el beige, o colores sobrios, el blanco y el negro con los colores de la tierra. Allí me guiaron pintores como Enrique Senal y Roberto Matta, y me acogieron los surrealistas independientes, no así Bretón y su círculo. En mi obra hay ciertas referencias eróticas que tienen una fuerza de imagen interesante para mí; hay cosas que uno ve con el subconsciente que lo llevan a uno a ciertas imágenes. Pero mi pintura no es erótica. Mis preocupaciones estéticas han tenido que ver con el volumen y la oscilación entre lo exacto y lo inexacto. He pintado siempre el mismo tema, pero de diferentes maneras. Aun así, mis cuadros eran más cubanos, más románticos antes de 1960; en el exilio se han vuelto más metafísicos. No sé si el exilio ha influido en mi obra, pero sí en mi persona. No es el irse, es el no poder volver.

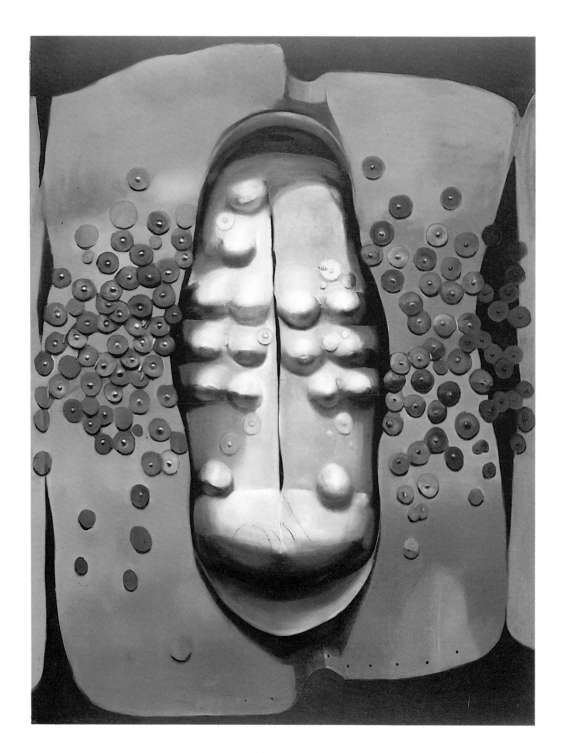

La grande peau / The Large Skin / La gran piel, 1964
Oil on linen/Oleo sobre tela, 107 1/4 x 77 1/2 inches (272.4 x 196.8 cm)
Collection of the Detroit Institute of Arts, Michigan. Gift of Frank W. Donovan

137

The Image as a Fetiche / La imagen como fetiche, 1980
Oil on canvas/Oleo sobre tela, 114 x 100 inches (289.5 x 254 cm)
Collection of the artist

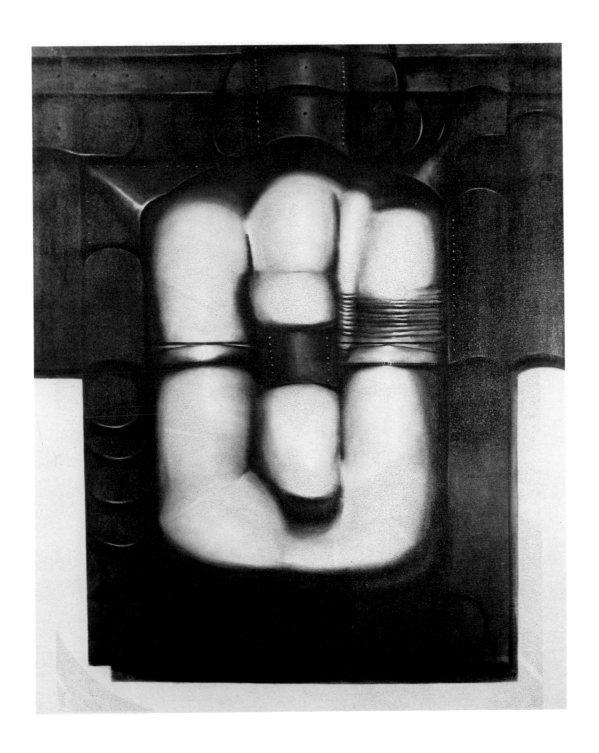

The Night of the Thousand and One Belts / *La noche de los mil y un cinturones*, 1980
Oil on canvas/Oleo sobre tela, 52 x 64 inches (132 x 162.5 cm)
Collection of Mr. Emilio Martínez

139

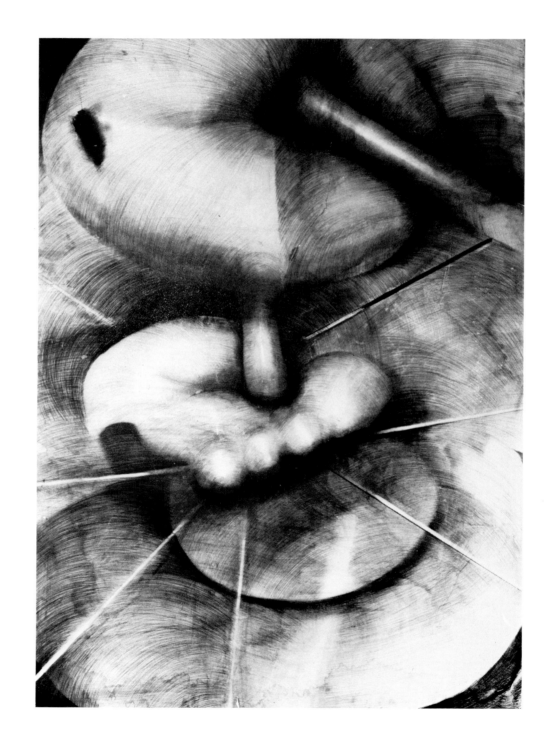

Le roi et la reine / The King and Queen / El rey y la reina, 1960
Pencil on paper/Lápiz sobre papel, 68 x 48 inches (172.2 x 121.9)
Collection of Joseph A. Navack, Puerto Rico

140

AGUSTIN FERNANDEZ

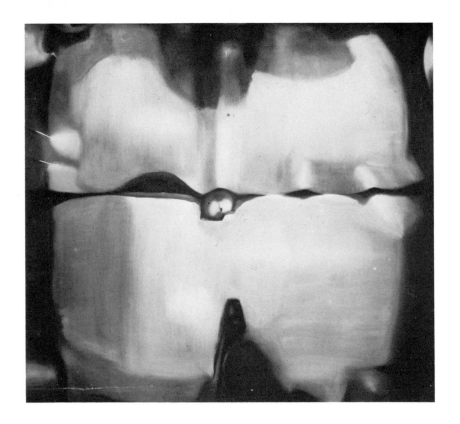

Born/Nacido en	La Habana, 1928
Leaves Cuba/Sale de Cuba	Via Paris, 1959
Resides/Reside en	New York

Studies / Estudios
1950 Academia de Bellas Artes de San Alejandro, Cuba

Awards / Honores
1978 Cintas Foundation Fellowship
1957 Honorable Mention, IV Bienal de Sao Paulo, Brazil

Solo Shows / Exposiciones personales
1983 Miami-Dade Public Library System, Miami, Florida
1979 ACA Gallery, New York
1976 Metropolitan Museum and Art Center, Miami,
     Florida: Retrospective
     Gimpel and Weitzenhoffer Gallery, New York
1974 Museo de la Universidad de Puerto Rico, Río
     Piedras: Retrospective

Group Shows / Exposiciones colectivas
1988 The Bronx Museum of the Arts, New York
1986 Museo de Arte Moderno La Tertulia, Cali, Colombia
1975 Archer M. Huntington Art Gallery, Austin, Texas
1970 New Orleans Museum, Louisiana
1969 1962, Musée d'Art Moderne, Paris
1967 The Museum of Modern Art, New York
1961 through 1968 Salon de Mai, Paris

Collections / Colecciones
Archer M. Huntington Art Gallery, Austin, Texas
Círculo de Bellas Artes, Maracaibo, Venezuela
Detroit Institute of Arts, Michigan
Library of Congress, Washington, DC
Museo Nacional, La Habana
Museum of Modern Art, New York
New York Public Library, New York
Victoria and Albert Museum, London
Worcester Art Museum, Massachusetts
Yale University Art Gallery, New Haven, Connecticut

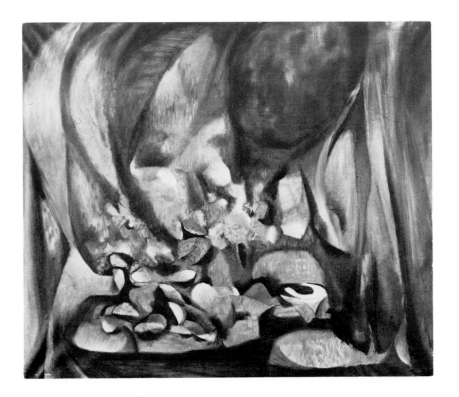

Above/Arriba
El muro / The Wall, 1962
Oil on canvas/Oleo sobre tela 80 x 82 inches
(203.2 x 208.2 cm) Collection of Mr. Fernando Peña

Below/Abajo
Still Life and Landscape / Naturaleza muerta y paisaje, 1956
Oil on canvas/Oleo sobre tela, 48 x 55 1/8 inches
(121.9 x 140 cm) Collection of the Museum of Modern Art,
New York, Inter-American Fund

I was born in the Sierra Maestra mountains. My mother used to tell me: "Enriquito, why don't you finish high school and go to college? If you become an artist you're going to be hungrier than a leashed goat." But no way, I couldn't handle mathematics, because what I liked at the time was architecture. I took refuge in art school, where I felt more comfortable, where the teachers would say to me "You're going to make it." When I finished school, I went to Mexico since I was interested in muralist technique. I worked with Siqueiros in the execution of murals. In those days I wasn't interested in sculpture; I painted. Although my passion for sculpture originated in Cuba, where I had already done some preliminary work in casting, it really didn't blossom until after I left. My love for the physical is such that it had to turn out this way. One of the first things I did in Italy was to work with casting, so when I arrived in the United States I already had a lot of experience. I am a laborer; I like to work with the hammer. I don't like to sit down to paint watercolors with a dainty paintbrush. I believe the root of this goes way back to my childhood, to growing up in a rural environment.

Nací en las montañas de la Sierra Maestra. Mi madre me decía; "Enriquito, ¿por qué no terminas tu bachillerato y haces la universidad? Te vas a meter a ser artista y vas a pasar más hambre que un chivo amarrao". Pero que va, yo no podía con las matemáticas, porque a mí lo que me gustaba era la arquitectura en aquella época. Me refugié en la escuela de arte donde yo me sentía más cómodo, donde los profesores me decían "Tú vas a llegar". Cuando terminé la escuela me fui a México, interesado en la técnica del muralismo. Con Siqueiros trabajé en la ejecución de unos murales. Yo no estaba interesado en la escultura en esos tiempos; yo pintaba. Mi pasión por la escultura nació en Cuba, donde ya había hecho algunos ensayos sobre fundición, pero se desarrolló después que salí de allá, y a través del amor a lo físico. Una de las primeras cosas que hice en Italia fue meterme en una fundición, así que cuando llegué a Estados Unidos, ya tenía bastante experiencia. Soy un obrero, me gusta trabajar con el martillo; detesto sentarme a hacer una acuarela con un pincelito. Yo creo que todo eso tiene sus raíces en mi niñez, cuando yo era un muchacho del campo.

Icarus, 1984
Bronze/Bronce, 12 x 57 x 6 inches (30.4 x 144.7 x 15.2 cm)
Mainieri Collection, Coral Gables, Florida

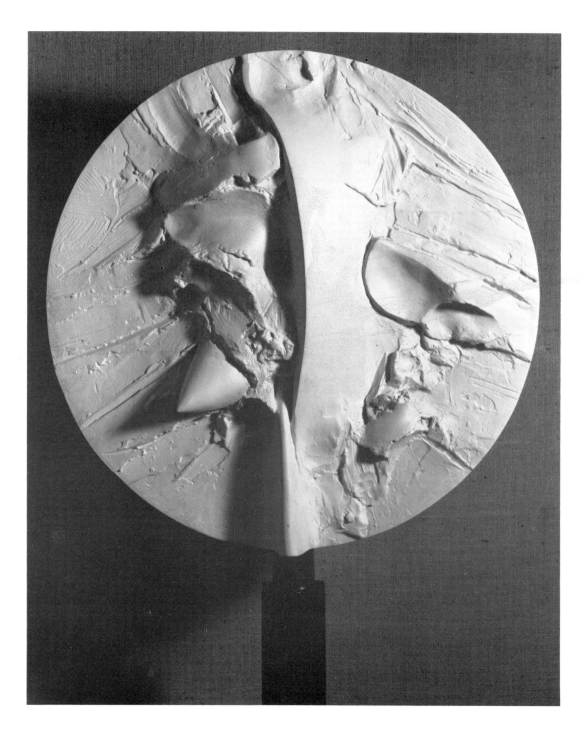

Disco lunar / Lunar Disc, 1982
Bronze/Bronce, 28 x 2 inches (71 x 5 cm)
Collection of Mr. Ramón López, Miami, Florida

Puerta del paraíso imaginario / Gate to the Imaginary Paradise, 1980
Bronze/Bronce, 36 x 48 inches (91.4 x 121.9 cm)
Collection of Mr. Arturo Munder, Miami, Florida

145

Head / Cabeza, 1973
Bronze/Bronce, 15 x 7 x 15 inches (38 x 18 x 38 cm)
Collection of the Museum of Modern Art of Latin America,
Organization of American States, (OEA), Washington, DC

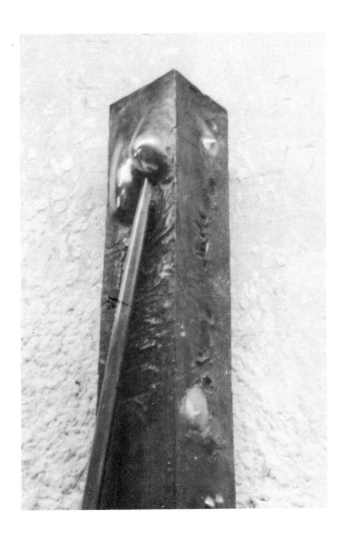

Columna / Column, 1978
Bronze/Bronce
Collection of Mr. Agustín Fernández, New York

ENRIQUE GAY GARCIA

Born/Nacido en	Santiago de Cuba, 1928
Leaves Cuba/Sale de Cuba	Via Rome, 1963
Resides/Reside en	Miami, Florida

Studies / Estudios
1962 University of Perugia, Italy
     Art Institute of Venice, Italy
1959 Escuela de Bellas Artes José Joaquín Tejada,
     Santiago de Cuba
1955 Academia de Bellas Artes de San Alejandro, Cuba
     Instituto Politécnico, México

Awards / Honores
1983 Cintas Foundation Fellowship
1962 UNESCO Scholarship

Art in Public Spaces / Obras en espacios públicos
Mural, EHG Enterprises, Condado, Puerto Rico
Mural, General Federal Savings & Loan, Florida
Mural, Munder Corporation, Miami, Florida

Solo Shows / Exposiciones personales
1982 1981 Schweyer-Galdo Galleries, Michigan
1982 1979, 1978 Forma Gallery, Miami, Florida
1981 Meeting Point Art Center, Miami, Florida
1979 De Armas Gallery, Miami, Florida
1958 Galería de Artes Plásticas, Santiago de Cuba
1957 Galería del Lyceum, Santiago de Cuba

Group Shows / Exposiciones colectivas
1988 "Expresiones Hispánicas", Coors 1988 National
     Hispanic Art Exhibition and Tour
1987 The Art Institute of Chicago, Illinois
1981 Schweyer-Galdo Galleries, Michigan
1979 Forma Gallery, Miami, Florida
     The Museum of Modern Art, Los Angeles, California
1978 Lowe Art Museum, University of Miami, Florida
     Kromex Gallery, New York City
1976 Metropolitan Museum of Art, New York
1967 The Gallery of Modern Art of Montreal, Canada
1963 1961 VII and VI Bienales de Sao Paulo, Brazil
1960 XXIX Biennale di Venezia, Italy

Collections / Colecciones
Museo Nacional, La Habana
Museum of Modern Art of Latin America, Organization
of American States, (OEA), Washington, DC
Southeast Banking Corporation, Miami, Florida
Vermont Academy, Vermont

From a conversation with the artist's wife, Linda, and his daughter, Azul.

Notas de una conversación con su esposa Linda y Azul, su hija.

My father had a philosophy which he expressed clearly: an irony about life and its struggles. The conflicts of human nature were reflected in his work. His series *The Cardinals* shows his satirical sense of humor. He had a very personal way of showing reality as he perceived it.

Fernando was a self-taught artist who never had formal training in painting. His father was a draftsman. My husband studied architecture at the University of Havana, but never finished. Art was always the most important thing in his life. He also taught painting in Cuba. We left by way of Spain where he worked incessantly, always preparing for the next show. In Spain his work underwent a great change, as it did later when we moved to the United States; the change occurred in theme and color, for if the work he completed in Spain was soft and calm, in Miami his palette became vibrant. Fernando used to talk about artists he admired, such as Picasso, Goya, and particularly José Luis Cuevas and Francis Bacon. He also enjoyed Antonia Eiriz's work. His last works were two series: *The Intriguers* and *The Informers*. He had begun another, titled *The Spy of the House of Love*; he was planning to show it in Spain, but it wasn't meant to be....

Mi padre tenía una filosofía que él expresaba muy bien: veía la vida con gran ironía. En su obra se ve esa lucha, ese conflicto de la naturaleza humana. En la serie de *Los Cardenales* resalta su sentido del humor, pero siempre la sátira, manera muy suya de ilustrar la realidad como él la veía.

Mi esposo era autodidacta; nunca tuvo entrenamiento formal en las artes. Su padre también dibujaba. Fernando estudió arquitectura en la Universidad de La Habana, pero no terminó. Su mundo fue siempre el arte; también enseñó pintura. Salimos de Cuba por España. Allí seguía haciendo su trabajo, sin descanso, siempre preparándose para una exposición. Su obra cambió mucho en España, al igual que cuando nos trasladamos a Estados Unidos, no sólo en temática, sino también en el colorido. Los cuadros realizados en España eran de colores suaves, tranquilos; aquí en Miami se intensificaron tanto en el tono como en la variedad cromática. Fernando hablaba de algunos artistas que admiraba mucho, como Picasso, Goya, y sobre todo José Luis Cuevas y Francis Bacon. También le gustaba la obra de Antonia Eiriz. Sus últimas obras fueron dos series, la de *Los intrigantes* y *Los informadores*. Había comenzado una nueva serie titulada *El espía de la casa del amor*, con la que estaba preparándose para ir a España... pero no pudo ser.

Intrigante con perro luciferino / Intriguer with Diabolical Dog, 1981
Mixed media on paper/Técnica mixta sobre papel 30 x 42 Inches (76.2 x 106.6 cm)
Collection of Mr. & Mrs. David Cassel, Miami, Florida

149

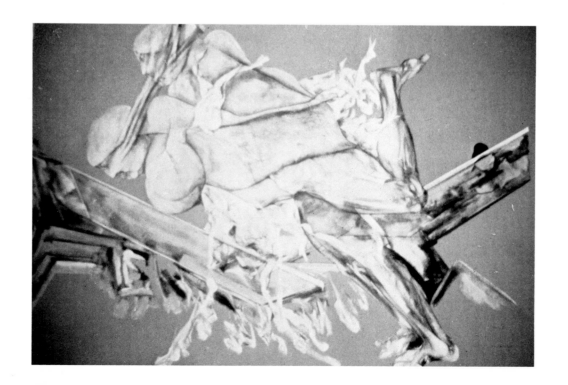

150

FERNANDO LUIS

Born/Nacido en	La Habana, 1931
Leaves Cuba/Sale de Cuba	Via España/Spain, 1970
Resided/Residía en	Miami, Florida
Deceased/Fallecido	Miami, 1983

Studies / Estudios
Self-taught/Autodidacta

Awards / Honores
1971 Cintas Foundation Fellowship
1969 Award for Drawing, VIII Competencia Internacional,
     Fundación Joan Miró, Barcelona

Solo Shows/Exposiciones personales
1986 Cuban Museum of Arts and Culture, Miami, Florida:
     Retrospective
1981 De Armas Gallery, Miami, Florida
1979 Virginia Miller Galleries, Miami, Florida
1975 Eukal Gallery, San Sebastián, Spain
1973 International Gallery, Madrid
1971 Galería Ramón Durán, Madrid
1967 Galería La Habana
1965 Saint Germaine Gallerie, Paris

Group Shows / Exposiciones colectivas
1977 1971 Group 15 Atelier, Madrid
1976 Galería Ramón Durán, Madrid
1975 Museo de Arte Moderno, San Sebastián, Spain
1972 Galería Nova, Barcelona
1971 Museo de Arte Moderno, Madrid
1969 Salon de Mai, La Habana
1968 Museo de Arte Moderno, Santiago de Chile
1967 Italian-American Institute, Rome
     Ewan-Phillips Gallery, London
     Museo de la Universidad Nacional, México
1965 Musee d'Art Moderne, Paris
1960 II Bienal, Museo de Bellas Artes, México

Collections / Colecciones
Museo de Arte Moderno, Madrid
Museo de Arte Moderno, San Sebastián, Spain
Museo de Arte Moderno, Santiago de Chile
Museo Nacional, La Habana

Tribulations of a Pope / Tribulaciones de un Papa, 1979
Bronze/Bronce

Facing page, above/Página opuesta, arriba
Los intrigantes / The Intriguers, 1981
Mixed media on paper/Técnica mixta sobre papel,
30 x 42 inches (76 x 106.6 cm)
Collection of Dr. & Mrs. Luis Fernández-Rocha,
Coral Gables, Florida

Below/Abajo
Untitled / Sin título, 1974
Oil on canvas/Oleo sobre tela

My grandfather was a German Consul to Cuba. He was quite versatile; he was a musician and an artist, and spoke eight languages. My mother was Cuban. I first arrived in Havana on May 1, 1939, at the age of nineteen, but it was not until 1944 that I started at San Alejandro. I lasted only two months there; drawing courses were required for two years, and I was interested in color and naive painting. My real teacher was Walt Disney; I am quite childish when it comes to painting. In 1945, I was hired by the National Museum as a tour guide, and three months later I was promoted to the technical department. The restorers taught me their technique. The first person to encourage me to show my work was Angel Acosta in 1961. Every time I exhibited my work in Cuba, it was a sell out to the Italian Embassy, and the French and Yugoslavian as well. Most of my collectors in Cuba were foreigners. I have always painted the tropics, regional customs, folklore, and I find inspiration in the songs of the Matamoros Trio; nothing can be more Cuban than that. Perhaps that is why I was so successful. But, in spite of it, I could not stay there. The local Committee for the Defense of the Revolution declared me *persona non grata*, because for some time I gave room and board to people who were awaiting exit permits. Prior to leaving, I was under house arrest for fourteen days. The French Cultural Attaché sent me food with his chauffeur until I was able to leave through Mariel. I feel comfortable in San Francisco painting my colonial landscapes.

Mi abuelo había sido cónsul de Alemania en Cuba; era músico, pintor, hablaba ocho idiomas, era muy polifacético. Mi madre era cubana. Llegué por primera vez a La Habana el 1ro. de mayo de 1939, a los 19 años, pero no fue hasta 1944 que inicié estudios en San Alejandro. Allí duré dos meses, porque era obligatorio dos años de dibujo, y lo que a mí me interesaba era el color y la pintura primitiva. Mi verdadero maestro fue Walt Disney, porque soy muy infantil en la pintura. En 1945, me coloqué en el Palacio de Bellas Artes, lo que ahora es el Museo Nacional. Empecé como guía, y a los tres meses fui promovido a ayudante técnico. Me hice amigo de todos los restauradores, y aprendí su técnica. La primera persona que me alentó a exhibir fue Angel Acosta, en 1961. En Cuba cada vez que se hacía una exposición de mi obra, se vendía todo: a la Embajada de Italia, a la de Francia, a la de Yugoslavia; casi todos mis coleccionistas eran extranjeros. Mi temática siempre ha sido la misma: lo tropical, lo costumbrista, lo folklórico. Me inspiro mucho en las canciones del Trío Matamoros; más cubano que eso, ni hablar. Quizá por eso tenía tanto éxito, pero así y todo allá no me podía quedar. En mi casa vivieron por un tiempo algunas personas que tramitaban su salida de Cuba, y el Comité de Defensa de la cuadra me declaró *persona non grata*. Estuve preso en mi propia casa por catorce días; el agregado cultural de la embajada francesa me enviaba la comida con su chofer. Al fin salí cuando el Mariel; me siento bien en San Francisco haciendo mis paisajes coloniales.

Los gallitos / The Little Cocks, 1986
Oil on canvas/Oleo sobre tela, 24 x 30 inches (61 x 76.2 cm)

154

Tea / El té, 1982
Oil on canvas/Oleo sobre tela, 15 x 18 inches (38 x 45.7 cm)

EDUARDO MICHAELSEN

Born/Nacido en	Santiago de Cuba, 1920
Leaves Cuba/Sale de Cuba	Via Mariel-Key West, 1980
Resides/Reside en	San Francisco, California

Studies / Estudios

Self-taught/Autodidacta

Solo Shows / Exposiciones personales

1981 Main Line Gallery, San Francisco, California
1979 Casa de la Cultura, Regional Plaza
    (Formerly / Antiguo Lyceum), La Habana
1978 "Escucha mi son," Ho Chi Minh Hall, Ministerio
    de Justicia, La Habana
1963 Lyceum, La Habana

Group Shows / Exposiciones colectivas

1985 "Cuban Colonial Architecture," Miami-Dade
    Library System, Florida
1983 Art Fair, Tamiami Park, Dade County, Florida
1982 "Ten Out of Cuba," Intar Latin American
    Gallery, New York
1962 Museo Nacional, La Habana

Collections / Colecciones

Embajada Francesa / French Embassy, La Habana
Museo Nacional, La Habana

Above/Arriba
**San Francisco amonestando al lobo / St. Francis
Admonishing the Wolf, 1986**
Oil on canvas/Oleo sobre tela, 16 x 20 inches (41 x 50.8 cm)

Below/Abajo
Coronación tropical / Tropical Coronation, 1986
Oil on canvas/Oleo sobre tela, 24 x 20 inches (61 x 50.8 cm)

I had relatives who were in the theatre, but no one really pressed me to be an artist. The sacrifices were too great; my mother helped me even though we were poor. Neither poverty nor wealth determines anything in life; if you have something to say, you will say it, regardless of the circumstances. Others endured more hardships. A scholarship allowed me to study at San Alejandro; it amounted to nineteen *pesos* and seventy cents a month, which seemed like a fortune at the time. I was lucky to befriend Fidelio Ponce, for he taught me how to restore old photographs, and with the money I earned I supplemented the scholarship. Ponce, with his forms and his drawing technique, was my first influence. He, Carlos Enríquez, René Portocarrero, Cundo Bermúdez and others from the generation that preceded mine became known as the Havana School (Escuela de La Habana). It had its limitations, but plenty of dignity. I was part of all that activity; it was daring to be a painter, because only the middle class and some professionals bought art in those days. A work could be acquired for twenty or thirty *pesos*. The literary journal *Orígenes* promoted many artists by featuring at least one in each issue. This was the period Cuban culture gained prestige; my generation emerged from it. I came to New York in 1950, after having won the First National Prize in Painting and Sculpture. Abstractionism was at its best, and de Kooning impressed me greatly. I did not leave Cuba again until 1968. Lack of freedom is what makes the system unbearable. There is no dictatorship of the proletariat, but of the police state. Some people can stand it; I would die. Exile hasn't affected me, because in my subconscious there is an inner landscape which is Cuba. Since I was exiled at an older age, that landscape cannot be erased.

En mi familia había un cierto ambiente artístico, más bien de teatro, aunque nadie me exigió que yo fuera pintor. Los sacrificios eran muy grandes; mi madre me ayudó muchísimo, pero pasamos mucha miseria. Ser pobre o ser rico no determina nada; el que tiene algo que decir lo dice en las peores circunstancias o en las mejores. Hay quien pasó más trabajos que yo. Estudié en San Alejandro con una beca provincial; eran diecinueve pesos con setenta y cinco centavos al mes, una fortuna en aquella época. Tuve la suerte de conocer a Fidelio Ponce. El me enseñó a retocar fotografías, y con eso aumentaba el dinero de la beca. Ponce fue mi primera influencia, su forma, su dibujo. El, Carlos Enríquez, René Portocarrero, Cundo Bermúdez, y otros artistas de la generación anterior a la mía formaron lo que se llamó la Escuela de La Habana, con miseria, pero con dignidad. Yo también participé en todo aquello. Dedicarse de lleno a la pintura era una valentía, porque sólo la clase media y profesional compraba arte. Se pagaba por un cuadro veinte o treinta pesos. La revista *Orígenes* impulsó a muchos artistas; siempre incluía dibujos de alguno de nosotros. Fue el momento en que la cultura cubana adquiere prestigio; de ahí surge casi toda mi generación. Vine a New York en 1950 después de ganar el Primer Premio Nacional de Pintura y Escultura. El abstraccionismo estaba en su apogeo; me impresionó mucho la obra de Kooning. No volví a salir de Cuba hasta mi exilio en 1968. La falta de libertad es lo que hace que un hombre esencial no pueda soportar el sistema. No es la dictadura del proletariado, es la dictadura del sistema policíaco. Hay quien lo soporta; yo me muero. No creo que el exilio me ha afectado, porque tengo un paisaje interior en el subconsciente que se llama Cuba. Como vine al exilio ya mayor, ese paisaje no se puede borrar.

Sacerdotisas de la ilusión / High Priestesses of Illusion, 1971
Oil on canvas/Oleo sobre tela, 67 x 55 inches (170.2 x 139.7 cm)
The Cintas Foundation Collection, New York

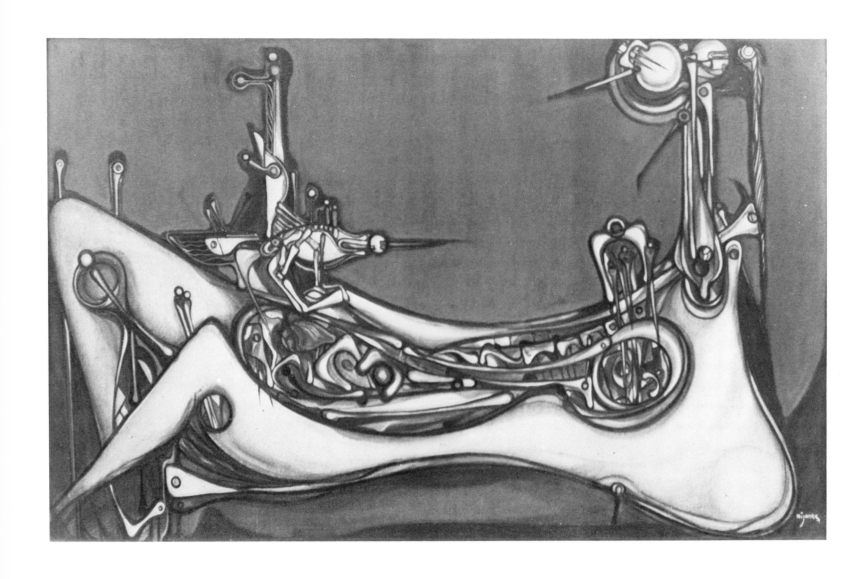

Desnudo azul / Blue Nude, 1980
Oil on canvas/Oleo sobre tela, 40 x 60 inches (101.6 x 152.4 cm)

Facing page/Página opuesta
Homenaje a Rubens: Señora de La Habana / Homage to Rubens: The Lady of Havana, 1979
Oil on canvas/Oleo sobre tela
Private collection

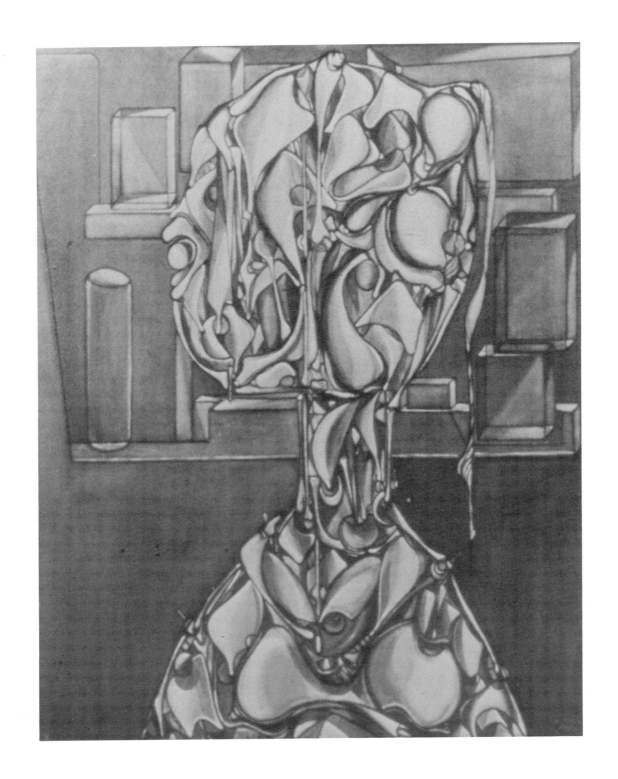

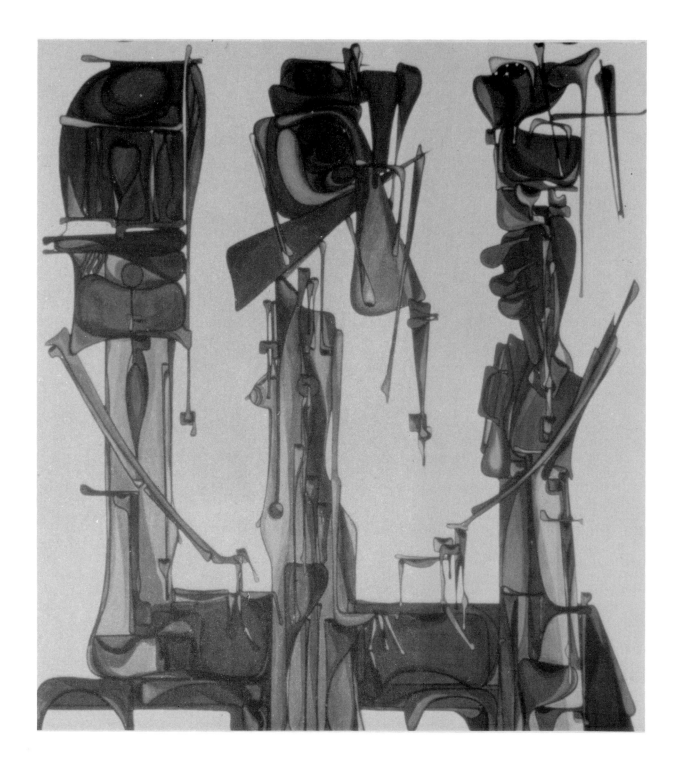

JOSE MARIA MIJARES

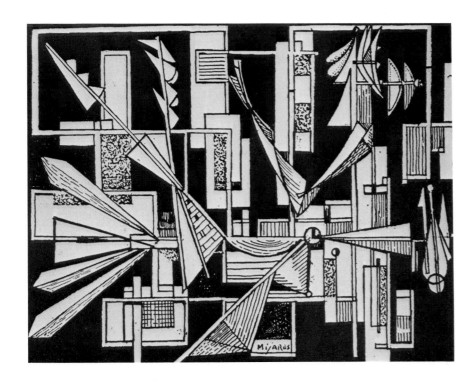

Born/Nacido en	La Habana, 1921
Leaves Cuba/Sale de Cuba	Via Miami, Florida 1968
Resides/Reside en	Miami, Florida

Studies / Estudios
1945 Academia de Bellas Artes de San Alejandro, Cuba

Awards / Honores
1971 and 1970 Cintas Foundation Fellowship
1951 Segundo Premio Nacional de Pintura, V Salón
     Nacional de Pintura, Escultura y Grabado,
     La Habana
1950 Primer Premio Nacional de Pintura, IV Salón
     Nacional, Centro Asturiano, La Habana
1944 Primer Premio Nacional de Pintura, La Habana

Solo Shows / Exposiciones personales
1952 Lyceum, La Habana
1944 Conservatorio Nacional, La Habana

Group Shows / Exposiciones colectivas
1982 Cuban Museum of Arts and Culture, Miami, Florida
1981 The Bass Museum of Art, Miami Beach, Florida
1978 Museum of Modern Art of Latin America,
     Organization of American States, (OEA),
     Washington, DC
     Lowe Art Museum, University of Miami, Coral
     Gables, Florida
1973 Bacardi Art Gallery, Miami, Florida
1968 Pan American Union, Washington, DC
     Antilla Gallery, San Juan, Puerto Rico
1964 Cuban Printmakers Exhibition, Tokyo, Japan
1956 XXVII Biennale di Venezia, Italy
1954 Pittsburgh International Exhibition, Carnegie Institute,
     Pennsylvania
1953 II Bienal, Sao Paulo, Brazil
1950 Musée d'Art Moderne, Paris
     Palace de Beaux Arts, Port-Au-Prince, Haiti

Collections / Colecciones
Cintas Foundation, New York
Miami-Dade Public Library System, Florida
Museo Nacional, La Habana

Sin Título / Untitled, 1950
Ink drawing/Dibujo a tinta

Facing page/Página opuesta
Sombras sobre un muro / Shadows on a Wall, 1973
Oil on canvas/Oleo sobre tela, 56 x 40 inches (142.2 x 152.4 cm)
Collection of Efraim Oliver, Miami, Florida

With the coming to power of Fidel Castro a number of scholarships were created for artists. I applied for one, but I was not among the finalists. Lacking financial resources to go to Europe, I contacted a steamship company in an effort to find passage to Europe. The person in charge said he would give me a free ticket if I brought him twelve scholarship recipients. I showed up with fifty! The stay in Paris was limited by the Cuban government to three months, and when they had passed, Roberto Fernández-Retamar, who was the Cuban cultural attaché in Paris, demanded our return. I flatly refused, and, in doing so, my opposition to the Cuban government became evident. Fernández-Retamar was furious, but I remained in Paris. I had nothing to fear; I had my training and experience from Cuba. Following my graduation from San Alejandro I had worked as an art teacher for three years. I allowed children to express themselves freely, to tell their stories through colorful strokes of the brush. My painting is just that, a kind of multicolor graffiti. I believe that every artist has preconceived innate ideas; but when an artist goes into the world, the universe unfolds before him. This was my case in Paris, and also in the Scandinavian countries. When I arrived with my tropical colors to the sober and gray tranquility of Scandinavia, it was as if I had brought the sun to them. They love my painting. When an artist leaves his country, he parts with his frontiers, but retains a familiar horizon. Mine continues to be Cuban. I have travelled around the world three times, North to South, East to West. I feel that in the United States people are willing to take risks, and that nowhere else can you find the same degree of freedom of expression. Yet I have lived happily in Paris, because I was welcomed right away; for me this city is the heart of the world.

Con la llegada de Fidel Castro al poder se crearon una serie de becas para los artistas. Yo hice los trámites, pero me la negaron. Sin medios económicos para irme a Europa, busqué una agencia de barcos para tratar de resolver. El encargado me dijo que si le llevaba doce becados del gobierno, él me daba un pasaje gratis. ¡Le llevé cincuenta! La estadía en París estaba limitada por el gobierno cubano a tres meses. Cuando habían pasado, Roberto Fernández-Retamar, el agregado cultural cubano en París, exigió nuestro regreso. Me negué rotundamente, y al hacerlo quedó declarada mi posición en contra del gobierno cubano. Retamar quedó enfurecido, pero yo me quedé en París. Tenía mi entrenamiento y mi experiencia de Cuba. Después que me gradué de San Alejandro había trabajado como maestra de dibujo para sostenerme. En la escuela trabajé tres años; dejaba que los niños se expresaran libremente, que contaran sus cuentos con brochazos de colores. Mi pintura es eso, una especie de grafittis multicolores. Creo que todo artista tiene sus ideas preconcebidas, o sea, innatas; pero cuando se desplaza, se le abre el universo y puede desarrollarse. Eso me aconteció en París, y también en los países escandinavos. Llegué con mis colores de trópico a la tranquilidad sobria y gris de Escandinavia, y fue como si les llevara el sol. Ellos adoran mi pintura. Pienso que cuando un artista se va de su país, pierde las fronteras, aunque siempre retiene un horizonte propio. El mío sigue siendo cubano. He dado la vuelta al mundo tres veces, de norte a sur y de este a oeste. Desde mi experiencia puedo decir que Estados Unidos es símbolo de riesgo y libertad. En ninguna parte del mundo he visto la libertad de expresión que existe allí. Pero he vivido muy feliz en París; para mí esta ciudad es el corazón del mundo.

Ses dents en dentelle de misericorde / The Lace Teeth of Compassion / Los dientes en encaje de misericordia, 1986
Oil on canvas/Oleo sobre tela, 64 1/2 x 52 inches (164 x 132 cm)
Collection of the artist

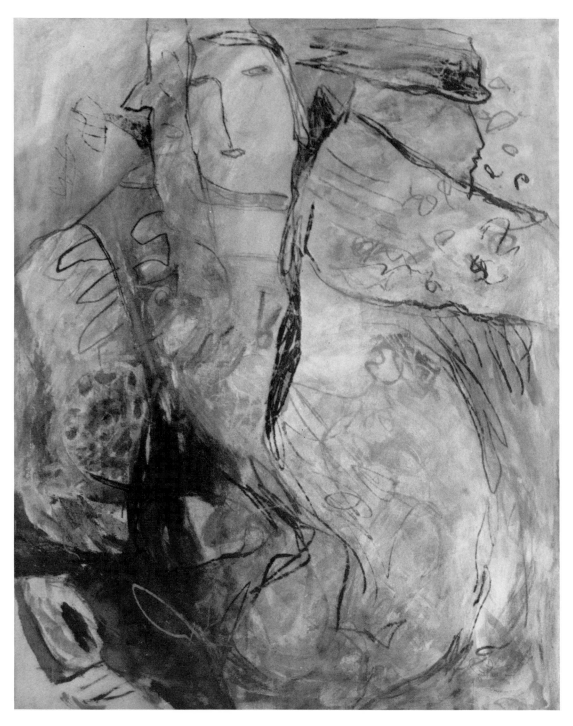

Du fil pour que la lune ne tombe pas / Moon Hanging by a Thread / Hilo para que la luna no se caiga, 1985
Oil on canvas/Oleo sobre tela, 57 1/2 x 44 7/8 inches (146 cm x 114 cm)
Collection of Mr. Vanoxem, Paris

La chute d'un dictateur / The Fall of the Dictator / La caída del dictador, 1981
Oil on canvas/Oleo sobre tela, 59 x 59 inches (150 x 150 cm)

El silencio / The Silence, 1979
Oil on canvas/Oleo sobre tela, 27 1/4 x 38 1/3 inches (69 x 97 cm)

GINA PELLON

Born/Nacida en	La Habana, 1926
Leaves Cuba/Sale de Cuba	Via Paris, 1959
Resides/Reside en	Paris

Studies / Estudios
1958 Academia de Bellas Artes de San Alejandro, Cuba

Awards / Honores
1981 Medaille de la Ville de Cholet, France
1978 Chevalier de L'Ordre des Arts et Lettres, France
     Cintas Foundation Fellowship
1970 Painting Award, Biennal de Menton, France

Solo Shows / Exposiciones personales
1988 1980, 1976, 1973, 1972 Galerie Moderne,
     Silkeborg, Denmark
1988 1986 Galerie Vanuxem, Paris
1987 Galerie La Cour 21, Nantes, France
     Gallerie Laurens D'Aane, Amsterdam, Holland
1983 Maison de la Culture, Toulouse, France
1980 Fondation National des Arts Grafiques, Paris
1975 Galerie T., Amsterdam, Holland
     Galerie RIIS, Trondheim, Norway
1960 Galerie Klute, Lausanne, Switzerland

Group Shows / Exposiciones colectivas
1988 "Soweto Action," South Africa
     "Art Vision," Chateau de Beaux St. Cohiere,
     Champagne, France
1988 1986, 1977 Salon de Mai, Grand Palais, Paris
1986 "Changer la Vue," Musée de Cahors, France
     Musée de l'Amerique Latine, Monaco
1985 Centre Georges Pompidou, Paris
     International Contemporary Art Fair, London
1983 "Musée Allende," Centre Georges Pompidou, Paris
1983 1980, 1979, 1977, 1975 Galerie Moderne, Silkeborg,
     Denmark
1981 "L'Amerique Latine a Paris," Grand Palais, Paris
     V Bienal del Grabado Latinoamericano
     San Juan Puerto Rico
1980 XII Bienal de México
     II Bienal Iberoamericana de México

Collections / Colecciones
Beit Uri Museum
Diputación Provincial de Barcelona, Spain
Fort Lauderdale Museum of Art, Florida
Museo Nacional de Bellas Artes, México
Museum of Fine Arts, Budapest, Hungary

As a boy I was always a little different: I liked classical music and literature, and I also liked to paint. Besides, being Jewish in a mainly Catholic country poses a certain kind of conflict as one grows up. I was very timid and introverted; sports helped me overcome this somewhat. My grandmother used to tell us how our ancestors had been expelled from Spain in 1492, and had settled in Turkey, and how my immediate family came to Cuba in the 1920's. Jews were not discriminated in Cuba. Our family was poor; for many years I was panic-stricken by poverty, and I studied architecture rather than art because of that fear. I knew that an artist in Cuba had to live on the fringes, and I associated art with need. It is a privilege to live from my work; I never paint thinking of whether I am going to sell; I do it for my own satisfaction. Architecture informed my early work, but gradually I moved toward a purely abstract expression. My work resembles paintings of space, where color is more important than form. Space itself becomes a principal theme. There are traces, also, of Jewish traditions, but having been born in Cuba has made its imprint. For me Cuba is tropic and sugarcane; it is also the sun and the light. I will never cease to be Cuban.

Siempre fui un poco raro de niño; me gustaba la música clásica, la literatura; me gustaba pintar. Además, el ser judío en un país mayormente católico crea una especie de conflicto según uno crece. Yo era tímido y retraído; me salvaba un poco el hecho de que me gustaban los deportes. Mi abuela contaba que nuestros antepasados habían sido expulsados de España en 1492, y se habían radicado en Turquía; mi familia vino a Cuba en la década de los veinte. En Cuba no había discriminación contra los judíos. Eramos una familia pobre; por muchos años tuve pánico de la pobreza. Es más, ese miedo determinó que yo estudiara arquitectura en vez de arte. El artista en Cuba vivía un poco marginado, y yo asociaba el arte con la pobreza. Privilegio es vivir de mi obra; nunca pinto para vender, sino para mí. La arquitectura informó mi primera pintura, pero paulatinamente fui alcanzando una expresión puramente abstracta Mi obra es una especie de pintura del espacio, donde el color es más importante que la forma, la que trato conscientemente de romper. Para mí, el espacio propio es tema principal. En mi obra también surgen rasgos de tradiciones judías. No obstante, es indiscutible que el haber nacido en Cuba me ha marcado. Cubano es el trópico, el guarapo; es el sol y la luz. Nunca dejaré de ser cubano.

15/99

Double Pictogram / Pictograma doble, 1985
Lithograph/Litografía, 30 x 22 inches (76.6 x 55.8 cm)
Collection of Ediciones Pacíficas, S.A., México, D.F.

169

Isomorphic / Isomórfico, 1975
Acrylic on paper/Acrílico sobre papel, 30 x 22 inches (76.2 cm x 55.8

Centaurus / Centauro, 1975
Acrylic on canvas/Acrílico sobre tela, 24 x 30 inches (61 x 76.2 cm)
Courtesy of Barbara Gillman Gallery

Retorno del Apolo XIII / Return of Apollo XIII, 1970
Acrylic on canvas/Acrílico sobre tela 46 x 52 inches (116.8 x 132.8 cm)
Collection of the artist

El mar: odisea óptica / The Sea: Optical Odyssey, 1971
Acrylic on canvas/Acrílico sobre tela, 50 x 60 inches (127 x 152.4 cm)
Collection of Banco de Ponce, New York

BARUJ SALINAS

Born/Nacido en	La Habana, 1935
Leaves Cuba/Sale de Cuba	Via Miami, Florida, 1959
Resides/Reside en	Barcelona, Spain

Studies / Estudios
1958 B.A., Architecture, Kent State University, Ohio

Awards / Honores
1983 First Prize, VI Bienal del Grabado Latinoamericano, instituto de Cultura Puertorriqueña, San Juan
1971 Special Mention, VII Grand Prix International de Peinture, Cannes, France
1970 and 1969 Cintas Foundation Fellowship
1968 First Prize, Watercolor, 10th Hortt Memorial Exhibition, Fort Lauderdale, Florida
1964 Best Transparent Watercolor, Texas Watercolor Society, San Antonio

Solo Shows / Exposiciones personales
1988 Museo de Arte Moderno, México
      Galerie des Arcades, Bern, Switzerland
1982 Gallery Joan Prats, New York
1981 Museo Carrillo Gil, México
1976 Harmon Gallery, Jerusalem, Israel
1971 Instituto Nacional de Bellas Artes, México
1969 Fort Lauderdale Museum of Arts, Florida
1965 Bacardi Art Gallery, Miami, Florida
1962 Miami Beach Art Center, Florida

Group Shows / Exposiciones colectivas
1987 The Art Institute of Chicago, Illinois
1985 San Antonio Museum of Art, Texas
1981 V Bienal del Grabado Latinoamericano, Instituto de Cultura Puertorriqueña, San Juan
1977 Museo de Arte Contemporáneo, Madrid
1966 Witte Museum, San Antonio, Texas
1959 Museo Nacional, La Habana

Collections / Colecciones
Beit Uri Museum, Israel
Cabinet des Estampes, Geneva, Switzerland
Fort Lauderlade Museum of Arts, Florida
Instituto Nacional de Bellas Artes, México
McNay Art Institute, San Antonio, Texas
Musée des Beaux Arts, Budapest, Hungary
Museo de Arte del Siglo XX, Alicante, Spain
Museo Carrillo Gil, México
Museo de Villafamés, Spain
San Antonio Museum of Art, Texas

S A N C H E Z

I came to the United States around 1931, during the Machado dictatorship, when the situation in Cuba was already very bad. I was educated here; my father insisted I had to learn the basics first, before I could take up painting. I went to college, and finally, in 1944, started at the Arts Students League, in New York. At that time there was absolutely nothing of Latin American art in that institution, although every important Latin American artist had been through there at some time. Many of today's well known American painters were studying there, too. I had my own style, and found it somewhat difficult to be accepted in the art circles. I have always had my studio in New York, where years ago it was possible to rent an apartment for twelve dollars a month. My first New York exhibit in 1949 was well received. I have always remained here because I don't like to paint anywhere else. I paint mostly from memory, from images of Cuba that deal with the idea of light and of shadows, and also on the theme of architecture. It's been said that the houses in my paintings have an air of surrealism. The shutters I often paint allow me to play not only with color, but also with the shadows of figures; the same goes for the balaustrades. Of all the Cuban painters I have known, Amelia Peláez impressed me most; she was a charming woman, always inviting everyone to her home. The last time I was in Cuba was in 1960; the ambiance was still delightful. The landscape, the streets, the people, life itself, were absolutely matchless. Cuba had an optical character; it was a land of poets.

Vine a Estados Unidos durante el machadato, por el año 1931, cuando ya la cosa andaba muy mal. Me eduqué aquí. Mi padre decía que primero debía fundamentar una educación y luego aprender a pintar. Asistí a la universidad, y después ingresé en el *Arts Students League*, aquí en New York, en 1944. En aquella época no había nada de pintura latinoamericana en esa institución, pese a que por allí pasaron muchos artistas latinos importantes. Varios de los pintores americanos famosos hoy día estaban en el *League* en aquella época. Yo pintaba a mi manera, y me resultaba un poco difícil moverme en los círculos artísticos. Desde que empecé tuve un estudio en New York, donde entonces se podían alquilar apartamentos por 12 dólares mensuales; siempre he radicado aquí porque no me gusta pintar en ningún otro lugar. Mi primera exposición en New York fue en 1949 y tuvo un recibimiento magnífico. Pinto mucho de memoria, sobre las imágenes de Cuba que son más bien la idea de la luz, de la sombra, y sobre la arquitectura, como las casas de mis cuadros, que algunos dicen tienen cierto aire de surrealismo. La persiana que se ve tanto en mi pintura es interesante porque permite jugar con el color y la sombra. Lo mismo ocurre con los barandales. De todos los pintores cubanos Amelia Peláez fue la que más me impresionó; era muy simpática e invitaba a todo el mundo a su casa. Fui a Cuba por última vez en 1960. El ambiente aún era delicioso, el paisaje y la vida, las personas, las calles, todo era absolutamente incomparable. Cuba tenía un carácter óptico; era un país de poetas.

Persianas / Shutters, 1986
Oil on canvas/Óleo sobre tela, 36 x 72 inches (91.4 x 182.9 cm)
Collection of Marta Gutiérrez Fine Arts, Miami, Florida

Hotel Miramar, 1982
Watercolor/Acuarela, 25 x 40 inches (63.5 x 101.6 cm)

Ventanitas / Little Windows, 1974
Charcoal drawing/Dibujo al carboncillo, 20 x 30 inches (50.8 x 76.2 cm)

Ventanita verde / Little Green Window, 1968
Lithograph/Litografía

Untitled / Sin título, 1960
Drawing/Dibujo, 18 x 30 inches (45.7 x 76.2 cm)

Port Antonio Jamaica, 1951
Watercolor/Acuarela, 15 x 11 inches (38 x 27.9 cm)

EMILIO SANCHEZ

Born/Nacido en	Camagüey, 1921
Leaves Cuba/Sale de Cuba	Via Miami, Florida, 1960
Resides/Reside en	New York City

Studies / Estudios
1944 B.A., Yale University, New Haven, Connecticut
1944 Art Students League, New York

Awards / Honores
1973 First Prize, I Bienal del Grabado Latinoamericano.
     Instituto de Cultura Puertorriqueña, San Juan
1970 David Kaplan Purchase Award, New Jersey State
     Color Print Annual
1969 Eyre Medal, Pennsylvania Academy of Fine Arts

Solo Shows / Exposiciones personales
1986 Museo de Arte de Ponce, Puerto Rico
1985 ACA Galleries, New York
     Fort Lauderdale Museum of Art, Florida
1982 Museo La Tertulia, Cali, Colombia
1981 Associated American Artists, New York
1978 Williams College Museum of Art, Williamstown,
     Massachusetts

Group Shows / Exposiciones colectivas
1988 The Bronx Museum of the Arts, New York
1985 Triennial, Grechen, Switzerland
1983 Cooper-Hewitt Museum, New York
     VI Bienal del Grabado Latinoamericano, Instituto
     de Cultura Puertorriqueña, San Juan,
1980 Center for Inter-American Relations Art Gallery,
     New York
1977 Museo de Arte Contemporáneo, Madrid
1969 Bienal, Cali, Colombia
1966 Metropolitan Museum of Art, New York

Collections / Colecciones
Brooklyn Museum, New York
Cincinnati Museum, Ohio
Delaware Art Museum, Wilmington
Metropolitan Museum of Art, New York
Museo de Arte Moderno, Bogotá, Colombia
Museo de Bellas Artes, Caracas, Venezuela
Museo Nacional, La Habana
Museum of Modern Art, New York
Philadelphia Museum of Art, Pennsylvania
Smithsonian Institution, Washington, DC
Walker Art Center, Minneapolis, Minnesota

My father was an amateur artist; as a child, I used to sit next to him and paint. I enjoyed the smell of oil paint, and I think I became a painter through the sense of smell. He did not want me to be an artist, for he believed that artists were doomed to failure. I owe the start of my career to Victor Manuel. It was he who asked father to let me study at San Alejandro. The answer was no; father wanted me to concentrate on violin lessons. I registered at San Alejandro on my own; Victor, my mother and I kept my studies a secret for two years. After graduation, Victor continued to help me; he would sell my paintings and then bring me five pesos cash, and the rest in flowers, or a chicken, or lottery tickets. He was a great influence during those early years. I joined Group of the Eleven (Grupo de los Once) with other new artists who began to gravitate around the original members. The erotic aspects in the work of Carlos Enríquez and Wifredo Lam also influenced me. Eroticism is so much a part of nature in the tropics. It has always been my concern to maintain purity in forms; I look for white spaces intentionally, which is why I use wood and canvas so often. This helped me a lot in New York, where it is more difficult to work with marble. New York, and Canada before it, were an awful cultural shock, so much so that in 1970, I decided to settle in Puerto Rico. Here I have felt welcomed by the Puerto Rican artistic community, especially the abstractionists, and the Women Artists Group of Puerto Rico. Also, I am surrounded by other Cuban artists, especially Cundo Bermúdez who has been an inspiration and a friend. I also keep a studio in Spain. Both countries help to calm the anxieties of being an exile; in them I have found part of our roots.

Mi padre era aficionado a la pintura; de niña pintaba a su lado. Me encantaba el olor del óleo; creo que fui pintora por el olfato. El no quería que yo fuera artista, porque creía que el artista era un ser fracasado. Pude dedicarme al arte gracias a Víctor Manuel. El fue quien le pidió a papá que me dejara estudiar en San Alejandro. Pero papá se negaba porque quería que yo siguiera con el violín. Me inscribí en San Alejandro por mi cuenta; Víctor Manuel, mi madre y yo mantuvimos mis estudios en secreto durante dos años. Después que me gradué, Víctor siempre me ayudó; me vendía cuadros y entonces me traía cinco pesos y un ramo de flores, o un pollo, o dos billetes de la lotería. Víctor Manuel fue una gran influencia durante mis primeros años. Pertenecí al Grupo de los Once, cuando nuevos artistas se unieron al grupo original. También me influyó lo erótico en la obra de Carlos Enríquez y Wifredo Lam, y el erotismo que permea el trópico y su naturaleza. Mi preocupación siempre ha sido mantener las formas puras; busco los espacios blancos intencionalmente. Trabajo en madera y tela, lo que me fue muy útil en New York, donde no es fácil trabajar con el mármol. Tanto New York como el Canadá fueron un choque cultural tremendo, tanto es así que en 1970 decidí radicarme en Puerto Rico. Los artistas puertorriqueños me han acogido abiertamente, especialmente los artistas abstractos, y el Grupo de Mujeres Artistas de Puerto Rico. Aquí también viven algunos artistas cubanos como Cundo Bermúdez, a quien debo inspiración y cariño. También mantengo un estudio en España. Ambos países calman un poco la ansiedad que una siente como exiliada; en ellos encuentro parte de nuestra raíz.

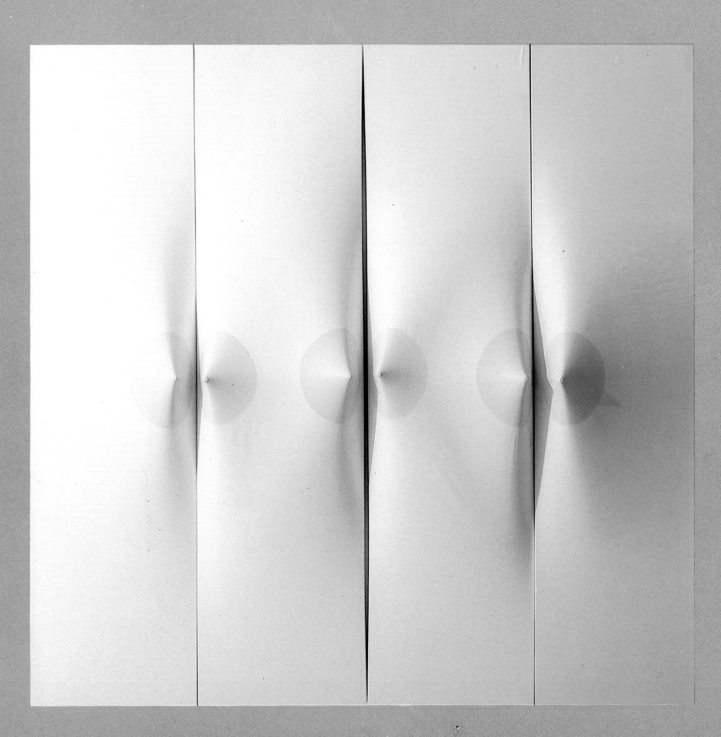

Topología erótica / Erotic Topology, 1980
Acrylic on molded canvas/Acrílico sobre tela moldeada,
69 x 72 x 13 inches (175 x 182 x 33 cm)
Collection of Museo de Ponce, Ponce, Puerto Rico

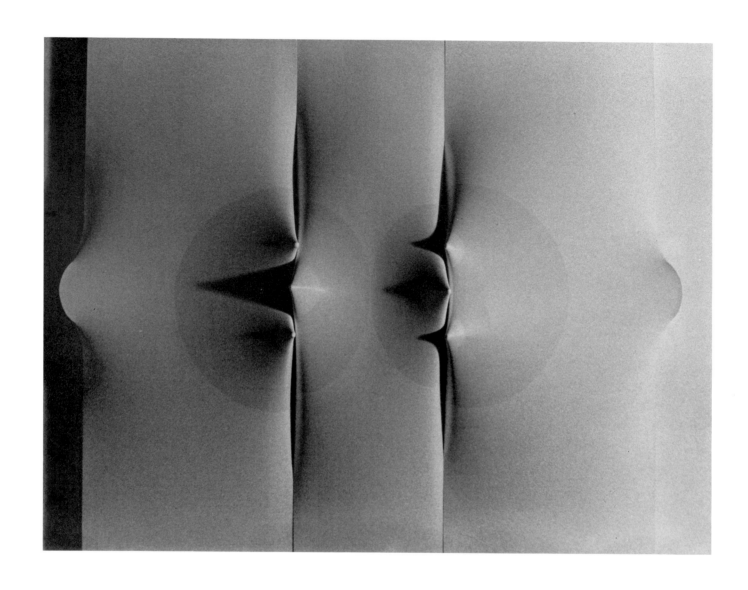

Topología erótica / Erotic Topology, 1980
Oil on canvas over wood/Oleo sobre tela sobre madera,
84 x 86 x 15 inches (213 x 218 x 38 cm)
Collection of the artist

Facing page/Página opuesta
Lunar, 1978
Acrylic on canvas/Acrílico sobre tela sobre madera,
16 x 20 x 10 inches (40.6 x 50.8 x 25.4 cm)
Collection of the artist

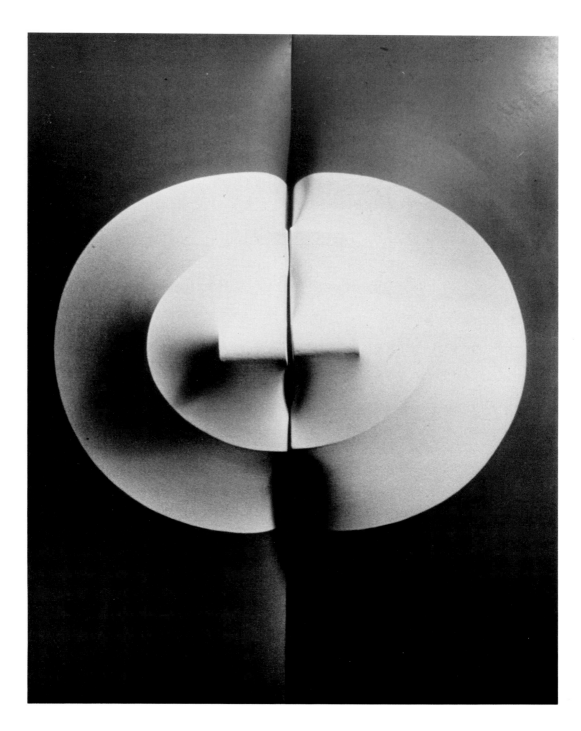

Topología erótica / Erotic Topology, 1970
Acrylic on canvas over wood/Acrílico sobre tela tensada sobre madera,
72 x 98 x 15 inches (183 x 249 x 17.5 cm)
Collection of Eleana Font, Puerto Rico

Mural, 1971
(Detail, middle panel/Detalle, panel central)
Cement/Cemento
Laguna Gardens, San Juan, Puerto Rico

ZILIA SANCHEZ

Born/Nacida en	La Habana, 1934
Leaves Cuba/Sale de Cuba	Via Miami, Florida 1960
Resides/Reside en	San Juan, Puerto Rico

Studies / Estudios
1968-1970 Pratt Institute, New York
1966-1968 Instituto Central de Conservación y
Restauración, Madrid
1957 Academia de Bellas Artes de San Alejandro, Cuba

Awards / Honores
1986 Excellence Award, Metro Art Gallery, New York
1981 First Prize, IV Bienal de Medellín, Colombia
1978 First Prize, IV Salon UNESCO, Puerto Rico
1968 and 1966 Cintas Foundation Fellowship
1959 Fellowship, Instituto de Cultura Hispánica, Madrid
1956 Second Prize in Painting, Salón Romañach, Cuba

Solo Shows / Exposiciones personales
1984 Intar Latin American Gallery, New York
1979 Galería de la Liga de Arte, San Juan, Puerto Rico
1971 Museo de la Universidad de Puerto Rico, Río Piedras
1970 Western Maryland College
Sarduy Gallery, New York
1967 Galería El Bosco, Madrid, Spain
Instituto Catalán de Cultura Hispánica, Barcelona
1965 Galería Sudamericana, New York
1964 Segri Gallery, New York
1956 Lyceum, La Habana

Group Shows / Exposiciones colectivas
1988 Luigi Marrozzini Gallery, San Juan, Puerto Rico
1986 "Mujeres Artistas de Puerto Rico", Museo de Bellas
Artes, Instituto de Cultura Puertorriqueña, San Juan
1984 Museum of Contemporary Hispanic Art, New York
1980 IV Bienal de Arte de Medellín, Colombia
1973 I Bienal del Grabado Latinoamericano, Puerto Rico
1959 V Bienal de Sao Paulo, Brazil
1957 "Pintores Cubanos", Musée d'Art Moderne, Paris

Collections / Colecciones
Corporación Bienal de Arte de Medellín, Colombia
Instituto de Cultura Hispánica, Puerto Rico
Instituto de Cultura Hispánica, Madrid
Metropolitan Museum and Art Center, Miami, Florida
Museo de Arte de Ponce, Puerto Rico
Southern Connecticut State College
Thomas Edward Benesch Memorial Collection

S O R I A N O

There was no reference to art in Sidra, except what could be found in library books; even this was quite basic. As a boy I used to paint with watercolors on slabs of marble. My father encouraged me, and there is great merit in that, because in those days, the logical thing was not to be an artist, but to study a profession that would provide a living. I began to study art when we moved to the city of Matanzas; there were several of us young students, hopeful to make it to San Alejandro in Havana. And we did. Upon graduation, the entire group returned to Matanzas, enthused with the idea of creating the first School of Fine Arts in the province. The dream came true between 1943 and 1944, with sponsorship of the provincial government. We worked without salary for three years, for pure love of the arts, and so that other young people could study without having to move to Havana. I was school director for thirteen years; although not many students graduated each year, we accomplished plenty. The revolution shattered the nineteen years of my life I gave to that school. I came into exile with my wife and daughter in 1962; my uprooting was such that for two years I couldn't paint. It was an exhibit organized by the Lowe Museum at the University of Miami that gave me new hope. It was encouraging that I, a Cuban exile who had just arrived, was given the chance to participate without need of anyone's influence. My work began to change; it was something spiritual that cannot be measured in material terms. I believe that art is a means through which the spiritual side of our being evolves. My work also reflects Cuba; perhaps my palette reflects my recollections of how the water changed colors six or seven times a day in the Bay of Matanzas. Exile for me is like a journey that hasn't ended.

En Sidra no había ninguna referencia de pintura, excepto en la biblioteca; pero todo muy simple. De muchacho pintaba sobre pedazos de mármol con acuarela. Mi padre me estimuló mucho, y eso tiene un gran mérito porque en aquella época lo lógico no era ser artista, sino estudiar una carrera que proporcionara un medio de vida. Empecé a estudiar arte cuando nos mudamos para la ciudad de Matanzas; éramos un grupo de jóvenes, todos con la ilusión de estudiar en La Habana, en San Alejandro. Lo logramos. Cuando nos graduamos regresamos a Matanzas; estábamos tocados por la ilusión de crear allí la primera escuela de bellas artes de provincia. Y lo hicimos, bajo el auspicio del gobierno provincial, entre 1943 y 1944. Todos trabajamos durante tres años sin sueldo, por amor al arte, y porque otros jóvenes tuviesen donde estudiar sin necesidad de salir de su pueblo. Fui director de la escuela durante trece años; a pesar de que se graduaban pocos alumnos, hicimos una labor. La revolución arrasó con diecinueve años de mi vida en esa escuela. Me exilé con mi esposa y mi hija en 1962; el desarraigo era tal que estuve como dos años sin pintar. Lo que me sacó del letargo fue una exposición que organizó el Museo Lowe de la Universidad de Miami. Fue un estímulo que yo, un exiliado cubano acabado de llegar, tuviese esa oportunidad sin necesidad de padrino. Mi pintura empezó a cambiar; fue algo espiritual que no se puede medir materialmente. Creo que el arte es un vehículo para que lo espiritual en nosotros evolucione. De alguna forma mi arte también refleja algo cubano; quizá mi paleta refleja la imagen viva que retengo de como el agua en la Bahía de Matanzas cambiaba de color seis y siete veces en el día. Para mí el exilio es un viaje que emprendimos, y en el que estamos todavía.

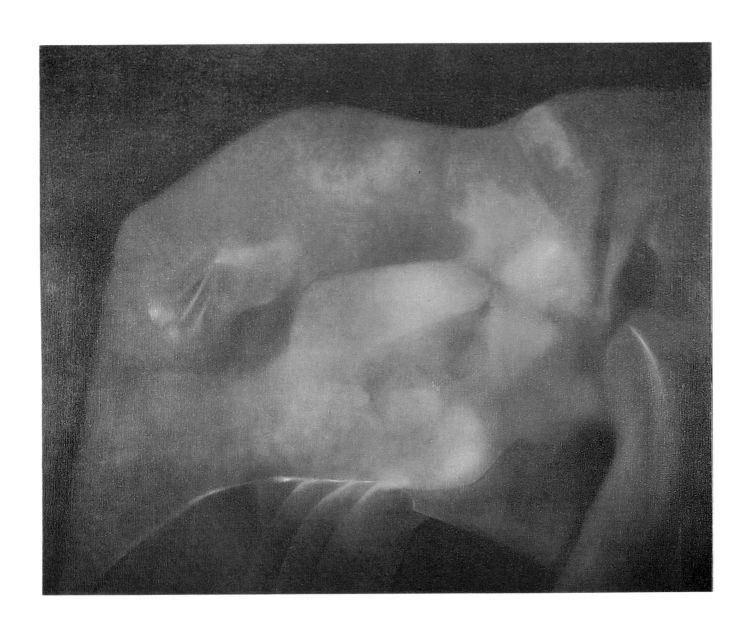

Surcos de luz / Furrows of Light, 1980
Oil on canvas/Oleo sobre tela, 50 x 60 inches (127 x 152.4 cm)
Collection of the Lowe Art Museum, University of Miami, Coral Gables, Florida
Gift of Mr. & Mrs. Francisco G. Mestre

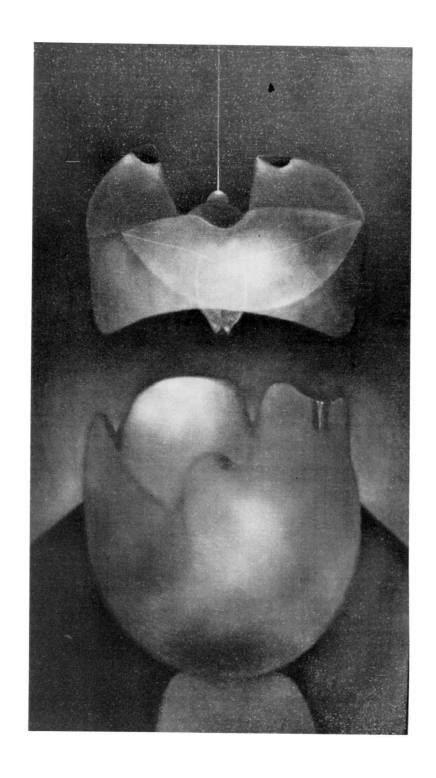

188

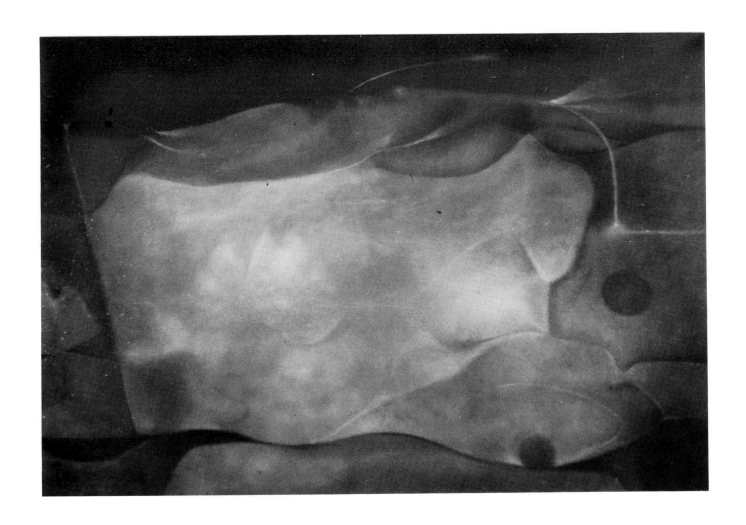

Paisaje errante / Errant Landscape, 1979
Oil on canvas/Oleo sobre tela,
33 x 47 inches (83.8 x 119.3 cm)
Private collection

Facing page/Página opuesta
Tentación / Temptation, 1982
Oil on canvas/Oleo sobre tela, 20 x 36 inches (50.8 x 91.4 cm)
Collection of Mr. Juan Espinosa

RAFAEL SORIANO

Born/Nacido en	Cidra, Matanzas, 1920
Leaves Cuba/Sale de Cuba	Via Miami, Florida, 1962
Resides/Reside en	Miami, Florida

Studies / Estudios
1942 Academia de Bellas Artes de San Alejandro, Cuba

Awards / Honores
1988 First Prize and Purchase Award, Coors National
Hispanic Art Exhibit & Tour

Solo Shows / Exposiciones personales
1983 Centre Cultural Editart, Geneva, Switzerland
1982 Schweyer-Galdo Galleries, Detroit, Michigan
1981 Museo de Arte Zea, Medellín, Colombia
1980 De Armas Gallery, Miami, Florida
1955 Museo Nacional, La Habana
1947 Lyceum, La Habana

Group Shows / Exposiciones colectivas
1988 "¡Mira!" Canadian Club Hispanic Art Tour III, Los
Angeles, Dallas, Miami, Chicago, New York
"Expresiones Hispánicas", Coors 1988
National Hispanic Art Exhibition and Tour,
San Antonio, Los Angeles, Denver, Miami
1987 "Latin American Drawing," The Art Institute of
Chicago, Illinois
Musée d'Art Tonneins, France
Center for the Fine Arts, Miami, Florida
National Archieves Gallery, Ottawa, Canada
1985 Centre Cultural Editart, Geneva, Switzerland
1983 Museo Cubano de Arte y Cultura, Miami, Florida
1981 IV Bienal de Arte, Medellín, Colombia
Museum of Modern Art of Latin America,
Organization of American States, (OEA),
Washington, DC
1977 Instituto de Cultura Hispánica, Madrid
1963 Lowe Art Museum, University of Miami, Coral
Gables, Florida
1958 Instituto Nacional de Bellas Artes, México

Collections / Colecciones
Archer M. Huntington Art Gallery, University of Texas,
Austin
Denver Art Museum, Colorado
Lowe Art Museum, Coral Gables, Florida
Museo de Arte Zea, Medellín, Colombia
Museo Nacional de Cuba, La Habana
Museum of Modern Art of Latin America, Washington DC

Tensión / Tension, 1964
Oil on canvas/Oleo sobre tela,
36 x 48 inches (91.4 x 121.9 cm)
Private collection

Facing page/Página opuesta
Cabeza de la Vidente / Head of a Seeress, 1972
Oil on canvas/Oleo sobre tela, 30 x 40 inches (76.2 x 101.6 cm)
Collection of Mr. José Bared

THE FOURTH GENERATION

RAMON ALEJANDRO
LUIS CRUZ AZACETA
JUAN BOZA
HUMBERTO CALZADA
HUMBERTO CHAVEZ
JUAN GONZALEZ
JULIO LARRAZ
TONY MENDOZA
CESAR TRASOBARES

LA CUARTA GENERACION

As a child, I used to spend all my time drawing. Outside of ancient history, geography, mythology and the pagan world, nothing else interested me. I always lived in the same house in La Víbora; under it ran a subterranean river, and it was partly covered by a gigantic ceiba tree. That ceiba tree was honored by all the santeros of the neighborhood. It was a very magical place. After the initial enthusiasm for the revolution in 1960, the chaos and violence of the environment threw me into a panic; all I could think about was that I wanted to paint. I truly believe I was protected by the gods because along with a book on historical materialism, Orwell's *Animal Farm* fell into my hands. I sensed what was going to happen in Cuba and I decided to leave for Buenos Aires by myself. From there I went to Montevideo, then Brazil, and finally to Europe. My brother Carlos (who has since passed away) would send me fifty dollars every so often, and with that I would do wonders in Paris. At twenty-three I was earning a living by selling my prints. I was always attracted to surrealism, in spite of my opinion that beyond it lay something more profound and magical; through this searching, I became interested in religious art. When I first started painting, what emerged were violent devices, suggestive of torture. My landscapes came years later; I had to search farther back to find what I wanted: Herculean landscapes in which to place my dreamworld constructions. When I visited Puerto Rico a few years ago, I had the likes of an archeological experience. I felt I was in Cuba at times. I had always felt a nostalgia for the climate and the vegetation. I don't want to return to Cuba; in Puerto Rico, I realized that I couldn't turn back.

De muchacho me pasaba la vida dibujando; fuera de la historia antigua, la geografía, la mitología y el mundo pagano, nada me interesaba. Desde que nací viví en la misma casa de La Víbora; por debajo pasaba un río subterráneo, y una ceiba gigantesca la cubría en parte. Aquella ceiba era honrada por todos los santeros del barrio. Era un lugar muy mágico. Después del primer entusiasmo que hubo en el año sesenta con la revolución, me dio pánico el desorden, la violencia de la situación social del país; en lo único que pensaba era que quería pintar. Verdaderamente fui protegido por los dioses, porque en mis manos cayeron un libro sobre materialismo histórico, y *La Granja* de Orwell. Deduje lo que iba a pasar en Cuba, y decidí irme solo a Buenos Aires. De ahí a Montevideo, luego a Brasil, y finalmente a Europa. Mi hermano Carlos (ya fallecido) me enviaba cincuenta dólares a cada rato, y con eso hacía maravillas en París. A los veintitrés ya me ganaba la vida con el grabado. Siempre me atrajo el surrealismo, a pesar de que opinaba que existía la posibilidad de un arte fantástico más profundo; en esa búsqueda me interesé por el arte religioso. Cuando comencé a pintar lo que me salía eran unos aparatos como de tortura, violentos. El paisaje vino varios años después; tuve que buscar más atrás hasta encontrar lo que quería: paisajes hercúleos en donde situar mis construcciones oníricas. Cuando fui a Puerto Rico hace unos años sentí como una experiencia arqueológica; me pareció que estaba en Cuba, y a veces no. Siempre me quedó la nostalgia del clima y la vegetación. No quiero volver a Cuba; en Puerto Rico me di cuenta que no podía volver atrás.

Untitled / Sin título, 1980
Crayon on paper/Creyón sobre papel, 51 x 38 1/2 (129 x 98 cm)
Collection of Ramón Osuna, Washington, DC

In Nemore Vicino, 1981
Ink on paper/Tinta sobre papel,
23 5/8 x 31 2/2 inches (60 x 80 cm)
Collection of the artist

Facing page/Página opuesta
Untitled / Sin título, 1983
Charcoal on paper/Carboncillo sobre papel,
27 x 15 inches (68 x 38 cm)
Collection of Guy Lefort

Camino de las ánimas / Path of the Souls, 1980
Ink on paper/Tinta sobre papel, 43 x 30 inches (109 x 76 cm) •
Collection of Philippe Blanchard

L'onirocrite / The interpreter of dreams / Intérprete de sueños, 1976
Crayon on paper/Creyón sobre papel, 59 x 39 inches (150 x 99 cm)
Collection of Ricardo Porro

RAMON ALEJANDRO

Born/Nacido en	La Habana, 1943
Leaves Cuba/Sale de Cuba	Via Buenos Aires, 1960
Resides/Reside en	Paris

Studies / Estudios
Self-taught/Autodidacta

1963-66 Printmaking with Friedlander in Paris
1963 Studied with Carlos Scliar, Río de Janeiro, Brazil
1961-62 Studied in Buenos Aires and Montevideo

Awards / Honores
1971 and 1969 Cintas Foundation Fellowship

Solo Shows / Exposiciones personales
1988 Galería Minotauro, Caracas, Venezuela
1988 1987 Galerie du Dragon, Paris
1981 Meeting Point Art Center, Miami, Florida
1980 1974 Galerie Arte, Geneva, Switzerland
1973 Galerie Jeanne Castel, Paris
1971 Galerie Desbrieres, Paris
1969 Galerie Maya, Brussels, Belgium
1968 Galerie Lambert, Paris

Group Shows / Exposiciones colectivas
1988 Triennial, Sofia, Bulgaria
      Centre d'Art, Mont-de-Massau
1987 Galería Minotauro, Caracas, Venezuela
1986 Galerie Municipale, Vitry, France
1977 Cuban Museum of Art and Culture, Miami, Florida
      Musée des Beaux Arts André Malraux,
      Le Havre, France
1976 Mostra Mercato d'Arte Contemporaneo, Bologna,
      Italy
1973 Galerie de l'Université, Paris
1972 1971 Salon de Mai, Paris
1971 1970, 1969, 1968 Salon Comparaisons, Musée
      d'Art Moderne, Paris
1968 Premiere Exposition d'Art Erotique, Musée de Lundt,
      Sweden and Musée d'Arhus, Denmark

Collections / Colecciones
Bibliothèque Municipale d'Angers, France
Bibliothèque Nationale, Paris
Centre Nationale d'Art Contemporain, Paris
Musée d'Art Moderne de la Ville de Paris
Musée des Beaux Arts de la Ville de Caen, France

199

The first years in exile I spent in New Jersey with relatives who had gotten me a job at a trophy factory. Working conditions were so bad that I tried to organize a union. I was fired in the midst of winter. I knew very little English then, and so for several weeks all I did was look for work in the morning, and in the evening, go to the movies. One day I asked myself, "What am I going to do with the rest of my life?" I decided to start painting. I shall never forget the first time I shopped for art materials, because while I was at the store, I heard the news of President Kennedy's assasination. It was November 22, 1963. In 1966, I registered at the School of Visual Arts in New York. Upon graduation I went to Spain where I discovered Goya, Velázquez, Bosch. Among those masters I found inspiration to paint the human condition. Back in New York, everybody would tell me that expressionism was outmoded, but I kept hearing an inner voice telling me to go ahead. One has to listen to one's own voice. Being an exile and not belonging are essential factors in my work. The symbolism of a man on wheels speaks of not being settled, of not being rooted, of always feeling a stranger. For many years I painted self-portraits where I appeared both as aggressor and victim. The violence characteristic of my work has to do with the urban conditions under which we are living, but also with those in Cuba. I believe that here, violence is psychological, while there, it is physical. My recollections of Cuba are filled with tragedies and fears, with superstitions and taboos. It also includes good and loving memories.

En los primeros años de exilio viví en New Jersey con unos familiares que me habían conseguido trabajo en una fábrica de trofeos. Las condiciones laborales eran tan malas que quise organizar un sindicato. Me botaron en pleno invierno. Yo sabía muy poco inglés; por varias semanas me dediqué a buscar trabajo por el día y en las noches me refugiaba en los cines. Un día me pregunté muy en serio qué iba a suceder con el resto de mi vida. Decidí empezar a pintar. Nunca olvidaré la primera vez que compré materiales de arte porque estando en la tienda dieron la noticia del asesinato de John Kennedy. Era el 22 de noviembre de 1963. En 1966, decidí matricular en la Escuela de Artes Visuales de New York. Cuando me gradué, fui a España; allí descubrí a Goya, a Velázquez, a Bosch. Entre esos maestros me inspiré a pintar la condición humana. De regreso a New York, todos me decían que el modo expresionista de mi pintura estaba pasado de moda, pero yo escuchaba una voz íntima que me decía que siguiera. Uno tiene que escuchar su propia voz. Hasta cierto punto el hecho de ser exiliado, de no pertenecer, es un factor esencial en mi obra. El simbolismo del hombre con ruedas habla de no estar fijo, de no echar raíces, de sentirse perennemente extranjero. Por muchos años pinté autorretratos donde me manifiesto lo mismo como agresor que como víctima. La violencia que ha caracterizado mi obra tiene que ver con el caos urbano en que vivimos, pero también con Cuba. Creo que la violencia que sentimos aquí es psicológica, mientras que la que se siente allá es física. Mi memoria de Cuba es de tragedias y miedos, de supersticiones y tabús; también es de buenos recuerdos y cariños.

The artist on / El artista en: Crosby Street, Soho, New York, 1987

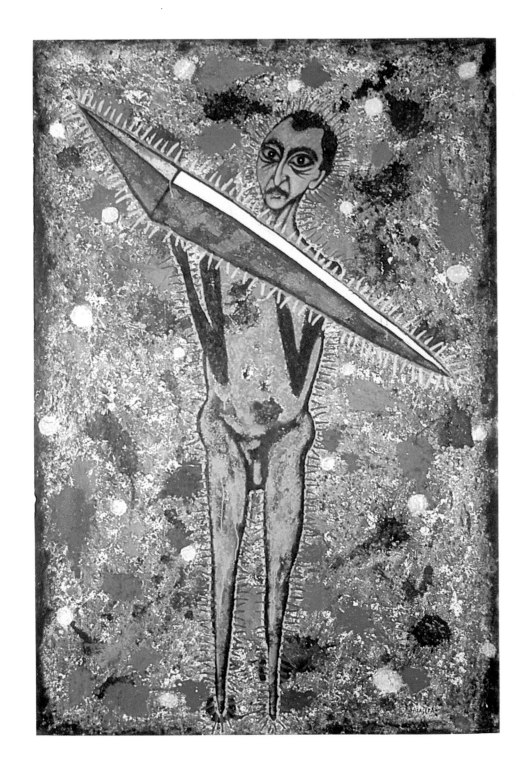

Self-Portrait with Magical Object II / Autorretrato con objeto mágico II, 1986
Acrylic on canvas/Acrílico sobre tela, 114 x 77 inches (289.5 x 195.5 cm)

201

No Exit / Sin salida, 1987-1988
Acrylic on canvas/Acrílico sobre tela, 121 x 228 inches (307.3 x 579 cm)
Collection of the artist

The Plague (AIDS) / La plaga (SIDA), 1987
Acrylic on canvas/Acrílico sobre tela, 120 x 124 inches (304.8 x 315 cm)
Collection of the artist

LUIS CRUZ AZACETA

Today I Toast for You, My Love / Hoy brindo por ti, mi amor, 1979
Acrylic on canvas/Acrílico sobre tela, 66 x 66 inches (167.6 x 167.6 cm)
Collection of the Richmond Museum of Fine Arts, Virginia

Facing page/Página opuesta
Opression / La opresión, 1984
Acrylic on canvas/Acrílico sobre tela, 60 x 66 inches (152.4 x 167.6 cm)
Collection of the Delaware Art Museum

Born/Nacido en	La Habana, 1942
Leaves Cuba/Sale de Cuba	Via New York, 1960
Resides/Reside en	Ridgewood, New York

Studies / Estudios
1969 B.F.A., School of Visual Arts, New York

Awards / Honores
1988 Mid Atlantic Arts Foundation Grant, Maryland
1985 Guggenheim Memorial Foundation Grant
    New York Foundation for the Arts, New York
1985 1980 National Endowment for the Arts Fellowship,
    Washington, DC
1981 Creative Artist Public Service Fellowship, New York
1975 and 1972 Cintas Foundation Fellowship

Solo Shows / Exposiciones personales
1988 Kunst-Station, Cologne, Germany
    Frumkin/Adams Gallery, New York
    Galerie Hilger, Vienna, Austria
1986 Museum of Contemporary Hispanic Art, New York
    Candy Store Gallery, Folsom, California
1985 Allan Frumkin Gallery, New York and Chicago
1982 Richard Nelson Gallery, University of California,
    Davis
1981 Union Gallery, Louisiana State University, Baton
    Rouge

Group Shows / Exposiciones colectivas
1988 Museum of Modern Art, New York
1987 "Hispanic Art in the U. S.," Houston Museum of Art
    Texas and Corcoran Gallery, Washington, DC
    "Art of the Fantastic: Latin America 1920-1987,"
    Indianapolis Museum of Art
1986 Rhode Island School of Design, Providence
    "¡Mira!" Canadian Club Hispanic Art Tour II
1984 "¡Mira!" Canadian Club Hispanic Art Tour I
1983 Contemporary Arts Center, New Orleans, Louisiana
1981 Chrysler Art Museum, Norfolk, Virginia
    IV Bienal de Arte de Medellín, Colombia

Collection / Colecciones
Delaware Art Museum, Delaware
Metropolitan Museum of Art, New York
Miami-Dade Community College, Florida
Museo del Barrio, New York
Museum of Modern Art, New York
Rhode Island School of Design, Providence
Virginia Museum of Fine Arts, Richmond

B O Z A

In 1959, I received a scholarship from the Mayor of Camagüey to study at San Alejandro, and I moved to Havana. Along with academic commitment, I continued painting at home and showed an influence of Lam. Due to political issues, I was expelled from San Alejandro, as well as from the National Art School in Cubanacán. However, in 1965 I was admitted to the Experimental Graphic Workshop in Havana, where I became a lithographer. In '67, I was awarded Casa de las Américas' first prize in lithography. In '68 I started working as a designer at the National Council of Culture. Those hard times preceded the Congress of Education and Culture in 1971, which led to official exclusion and censorship of many artists. I was fired, which not only deprived me of fulfillment as a human being, but as an artist made me an outcast. I never thought I would be able to leave Cuba. I had no relatives abroad, nor had I the means. My father was a shoemaker, my mother a housewife. I kept on painting, and earned a living restoring religious statues. Deep down I thought I was finished. My exodus via Mariel was an unbelievable journey; the ocean, the waves in the middle of the night, made the end seem near. New York was a tremendous shock; I was not happy with my work. I had to re-build Juan Boza from scratch, and find my own expression. I started developing an Afro-Cuban thematic. I had been surrounded by *santería* and carnival since the day I was born. I used to go to bed listening to the drums, and awaken in the morning to the same sound. I came to hate them with all my soul; I still preferred classical music. Outside of Cuba, I realized that Afro-Cuban tradition was part of my culture, of my ethos. At present, where art is concerned, there is no distinction between my faith and my aesthetics, not only because I am totally committed to my religion, but also because, having considered suicide in the midst of my despair while still in Cuba, I have come to regard my life as a miracle.

En 1959 recibí una beca para estudiar en San Alejandro, otorgada por el alcalde de Camagüey, y me mudé para La Habana. Yo tenía mi vida académica, pero en casa seguía pintando, influenciado por Lam. Por problemas políticos me expulsaron de allí, y de la Escuela Nacional de Arte en Cubanacán. En 1965 logré entrar en el Taller Experimental de Gráficas de La Habana, donde me hice litógrafo. En 1967 gané el premio Casa de las Américas en litografía. En el 68 entré a trabajar como diseñador en el Consejo Nacional de Cultura. Eran los tiempos difíciles que culminaron en el famoso Congreso de Educación y Cultura de 1971, a partir del cual se le cerraron las puertas a muchísimos artistas. A mí me quitaron todas las posibilidades como ser humano, y como artista me marginaron. Nunca pensé que podría salir de Cuba; no tenía ningún familiar afuera, ni teníamos medios. Mi padre era zapatero y mi madre ama de casa. Seguí pintando y me dediqué a retocar imágenes religiosas para poder comer, pero en el fondo pensaba que estaba liquidado. La salida por Mariel fue una hecatombe; aquel mar y aquellas olas en la noche parecían el fin del mundo. Nueva York también fue un impacto tremendo. En cuanto a mi obra, no estaba contento con lo que lograba. Tuve que reconstruir a Juan Boza, y buscar mi lenguaje propio. Así comencé a pintar la temática afrocubana. Yo nací metido en la santería, en los carnavales; me acostaba oyendo tambores, y cuando me despertaba por la mañana los oía también. Llegué a odiarlos con todas mis fuerzas; en aquel entonces prefería oír música clásica. Fuera de Cuba me di cuenta que lo afrocubano era parte de mi cultura, de mi idiosincrasia. Hoy por hoy no existe separación entre mi fe y la estética artística, no sólo porque estoy totalmente compenetrado con la religión, sino porque habiendo contemplado hasta el suicidio en medio de mi desesperación en Cuba, entiendo que haber salido de allí hace de mi vida un verdadero milagro.

The Legend of Sesé-Eribó / La leyenda de Sesé-Eribó, 1987
Mixed media installation/Instalación, técnica mixta,
40 sq. feet (3.6 m²)

La prenda (detalle) / **The Offering** (detail), 1984
Mixed media installation/Instalación, técnica mixta, 22 x 10 x 15 feet (6.70 x 3.10 x 4.60 m)

Facing page/Página opuesta
Yemayá oro inlé, 1986
Mixed media installation/Instalación, técnica mixta, 120 x 120 x 43 inches (3.04 x 3.04 x 109 m)
Collection of Arthur Worthen

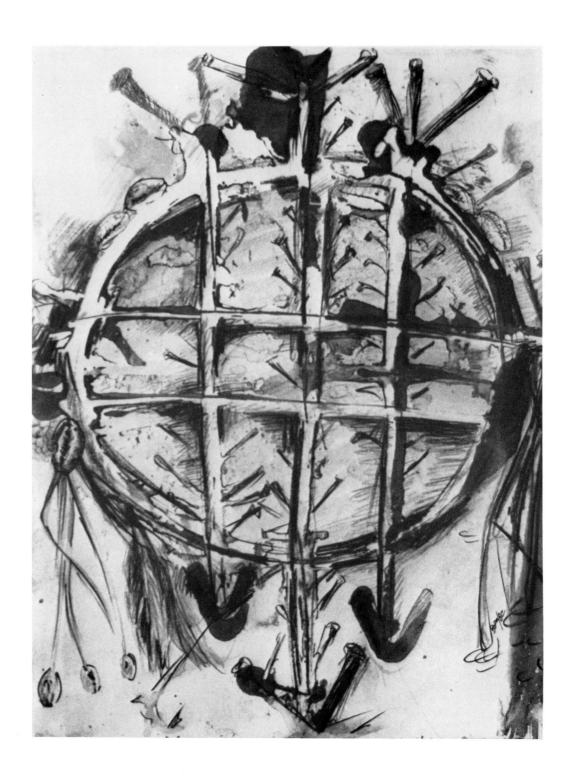

JUAN BOZA

Born/Nacido en	Camagüey, 1941
Leaves Cuba/Sale de Cuba	Via Mariel-Key West, 1980
Resides/Reside en	New York

Studies / Estudios
1962 Academia de Bellas Artes de San Alejandro, Cuba

Awards / Honores
1985 and 1983 Cintas Foundation Fellowship
1983 Award in Drawing, Joan Miró Foundation, Barcelona,
      Spain
1981 Jerome Foundation, New York
1967 Premio Casa de las Americas, La Habana
1966 Exhibición Nacional de Dibujo, La Habana

Solo Shows / Exposiciones personales
1986 1985 Caribbean Cultural Center, New York
1984 Museum of African Americans, Buffalo, New York
1983 Intar Latin American Gallery, New York
1967 Galería Nacional de La Habana

Group Shows / Exposiciones Colectivas
1988 Metro-Dade Cultural Center, Miami, Florida
      Aljira Center for Contemporary Art, Newark,
      New Jersey
1987 American Museum of Natural History, New York
      Fondo del Sol Galleries, Washington, DC
1986 John Jay College, New York
1985 Museum of Contemporary Hispanic Arts, New York
1984 Dillard University, New Orleans, Louisiana
1982 Intar Latin American Gallery, New York
1975 International Print Biennial, Tokyo, Japan
1967 Intergrafik, Berlin, Germany

Collections / Colecciones
British Broadcasting Corporation, London
Cintas Foundation, New York
Museo de la Universidad Nacional Autónoma, México
Museo Nacional, La Habana

Espacio transparente de un radar / Transparent Radar Space, 1975
Color lithograph/Litografía a color, 20 x 18 inches (51 x 45.7 cm)
Collection of Geoffrey Holder

Facing page/Página opuesta
Firma abacuá / Abacua Signature, 1982
Mixed media on paper/Técnica mixta sobre papel, 22 x 17 inches (55.8 x 43 cm)
Collection of the artist

Colonial architecture in Cuba, especially Trinidad's, had an enormous influence on me. As a child, no detail escaped me; I remember those stained-glass windows reflected on the wall, on the floor, or on the edge of a piece of furniture. I see the *vitral* as another symbol of our country. After dedicating several years to engineering, including house construction, a new world opened up for me when I accompanied a relative to the home of painter José Mijares. My relative was going to buy one of his works. I bought one as well. I had never been in an artist's home, nor had it ever occurred to me to buy a work of art. It was a world which had been totally alien to me. Two or three weeks later I was drawing little houses, not only building them. Slowly I began to put aside all activities except painting, and by 1976, I was painting full-time. If I had remained in Cuba, perhaps I would not have become an artist, or at least I wouldn't be painting anything Cuban. The cultural change has had an influence on me, the reality of living in cities that are so new that you cannot set down roots, or feel there is something to hold on to. Here we lack the sense of history that a cathedral built in the year 1500 can impart. I have not integrated myself into the American mode of expression, although I live in its midst, because my *leitmotiv* deals with our identity, with our sense of loneliness. We are gradually vanishing. It pains me to think that some day what is Cuban about us will disappear.

La arquitectura colonial de Cuba, especialmente la de Trinidad, tuvo una influencia enorme en mí. De niño no se me escapaba un detalle, y recuerdo aquellos vitrales reflejados en una pared, en un piso, o en una esquina de un mueble. Yo veo en el vitral otro símbolo de nuestro país. Después de varios años dedicado a la ingeniería, incluso a la construcción de casas, se me abrió un mundo nuevo cuando acompañé a un pariente a casa del pintor José Mijares. Mi pariente iba a comprarle una obra. Yo le compré una también. Nunca había estado en casa de un artista, ni se me había ocurrido jamás comprar un cuadro. Era un mundo que para mí no existía. A las dos o tres semanas estaba dibujando casitas, no sólo construyéndolas. Poco a poco empecé a darle de lado a toda actividad que no fuera la pintura, y ya para 1976 pintaba de lleno. Si me hubiera quedado en Cuba a lo mejor no hubiese sido pintor, o no pintaría nada cubano. El cambio cultural ha influido en mí, este vivir en ciudades tan nuevas que no hay dónde echar raíces, o de qué agarrarse, donde no se tiene el sentido de la historia que da una catedral construida en el año 1500. Yo no me he querido integrar al medio de expresión americano, aunque me muevo en él, porque mi temática trata de una identidad, de nuestra soledad de exiliados que va diluyéndose. Me duele pensar que algún día lo cubano no va a existir entre nosotros.

The Observatory / El Observatorio, 1986
Acrylic on canvas/Acrílico sobre tela, 60 1/8 x 45 1/8 inches (152.7 x 114.3 cm)
Collection of the Miami University Art Museum, Oxford, Ohio

214

A World Within #2 / Mundo interior #2, 1984
Acrylic on canvas/Acrílico sobre tela,
45 x 60 inches (114.3 x 152.4 cm)

Facing page/Página opuesta
The Rule of Law / El imperio de la ley, 1984
Acrylic on canvas/Acrílico sobre tela,
53 x 30 inches (134.6 x 76.2 cm)

215

216

La casa de enfrente / The House Across the Street, 1982
Acrylic on canvas/Acrílico sobre tela, 72 x 51 inches (182.9 x 129.5 cm)
Collection of the Museum of Modern Art of Latin America,
Organization of American States, (OEA), Washington, DC

Facing page/Página opuesta
The Harvest / La cosecha, 1981
Acrylic on canvas/Acrílico sobre tela, 45 x 60 inches (114.3 x 152.4 cm)

HUMBERTO CALZADA

Born/Nacido en	La Habana, 1944
Leaves Cuba/Sale de Cuba	Via Miami, Florida, 1960
Resides/Reside en	Miami, Florida

Studies / Estudios
1968 M.B.A., University of Miami, Coral Gables, Florida
1966 B.S., University of Miami, Coral Gables, Florida

Awards / Honores
1981 and 1979 Cintas Foundation Fellowship
1980 Painting Fellowship, Florida Fine Arts Council
   L'Hermitage Painting Award, WPBT-Channel 2,
   Miami, Florida
1978 Purchase Award, Museum of Modern Art of Latin
   America, Organization of American States, (OEA),
   Washington, DC

Solo Shows / Exposiciones personales
1987 Galleria Acquavella, Caracas, Venezuela
1985 1983 Galería 1.2.3., San Salvador, El Salvador
   Galería Etcétera, Panamá
1984 1982, 1978 Forma Gallery, Coral Gables, Florida
1984 Baumgartner Galleries, Washington, DC
1983 Galería Cobey, San Juan, Puerto Rico

Group Shows / Exposiciones colectivas
1988 "¡Mira!" Canadian Club Hispanic Art Tour III,
   Los Angeles, Dallas, Miami, Chicago, New York
   Contemporary Art Center, New Orleans,
   Louisiana
1986 Thomas Center Gallery, Gainesville, Florida
1985 Meridian House International, Washington, DC
1984 "The Miami Generation," Cuban Museum of Art
   and Culture, Miami, Florida
1983 VI Bienal del Grabado Latinoamericano, Instituto de
   Cultura Puertorriqueña, San Juan

Collections / Colecciones
Archer M. Huntington Art Gallery, Austin, Texas
Art Museum, Miami University, Oxford, Ohio
Lowe Art Museum, University of Miami, Coral Gables,
Florida
Jane Voorhees Zimmerli Art Museum, Rutgers University,
New Brunswick, New Jersey
Museo de Arte de Ponce, Puerto Rico
Museo Nacional de Bellas Artes, Santiago de Chile
Museum of Modern Art of Latin America, Organization of
American States, (OEA), Washington, DC
Norton Gallery and School of Art, West Palm Beach

In Cuba, history, architecture and religious art exerted almost an unconscious influence. When I left there at twenty, I already did pencil drawing, but suddenly my priorities changed: I had to adapt and find myself. The first time I came to New York on a visit, after living in Puerto Rico, I felt totally bombarded by its culture and art. I didn't wait long to move here and enroll at Parsons School of Design. In those days I wanted to design furniture. I would sneak away during recess from the interior design class to watch what they were doing in the graphic design sessions. I received my degree in this field in 1970. Almost all the trends of the day —kinetic art, pop art, the Russian constructivists— had an influence on my development. It wasn't until the mid 70's that I began to construct three-dimensional works, with plenty of color. In less than a year, the change was drastic: from the small scale to huge pieces and objects salvaged from everyday life. In this evolution, *The Window Remembers* is extremely important, because all my work since then has dealt with my past, my dreams, with remembrances of my childhood. The real window faced the garden of my home in La Víbora, where I lived from the time I was eleven until I was nineteen. I remember everything clearly. I can imagine the tremendous shock it would entail actually seeing that Cuban architecture and art again. I would like to go to Cuba, if only for that.

En Cuba, la historia, la arquitectura y el arte religioso eran una influencia casi insconsciente. Cuando salí de allí a los veinte años, ya hacía dibujos a lápiz, pero de pronto las prioridades se alteraron: tuve que adaptarme y buscarme a mí mismo. La primera vez que vine a Nueva York de visita, después de vivir en Puerto Rico, me sentí totalmente bombardeado por la cultura y el arte. No tardé mucho en trasladarme, ni en inscribirme en la Escuela Parsons de Diseño. En aquel entonces yo quería diseñar muebles. Me escapaba durante los recesos de diseño interior para mirar lo que se hacía en las clases de diseño gráfico; en este campo obtuve mi título en 1970. Casi todas las corrientes del momento —arte cinético, arte pop, los constructivistas rusos— influyeron en mi desarrollo. No fue hasta mediados de los setenta que comencé a construir obras tridimensionales, con mucho color. En menos de un año el cambio fue drástico, de una escala pequeña a piezas y objetos enormes sacados de la vida diaria. En esa evolución, *La ventana recuerda* es importantísima, ya que a partir de esa pieza todo mi arte tiene que ver con el pasado, con los sueños, con recuerdos de la niñez. La ventana verdadera daba al jardín de la casa en La Víbora donde viví desde los once hasta los diecinueve años. Me acuerdo claramente de todo. Imagino el shock tremendo que sería poder ver conscientemente aquel arte y aquella arquitectura cubana. Me gustaría ir a Cuba, tan sólo por eso.

The Window Remembers, Double Self-Portrait / La ventana recuerda, autorretrato doble,
1981. Mixed media/Técnica mixta, 86 1/2 x 51 x 13 1/2 inches (2.20 x 1.29 x 0.34 m)
Collection of the artist

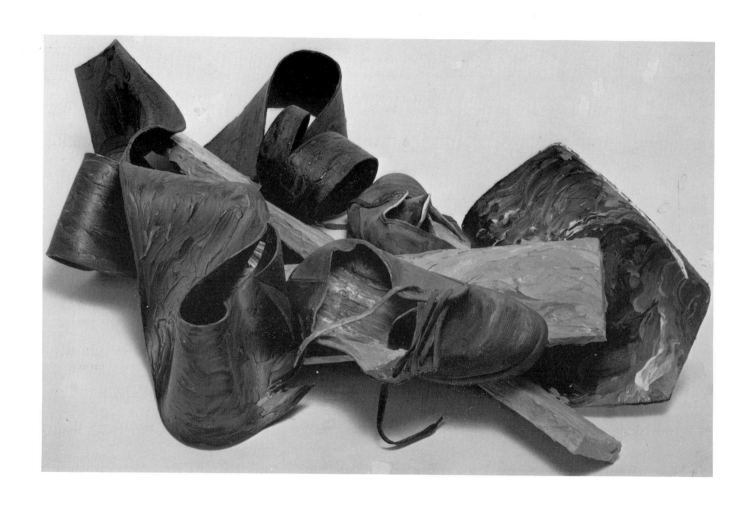

Shoescape / Zapaisaje, 1984
Mixed media/Técnica mixta, 30 x 20 x 10 inches (76.2 x 50.8 x 25 cm)
Collection of the artist

Facing page/Página opuesta
Room Over the Water / Habitación sobre el agua, 1983
Mixed media on wood/Técnica mixta sobre madera, 81 x 51 x 39 inches (2.06 x 1.29 x 0.99 m)
Collection of the artist

Cojimar /Bacuranao, 1983
Mixed media on wood/Técnica mixta sobre madera,
216 x 51 x 61 1/2 inches (5.49 x 1.29 x 1.56 m)
Collection of the artist

HUMBERTO CHAVEZ

Born/Nacido en	La Habana, 1937
Leaves Cuba/Sale de Cuba	Via Miami, Florida 1960
Resides/Reside en	Brooklyn, New York

Studies / Estudios
1970 Interior and Graphic Design Certificate, Parsons
School of Design, New York
1970 B.F.A., New School for Social Research, New York

Awards / Premios
1986 Bronx Council on the Arts, Longwood Arts Project
Scholarship Studio
New York State Council on the Arts Fellowhip
Cintas Foundation Fellowship
Pollock-Krasner Foundation, New York
1984 New York Foundation for the Arts, New York
1983 National Endowment for the Arts Fellowship,
Washington, DC

Solo Shows / Exposiciones personales
1983 Intar Latin American Gallery, New York
1981 Frank Marino Gallery, New York

Group Shows / Exposiciones colectivas
1987 "Two for One: Collaborative Art," Henry Street
Settlement, New York
Lehman College Gallery, New York
Arthur Roth Gallery, University of Pennsylvania
1985 Intar Latin American Gallery, New York
Bronx Museum of the Arts, New York
Islip Art Museum, New York
Kenneth Taylor Gallery, Nantucket,
Massachusetts
1984 Alternative Museum, New York
22 Wooster Gallery, New York
1982 1980 Owensboro Museum of Fine Art, Kentucky

Collections / Colecciones
Foster Securities, New York
Grisswold, Heckel & Kelly, Architects, New York
Islip Museum, Long Island, New York
Prudential Life Insurance Corporation

Untitled / Sin título, 1980
Pastel on paper/Pastel sobre papel, 33 x 26 inches (83.8 x 66 cm)
Collection of the artist

G O N Z A L E Z

Drawing for me was like trying to invent the wheel, in the sense that I did not have any tradition to back me up. My only exposure to art was in church: the painted statues one found there were more mysterious than reality. The Church became a refuge for me, and I became obsessed with the idea of being in a permanent state of grace. By the time I was sixteen I wanted secretly to be a priest, and I say secretly because I had no familial support for the idea. With the years art has replaced the Church for me, although ultimately I am very religious. I feel that the source of my work and of my imagery has been established by the drama in Catholic imagery. It's probably why I feel that I am working totally outside the American mainstream; why I feel a greater connection to the people and the realism of Spain. I love the aspects of Cuban culture that have to do with religion, although I am very torn by the contrast between the loyalties it bestows on the individual and the restrictive impositions it makes in return. The only place where I can see and feel God is in art. It's the only context in which I can see the manifestation of something spiritual, of something greater than itself.

Dibujar para mí fue como tratar de inventar la rueda, ya que no tenía tradición alguna que me respaldara. Mi único contacto con el arte fue en la iglesia: las estatuas pintadas que uno encontraba allí, eran más misteriosas que la realidad misma. La Iglesia se convirtió para mí en un refugio, y vivía obsesionado con la idea de estar en un estado de gracia permanente. A los dieciseis años deseaba en secreto ser sacerdote; la idea no tuvo ningún apoyo familiar. Con el paso de los años el arte reemplazó a la Iglesia; en el fondo sigo siendo muy religioso. Siento que el origen de mi obra y de mis imágenes ha sido definido por el dramatismo de las imágenes católicas. Quizá esto explique por qué me siento totalmente fuera de la corriente artística norteamericana; y por qué siento un vínculo mayor con la gente y el realismo de España. Me fascinan los aspectos de la cultura cubana que tienen que ver con la religión, aunque me siento profundamente dividido por el contraste entre la lealtad que confiere a la integridad del individuo y las imposiciones coartantes que establece a cambio. Donde único puedo ver y sentir a Dios es en el arte. Es el único contexto en el que puedo ver la manifestación de algo espiritual, que trasciende la existencia.

Untitled / Sin título, 1981
Tempera, gold leaf and oil on masonite/Tempera, pan de oro y óleo sobre masonita, 6 x 7 inches (15.2 x 17.8 cm)
Collection of the Carnegie Museum of Art, Pittsburgh, Pennsylvania,
Museum purchase through funds contributed by the A.W. Mellon Acquisitions Endowment Fund

225

Songs for My Father / Cantos para mi padre, 1980
Watercolor on conte paper on acrylic gesso board/ Acuarela
en papel, sobre plancha de yeso acrílico
22 x 42 1/2 inches (55.8 x 107.9 cm)

Facing page/Página opuesta
Terese en verde / Terese in green, 1985
Watercolor and graphite/Acuarela y grafito,
54 1/2 x 31 1/4 inches (138.4 x 79.3 cm)

Hot White Tennessee Williams, 1973
Color pencil on paper/Lápiz de color sobre papel,
16 1/4 x 28 1/2 inches (41.2 x 72.3 cm)

Facing page/Página opuesta
Roma / Rome, 1985
Pastel on paper/Pastel sobre papel, 43 3/4 x 22 3/4 inches (111.1 x 57.7 cm)

ROMA

JUAN GONZALEZ

Born/Nacido en	Camagüey, 1945
Leaves Cuba/Sale de Cuba	Via Miami, Florida, 1961
Resides/Reside en	New York

Studies / Estudios
1972 M.F.A., University of Miami, Coral Gables, Florida

Awards / Honores
1985 and 1980 National Endowment for the Arts Fellowship
1977 Creative Arts Public Service Fellowship, New York
1974 and 1972 Cintas Foundation Fellowship
1971 and 1970 Klenkenberg Award, Lowe Art Museum,
    University of Miami, Coral Gables, Florida

Solo Shows / Exposiciones personales
1988 Cleveland Center for Contemporary Art, Ohio
1988 1985, 1978, 1975, 1972 Nancy Hoffman Gallery,
    New York
1981 Center for Inter-American Relations, New York
1980 Frances Wolfson Art Gallery, Miami-Dade
    Community College, Florida
1978 Tomasulo Gallery, Union College, Cranford,
    New Jersey

Group Shows / Exposiciones colectivas
1988 Pratt Manhattan Center, New York
1987 "Latin American Drawing," The Art Institute of
    Chicago, Illinois
    Danforth Museum of Art, Framingham,
    Massachusetts
1986 Smithsonian Institution, Washington, DC
1985 Boise Art Gallery, Idaho
1984 Fisher Gallery, University of Southern California,
    Los Angeles
1983 Nancy Hoffman Gallery, New York
1980 Pratt Manhattan Center, New York
1981 Albany Museum of Art, New York
1978 1976 Center for Inter-American Relations,
    New York
1972 Whitney Museum of American Art, New York

Collection / Colecciones
Carnegie Institute, Pittsburgh, Pennsylvania
Glenn C. Janss Collections, Sun Valley, Idaho
Hirshhorn Museum and Sculpture Garden, Washington, DC
Indianapolis Museum of Art, Indianapolis, Indiana
Metropolitan Museum of Art, New York
University of Oklahoma at Norman
Vassar College Art Gallery, Poughkeepsie, New York

I must have been among the ten worst students in the world, because my only fundamental interests were drawing and painting. As a youngster, I used to draw on anything, on walls, on floors. What my family let me accomplish in art was from sheer exhaustion; I tried so hard, finally they had to leave me alone to do as I pleased. The first years of my life were spent in Old Havana, in a fantastic large house next to the cathedral. My father had a printing shop on the ground floor; we lived upstairs where, in addition, he had a vast library. I spent a long time in a boarding military school; it was almost a concentration camp, and I could only paint for brief and occasional periods of time, and surreptitiously. Art was not in accord with that regulated and antipedagogic life. I came to the United States looking for freedom, to be a painter. At first I devoted myself to the graphic arts, I did watercolors, portraits, caricatures, and commercial illustrations. My transition to painting was slow. By 1973, I was already exhibiting my work, and in 1976 I went to Spain, and travelled all over Europe observing nature. For me painting means color, the brush stroke; I paint people and things from memory. All I ever expected from life was to paint and sell some works. I have been fortunate to make a living from my art. A few years ago I finally became an American citizen; for almost twenty-five years I remained a political exile who hoped to return to Cuba. I have not lost that hope, yet.

Debo de haber estado entre los diez peores estudiantes del mundo, porque mi único interés era el dibujo, la pintura. Siempre dibujé en lo que fuera, en las paredes, en los pisos. Si logré que me dejaran pintar fue por cansancio; tanto di que al fin me dejaron en paz para hacer lo que yo quería. Los primeros años de mi vida los pasé en La Habana Vieja, en una casona fantástica al lado de la catedral. Mi padre operaba una imprenta en los bajos. Vivíamos en el segundo piso, donde además él tenía una biblioteca enorme. Estuve mucho tiempo internado en la escuela militar; era casi un campo de concentración y solamente podía pintar a ratos, y subterfugiamente. El arte no iba con aquella vida regulada y anti-pedagógica. Vine a Estados Unidos a liberarme, a ser pintor. Me dediqué primero a las artes gráficas, hacía muchas acuarelas, muchos retratos y caricaturas, y también ilustraciones comerciales. Mi transición a la pintura fue paulatina. En 1973 empecé a exhibir mi obra, y en 1976 me fui a España, y viajé por toda Europa observando solamente la naturaleza. Para mí la pintura es el color, la pincelada; pinto recuerdos de cosas y gentes que he visto. He tenido mucha suerte; yo esperaba solamente poder pintar y vender alguna obra, no vivir de mi arte. Me hice ciudadano americano hace pocos años; por casi veinticinco fui un exiliado político con la esperanza de regresar a Cuba. Todavía no la he perdido.

The Courtyard / El patio, 1983
Oil on canvas/Oleo sobre tela, 50 x 60 inches (127 x 152.4 cm)

Le President a Vie / President for Life / Presidente vitalicio, 1985
Oil on canvas/Oleo sobre tela, 49 1/2 x 58 1/2 inches (125.7 x 148.5 cm)
Private collection

Sincerely Yours / Sinceramente Tuyo, 1984
Oil on canvas/Oleo sobre tela, 47 1/2 x 82 inches (120.6 x 208.2 cm)
Private collection, New York

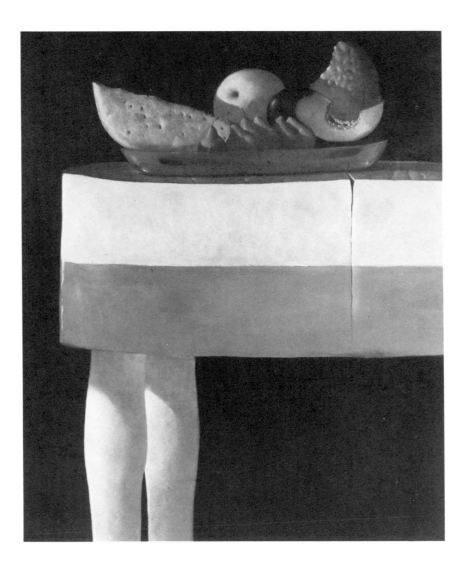

The Magic Eye / El ojo mágico, 1982
Oil on canvas/Oleo sobre tela, 72 x 60 inches (182.8 x 152.4 cm)

Facing page/Página opuesta
The Oracle / El oráculo, 1983
Oil on canvas/Oleo sobre tela, 50 x 60 inches (127 x 152.4 cm)
Private collection, Colorado

JULIO LARRAZ

Born/Nacido en	La Habana, 1944
Leaves Cuba/Sale de Cuba	Via Miami, Florida, 1961
Resides/Reside en	Grandview, New York

Studies / Education
1968-70 Attended informal workshops of Burt Silverman, David Levine, and Aaron Schickler in New York

Awards / Honores
1977 Purchase Award, ''The Childe Hassam Fund Purchase Exhibition,'' The American Academy of Arts and Letters, New York
1976 The American Academy of Arts and Letters, The National Institute of Arts and Letters, New York
1975 Cintas Foundation Fellowship

Solo Shows / Exposiciones personales
1988 1984 Nohra Haime Gallery, New York
1987 Museo de Monterrey, México
Galerie Ravel, Austin, Texas
1986 Museo de Arte Moderno, Bogotá, Colombia
1985 Galería Il Gabbiano, Rome
1984 Galería Iriarte, Bogotá, Colombia
1983 Wichita Falls Museum and Art Center, Texas
1976 Westmoreland County Museum of Art, Greensburg, Pennsylvania

Group Shows / Exposiciones colectivas
1988 Kansas City Art Institute, Missouri
1987 Hooks/Epstein Gallery, Houston, Texas
Archer M. Huntington Art Gallery, Austin, Texas
1986 V Bienal de Artes Gráficas, Museo de Arte La Tertulia, Cali, Colombia
1985 ''¡Mira!'' Canadian Club Hispanic Art Tour II
1984 Galería Arteconsult, S.A., Panamá
1982 Galería Iriarte, Bogotá, Colombia
1981 V Bienal del Grabado Latinoamericano, Instituto de Cultura Puertorriqueña, San Juan, Puerto Rico

Collections / Colecciones
Archer M. Huntington Art Gallery, Austin, Texas
Cintas Foundation, New York
Miami-Dade Public Library, Florida
Museo de Arte Moderno, Bogotá, Colombia
Museo de Monterrey, México
Pennsylvania State University Museum, Philadelphia,
Vassar College of Art Gallery, Poughkeepsie, New York
Westmoreland Museum of Art, Greensburg, Pennsylvania

There were many traditions in my family; for instance, studing in the United States. My grandfather graduated from Yale in 1901, an accomplishment for a Cuban. After him, all the male members of the Mendoza family studied at Yale. By 1960 we already knew that everything would come to an end: the cattle ranch, the sugar mill, the house in Varadero beach. I spent that summer at the shore doing underwater fishing and partying, enjoying what I guessed would be my last one in Cuba. Basically, I was still my father's son. When I left Cuba I simply returned to my scholarship at Yale. From Yale I went to Cooper Union, New York, and from there to Harvard. I earned one degree after another: Law, Engineering, Architecture. While working as an architect, I became interested in photography. In 1973, I stopped practicing architecture, and I have been a photographer since. My work is patterned after something my mother used to do each month when a professional photographer came to our house to take family portraits. Mother had an album for each of her five children; mine was bulky, full of pictures and of stories she wrote weekly. She did this spontaneously; I do it deliberately. I only photograph those objects which are near to me, that are a part of my life. In 1983, while creating a series about pets and their owners, I began to incorporate true texts and stories into my work. I want to develop this style in a series about average Cuban folks, for these are the Cubans I really care about. My life has come a full circle. For a long time I was the epitomy of assimilation; I even lived in a commune for nine years. Now I am becoming interested in things Cuban: the climate, the tropics, the simple people. Among Cubans I feel like an anthropologist; I get the impression that for many the clock stopped in 1959.

En mi familia habían muchas tradiciones; por ejemplo, estudiar en los Estados Unidos. Mi abuelo se graduó de Yale en 1901 siendo cubano, así que el empezó la cosa. Todos los varones en la familia Mendoza estudiaron en Yale. En 1960 sabíamos ya que todo se iba a acabar: el ganado, el ingenio, la casa en Varadero. Ese verano lo pasé en la playa, disfrutando lo que yo sabía era mi último verano en Cuba, haciendo pesca submarina y de fiesta en fiesta. Básicamente, yo era en aquel momento el hijo de papá. Cuando salí de allí estaba realmente regresando a mi beca en Yale. De Yale fui a Cooper Union en New York, y de ahí a Harvard, en Boston. Acumulé un montón de títulos: abogacía, ingeniería, arquitectura. Ejerciendo la carrera de arquitecto me interesé por la fotografía. En 1973 dejé la práctica y desde entonces soy fotógrafo. Mi obra tiene que ver con algo que hacía mi madre. A mi casa traían un fotógrafo profesional una vez al mes. Mi madre tenía un album para cada uno de sus cinco hijos; el mío era grueso, lleno de retratos y cuentos que ella escribía casi todas las semanas. En ella era espontáneo; yo lo hago deliberadamente. Yo sólo retrato las cosas que están alrededor mío, que son parte de mi vida. En 1983, creando una serie sobre animales y sus dueños, empecé a incorporar textos verídicos y cuentos en mi obra. Quiero desarrollar este estilo en una serie sobre el cubano humilde de la calle, porque ése es el único que me interesa. Mi vida ha dado una vuelta de ciento ochenta grados. Por mucho tiempo fui más norteamericano que nadie, hasta viví nueve años en una comuna. Ahora vuelvo a interesarme por algo que pudiera ser cubano, que es el clima, el trópico, y la gente sencilla. Entre los cubanos me siento un poco antropólogo; me da la impresión de que para muchos el reloj se paró en 1959.

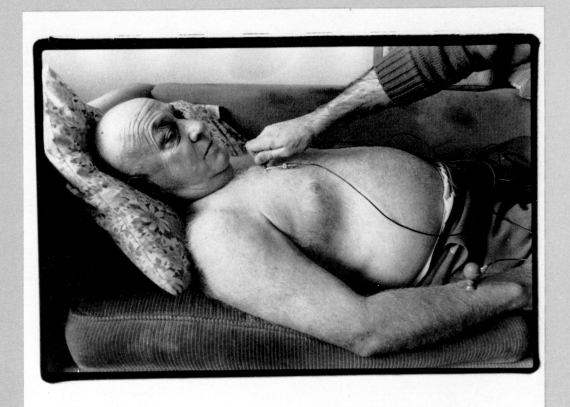

My father has overeaten, overdrunk, and oversmoked for over 50 years.
Whenever my mother warns him, "Miguel, you've had enough to drink!"
he replies, "Conchita, you want to live forever?"

My Father / Mi padre, 1985
Silver print/Fotografía (emulsión de plata) 16 x 20 inches (40.6 x 50.8 cm)

My sister Margarita's debut party was held in an elegant stage
set in the courtyard of the Havan Yacht Club. I remember
hanging out by the bar and talking with friends about Fidel
Castro. Politicians were crooks, we all agreed, and if Fidel
ever toppled Batista, he would turn out like all the rest.
Three years later, 99% of the membership of the Havana Yacht
Club, including my family, found themselves living in Miami in
drastically reduced circumstances.

Margarita's Debut Party / La fiesta de debutantes de Margarita, 1985
Silver print/Fotografía (emulsión de plata),
16 x 20 inches (40.6 x 50.8 cm)

TONY MENDOZA

Born/Nacido en	La Habana, 1941
Leaves Cuba/Sale de Cuba	Via Miami, Florida, 1960
Resides/Reside en	Ohio

Studies / Estudios
1968 M.A. Architecture, Harvard Graduate School of
Design, Massachusetts
1963 B.S. Engineering, Yale University, Connecticut

Awards / Honores
1986 and 1981 National Endowment for the Arts
Fellowship, Washington, DC
1985 Guggenheim Foundation Fellowship, New York
New York Foundation for the Arts Fellowship
Creative Artists Public Service, New York

Solo Shows / Exposiciones personales
1985 Virginia Miller Gallery, Coral Gables, Florida
1984 International Center for Photography, New York
1983 Catskill Center for Photography, Woodstock, NY
Soho Photo Gallery, New York
1980 Arco Center for Visual Art, Los Angeles, California

Group Shows / Exposiciones colectivas
1988 "¡Mira!" Canadian Club Hispanic Art Tour III
1987 The New Museum, New York
1986 New York State Museum, Albany
The Photographers' Gallery, London, England
1985 Museum of Modern Art, New York
Los Angeles Center for Photographic Arts, California
1982 Columbia College Gallery, Chicago, Illinois
1981 Jacksonville Art Museum, Florida

Collections / Colecciones
Addison Gallery of American Art, Andover, Massachusetts
Fogg Museum, Harvard University, Massachusetts
Metropolitan Museum of Art, New York
Museum of Fine Arts, Boston, Massachusetts
Museum of Modern Art, New York

Above/Arriba
Ernie, 1982
Photograph/Fotografía, 8 x 10 inches (20.3 x 25 cm)

Center/Centro
Ernie Series, 1982
Photograph/Fotografía, 8 x 10 inches (20.3 x 25 cm)

Below/Abajo
Leela Series, 1982
Photograph/Fotografía, 8 x 10 inches (20.3 x 25 cm)

My aesthetic interests are an extension of my childhood. I remember my grandmother's concern with having furniture restored; I in charge of birthday parties and the creche at Christmas; the time spent with my aunt Gloria, who was an artist. We stayed in Oriente province throughout the revolutionary struggle, but, within two years of Castro's ascent to power, things deteriorated. The government confiscated our house and other properties. My mother sold her jewelry to afford our expenses of leaving the country. We lost everything, except the joy of living. The first years in exile we had no money; we had no regrets, either. I started architecture in Miami to please my parents, but I could not take the rigid curriculum. I obtained my degree in art history; when I returned to Miami, I became concerned about Cuban culture. Our insistence on stereotypes annoyed me; I started to research Cuban "Sweet Fifteen" party rituals and the chaperone tradition. For me, there is a clear connection between the baptismal gown, the first communion dress, the fifteenth birthday gown, the wedding gown and the shroud over the coffin. Maybe our culture survives through these rituals, through a pretentious social climbing common among many Cubans. While preparing the retrospective exhibition of Cuban primitivist Enrique Riverón, I learned what the life of an exile artist is like. I also realized that the key to survival lies in reflecting the autochthonous elements of one's culture. The "Sweet Fifteen" rituals are genuinely Cuban. There is a little bit of magic, of superstition, of irreverence in us; a peculiar attitude for which I have no explanation.

Mi interés en toda la cosa estética es una continuación de mi niñez: mi abuela preocupándose de restaurar muebles; yo, encargado de las fiestas de cumpleaños y de construir los nacimientos en Navidad; los ratos pasados con mi tía Gloria, que era pintora. Estuvimos en el medio de la lucha revolucionaria en Oriente. En un período de dos años se deterioró la situación de mi familia; las casas y otras propiedades fueron intervenidas. Mamá vendió sus prendas para costear los trámites de salida. Mi familia lo perdió todo, menos la alegría. Durante los primeros años de exilio no había dinero, pero tampoco sufrimiento. Empecé a estudiar arquitectura en Miami para complacer a mis padres, pero no soporté la rigidez de ese currículo, y me especialicé en historia del arte. De regreso en Miami empezó a preocuparme la cosa cubana. Me molestaba que siempre insistiéramos en el estereotipo —la chancleta y el choteo— y empecé a documentarme sobre el ritual de los quinces y las chaperonas. Para mí hay una conexión entre la batona de bautismo, el vestido de primera comunión, el vestido de quinceañera, el traje de boda y el sudario sobre el ataud. A lo mejor en estos rituales sobrevive la cultura: en la aspiración social, en el figurado, tan preponderantes entre los cubanos. Cuando preparaba la retrospectiva del primitivista cubano Enrique Riverón aprendí que la clave de la supervivencia está en reflejar lo autóctono. La quinceañera es algo auténticamente cubano; somos un poco de magia, de superstición, de irreverencia, en fin, una actitud peculiar hacia la vida para lo que no tengo respuesta.

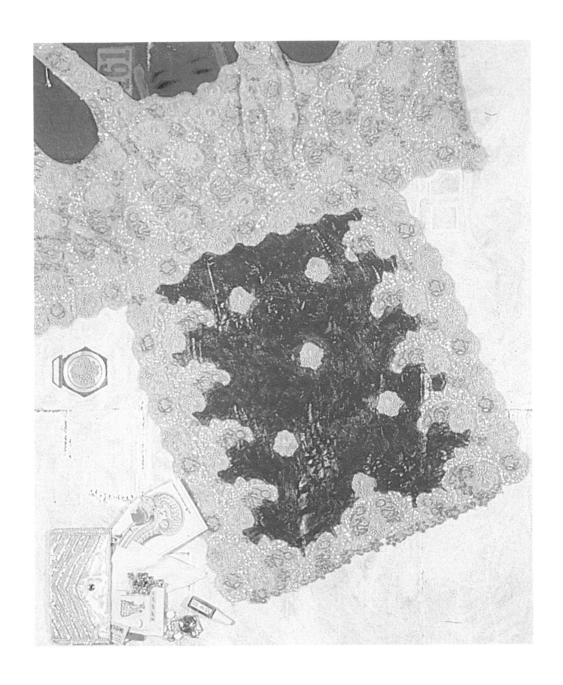

Santa Bárbara / Saint Barbara, 1978
Mixed media construction/Construcción de técnica mixta, 46 x 38 inches (116.8 x 96.5 cm)
Collection of the artist

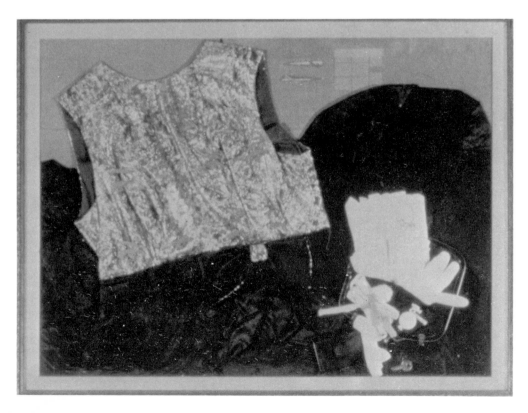

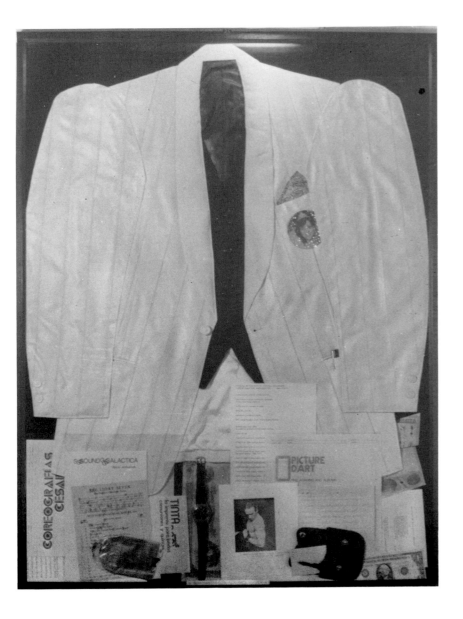

Quinceañera Club Kick Back Officer / El oficial de sobornos
del Quinceañera Club, 1978
Mixed media construction/Construcción, técnica mixta,
40 x 30 inches (101.6 x 76.2 cm)

Facing page, above/Página opuesta, arriba
Chaperone of the Planets / Chaperona de los planetas, 1978
Mixed media/Técnica mixta, 28 x 58 inches (71 x 147.3 cm)
Collection of the Metropolitan Museum of Art, Coral Gables, Florida

Below/Abajo
Chaperone of the Four Eyes / Chaperona de los cuatro ojos, 1978
Mixed media/Técnica mixta, 24 x 30 inches (61 x 76.2 cm)
Private collection, Miami, Florida

CESAR TRASOBARES

Born/Nacido en	Holguín, 1949
Leaves Cuba/Sale de Cuba	Via México, 1965
Resides/Reside en	Miami, Florida

Studies / Estudios
1974 M.A., Florida State University, Tallahassee
1972 B.A. Florida Atlantic University, Boca Raton

Awards / Honores
1980 Cintas Foundation Fellowship
1979 National Endowment for the Arts Fellowship,
Washington, DC

Solo Shows / Exposiciones personales
1984 Frances Wolfson Art Gallery, Miami-Dade
Community College, Florida
1980 The Gallery at 24, Miami, Florida
1979 South Miami Library Gallery, Florida
Cayman Gallery, New York
1978 Forma Gallery, Coral Gables, Florida

Group Shows / Exposiciones colectivas
1986 Southern Center for Contemporary Arts, Winston-
Salem, North Carolina
The Bass Museum of Art, Miami Beach, Florida
1983 Cuban Museum of Art and Culture, Miami, Florida
1982 Lehigh University Art Gallery, Bethlehem,
Pennsylvania
1980 Lowe Art Museum, University of Miami, Coral Gables,
Florida
University of South Florida Art Gallery, Tampa
1978 Museum of Modern Art of Latin America.
Organization of American States, (OEA),
Washington, DC

Collections / Colecciones
Lowe Art Museum, University of Miami, Coral Gables, Florida
Miami-Dade Public Library System, Florida
Metropolitan Museum and Art Center, Coral Gables,
Florida

243

THE FIFTH GENERATION

CARLOS ALFONZO
MARIO ALGAZE
MARIO BENCOMO
MARIA BRITO-AVELLANA
EMILIO FALERO
CARLOS GUTIERREZ-SOLANA
MIGUEL PADURA
PEDRO PEREZ
GILBERTO RUIZ
PAUL SIERRA
SUSANA SORI

LA QUINTA GENERACION

A L F O N Z O

In Cuba I was a well known artist. I had found a formula —swarms of little figurines and the integration of literary texts— through which I could deal with many themes without raising suspicion or criticism. Painters younger than I were told that I was something like the limit of what was allowed: to go beyond could cause problems with the cultural authorities. When I arrived in the United States it took me more than a year to start painting again. The arrival, the trip from the Port of Mariel, were a shock. My fundamental search has been in the structural form: how to paint an image, how to let the hand go. This has been my only preoccupation, since I have never had conceptual conflicts with my work. My interest as a painter is to create new symbols, rather than employ conventional imagery. My identification with religion is that of creator more than interpreter. The symbology is important: the tongue for me represents oppression; the cross —and I use many crosses in my work— has mystical connotations, it represents a spiritual balance, sacrifice; the tears are a symbol of exile. My paintings have to do with my exile, with my personal drama as I see it.

En Cuba yo era un artista reconocido. Había encontrado una formula —enjambres de figuritas y la integración de textos literarios— con la que podía tratar muchos temas sin levantar sospecha ni crítica. A los pintores más jóvenes se les decía que yo era el límite de lo permitido: ir más allá podría traer problemas con las autoridades culturales. Cuando llegué a Estados Unidos me tomó más de un año volver a pintar. Fue traumática la llegada, el viaje desde el Mariel. Mi búsqueda fundamental ha sido en la forma estructural: cómo pintar el cuadro, cómo soltar la mano. Esa ha sido mi única preocupación, ya que nunca he tenido conflictos conceptuales con mi obra. Mi interés como pintor es el de crear nuevos símbolos, no meramente emplear la iconografía establecida. Mi identificación con la religión es de creador más que de intérprete. La simbología es importante: la lengua para mí representa la opresión; la cruz —y yo uso muchas cruces en mi obra— tiene connotaciones místicas, representa el balance espiritual, el sacrificio; las lágrimas son símbolo de exilio. Mis cuadros tienen que ver con mi exilio, con mi drama individual tal y como yo lo entiendo.

Mad One Also Sleeps / El loco duerme también, 1986
Acrylic on canvas/Acrílico sobre tela, 86 x 86 inches (218.4 x 218.4 cm)

Petty Joy / Alegría menor, 1984
Acrylic on canvas/ Acrílico sobre tela,
72 x 96 inches (182.8 x 243.8 cm)
Collection of Mr. César Trasobares, Florida

CARLOS ALFONZO

Born/Nacido en	La Habana, 1950
Leaves Cuba/Sale de Cuba	Via Mariel-Key West, 1980
Resides/Reside en	Miami, Florida

Studies / Estudios
1974 Academia de Bellas Artes de San Alejandro, Cuba
Universidad de La Habana

Awards / Honores
1985 Mural Commission, Art in Public Places, Florida
Cintas Foundation Fellowship
1984 National Endowment for the Arts Fellowship,
Washington, DC

Solo Shows / Exposiciones personales
1985 Intar Latin American Gallery, New York
1984 Galería 8, Miami, Florida
1978 Museo Nacional, La Habana
1976 Galería Amelia Peláez, La Habana

Group Shows / Exposiciones colectivas
1988 "¡Mira!" Canadian Club Hispanic Art Tour III
1987 "Hispanic Art in the United States: Thirty
Contemporary Painters and Sculptors,"
Houston Museum of Art, Texas and Corcoran
Gallery, Washington, DC
1986 Museum of Contemporary Hispanic Art, New York
Gainesville Museum & Art Center, Florida
1985 Southeastern Center for Contemporary Art,
Winston-Salem, North Carolina
Frances Wolfson Gallery, Miami, Florida
1981 Joan Miró International Drawing Competition,
Barcelona, Spain
1981 Intar Latin American, Gallery, New York

Collections / Colecciones
Cintas Foundation, New York
Miami-Dade Public Library System, Florida
Museo Nacional, La Habana

Above/Arriba
Self-portrait with Ghost / Autorretrato con fantasma, 1984
Acrylic on canvas/Acrílico sobre tela,
72 x 96 inches (182.8 x 243.8 cm)

Below/Abajo
Mom / Mamá, 1984
Epoxy on vinyl/Epoxy sobre vinil, 54 x 58 inches
(137 x 147.3 cm)
Collection of the artist

When I was twelve years old, I wanted to be a baseball player. My cousin, Baruj Salinas, taught me how to play baseball. Between games he would go off to paint and I would follow him and do the same. Watching him paint had a great influence on me. At fifteeen, I was already in exile in Miami with my mother; I had to start working as a delivery boy —delivering five hundred newspapers a day. Those were rough times; I worked selling cars, unloading trucks, making deliveries for a pharmacy. It all changed the day I met David Lawrence, a genius in photography, the man who invented the optic computer and sold it to Kodak. I spent three years shooting pictures with him; he was undoubtedly a tremendous influence on me. The rest I learned in the dark room, and I have continued to evolve as the technology and the new equipment have become more sophisticated. I learned photography as art from Charles Hanson, a college professor in Miami. In 1976, I started to take pictures of the Latin world; but it's not until 1979 or 1980, while studying the history of photography on my own, that I understood the difference between run-of-the-mill photography and art. I think my influence is mainly Latin American, although I can't live without my Cuban culture.

A los doce años, yo quería ser pelotero. Mi primo Baruj Salinas me enseñó a jugar pelota. Entre juego y juego, él se retiraba a pintar, y yo me iba con él y hacía lo mismo. Verle pintando fue una gran influencia para mí. A los quince ya estaba exiliado en Miami con mi madre y tuve que empezar a trabajar repartiendo periódicos - quinientos periódicos a diario. Aquello fue duro; trabajé en muchas cosas: vendiendo automóviles, descargando camiones, haciendo repartos para una botica. Todo cambió el día que conocí a David Lawrence, un genio de la fotografía, el hombre que inventó la computadora óptica y se la vendió a la Kodak. Tres años estuve tomando fotografías con él; fue indiscutiblemente una influencia tremenda. El resto me lo enseñó el cuarto oscuro, y he evolucionado a medida que la técnica y los nuevos equipos se han sofisticado. La fotografía como arte me la enseñó un profesor universitario en Miami, Charles Hanson. A partir de 1976, comencé a fotografiar el mundo latino; pero no es hasta 1979 ó 1980, estudiando la historia de la fotografía por mi cuenta, que comprendí la diferencia entre fotografía común y corriente, y arte. Yo creo que mi influencia es más latinoamericana, aunque yo no puedo vivir sin lo cubano.

Casablanca, 1985
Photograph/Fotografía, 16 x 20 inches (41 x 51 cm)
Collection of Jane Voorhees Zimmerli Art Museum,
Rutgers, the State University of New Jersey, New Brunswick
Gift of J.D. Montgomery

Federico Luppi, 1984
Photograph/Fotografía, 11 x 14 inches (27.9 x 35.5 cm)

Carretas / Pushcarts, 1979
Photograph/Fotografía, 11 x 14 inches (28 x 35 cm)

Dancers / Bailarinas, 1972
Photograph/Fotografía, 11 x 14 inches (28 x 35 cm)

MARIO ALGAZE

Born/Nacido en	La Habana, 1947
Leaves Cuba/Sale de Cuba	Via Miami, Florida, 1960
Resides/Reside en	Coral Gables, Florida

Studies / Estudios
Miami-Dade Community College

Awards / Honores
1985 Florida Endowment for the Arts Fellowship
1980 Best-in-Show Award, Art Auction, WPBT-Channel
    2, Miami, Florida

Solo Shows / Exposiciones personales
1987 "Sur," Miami-Dade Community College, North
    Campus, Florida
1985 Intar Latin American Gallery, New York
1984 Lehigh University Art Galleries, Pennsylvania
1983 Miami-Dade Community College, Florida
    Barbara Gillman Gallery, Miami, Florida
1974 Bacardi Art Gallery, Miami, Florida

Group Shows / Exposiciones colectivas
1987 "Intentions and Techniques," Lehigh University,
    Galleries, Pennsylvania
    "Poetic Visions," Real Art Ways Space, Hartford,
    Connecticut
    "Contemporary Figurative American
    Photography," Center for the Fine Arts, Miami, Florida
1985 Southeastern Center for Contemporary Art,
    Winston-Salem, North Carolina
1984 Center for the Fine Arts, Miami, Florida
    Hortt Memorial, Fort Lauderdale, Florida
1983 The Light Factory, Charlotte, North Carolina
1978 Washington Project for the Arts, Washington, DC

Collections / Colecciones
American Express Latin America and Caribbean Division,
Coral Gables, Florida
Archer M. Huntington Art Gallery, University of Texas,
Austin
Cuban Museum of Art and Culture, Miami, Florida
Eastman Pharmaceuticals Division, Malvern, Pennsylvania
Jane Voorhees Zimmerli Art Museum, Rutgers University,
New Brunswick, New Jersey
Milwaukee Art Museum, Wisconsin
Museo Tamayo, México
Santa Barbara Museum of Art, California

B E N C O M O

I was born on July 26, 1953, the day of the Moncada Barracks offensive which launched the Cuban revolution. My maternal ancestors were Jewish; my father was from the Canary Islands. I was brought up a Catholic, although religion wasn't important for me at the time. At school we were taught about a god named Fidel; it was part of the indoctrination. My family never supported Batista or Castro. As I grew older, I realized that I didn't want to remain in Cuba. I still feel anxious about being able to travel, to come and go as I please; it stems from the terrible fear of being unable to leave Cuba. I have good memories of nature and its colors, especially from what I experienced at San Andrés Hill and at Cave of the Indian, in Pinar del Río. Our school took us there on a field trip as part of the revolution's education program. I hated the daily political meetings; but the place was simply fabulous. Nature informs my work; Rothko and Van Gogh also have been a transcending influence, because of the profound honesty and humanism in their work. I associate Cuba with aromas. Cuba is a secular myth, an image I invent as do most Cubans. I think that exile has made us more human, more aware. In that sense, we have been privileged.

Nací el 26 de julio de 1953, el mismo día del ataque al Cuartel Moncada que inicia la revolución cubana. Mi ascendencia materna es judía, canaria por parte de papá. Me criaron en el catolicismo, aunque la religión no tenía importancia para mí en aquel entonces. En la escuela nos daban un dios llamado Fidel; era parte del adoctrinamiento. En mi casa nunca apoyaron ni a Batista ni a Castro. Poco a poco fui dándome cuenta de que no quería quedarme en Cuba. El miedo ante las posibilidades de no poder salir de allá fue terrible; aun retengo una ansiedad de poder ir y venir, de viajar. La naturaleza y los colores de Cuba son un recuerdo muy agradable, especialmente la Loma de San Andrés y la Cueva del Indio, a donde nos llevaron a principio de la revolución como parte del programa de secundaria básica. A pesar de que odiaba los mítines políticos diarios, aquel lugar era de fábula. La naturaleza informa mi obra; también Rothko y Van Gogh han sido una influencia trascendente por la profunda honestidad y el humanismo de ambos. Yo asocio Cuba con los aromas. Cuba para mí es un mito secular, algo que yo invento al igual que hacen todos los cubanos. La experiencia de exilio nos ha humanizado porque nos ha hecho más conscientes.

Garden of Pythagoras / Jardín de Pitágoras, 1986
Triptych, acrylic on canvas/Tríptico, acrílico sobre tela,
96 x 96 x 96 inches (2.44 x 2.44 x 2.44 m)
Courtesy of Barbara Gillman Gallery,
Miami, Florida

Urgent Continuity / Continuidad urgente, 1988
Acrylic on canvas/Acrílico sobre tela, 60 x 102 inches (1.52 x 2.59 m)
Collection of the artist

Facing page, above/Página opuesta, arriba
Paris Inundated / París inundado, 1984
Acrylic on canvas/Acrílico sobre tela, 48 x 60 inches (1.22 x 1.52 m)
Cintas Foundation Collection, New York

Below/Abajo
Torquemada Series / Serie de Torquemada, 1982
Charcoal and acrylic on paper/Carboncillo y acrílico sobre papel,
15 x 20 inches (38 x 50.8 cm)

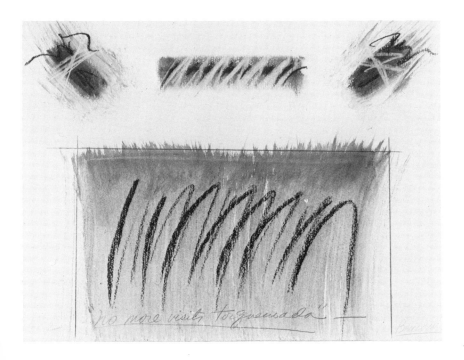

MARIO BENCOMO

Born/Nacido en	Pinar del Río, 1953
Leaves Cuba/Sale de Cuba	Via New York, 1968
Resides/Reside en	Miami, Florida

Studies / Estudios
1975 B.F.A., Miami-Dade Community College, North
     Campus, Florida

Awards / Honores
1987 Purchase Award, II All-Florida Biennial Exhibition,
     Polk Museum of Art
1984 Cintas Foundation Fellowship

Solo Shows / Exposiciones personales
1987 Barbara Gillman Gallery, Miami, Florida
1986 Intar Latin American Gallery, New York
1985 Artconsult International Gallery, Boston,
     Massachusetts
1984 1982 Forma Gallery, Coral Gables, Florida
1982 West-Dade Library Gallery, Miami, Florida
1981 Schweyer-Galdo Galleries, Birmingham, Michigan

Group Shows / Exposiciones colectivas
1988 "Latin American Artists of the Southeastern
     Coastal Region," New Orleans Contemporary
     Art Center, Louisiana
     "Mira!" Canadian Club Hispanic Art Tour III,
     Los Angeles, Dallas, Miami, Chicago, New York
1987 Museum of Contemporary Hispanic Art, New York
     Carroll Reece Museum, East Tennessee
     State University, Johnson City
1986 V Bienal Iberoamericana de Arte, México
1985 Southeastern Center for Contemporary Art,
     Winston-Salem, North Carolina
1981 Museum of Modern Art of Latin America,
     Organization of American States, (OEA),
     Washington, DC

Collections / Colecciones
Archer M. Huntington Art Gallery, University of Texas,
Austin
Cintas Foundation, New York
Detroit Institute of Art, Michigan
Museo de Arte Contemporáneo, Panamá
Museo de Arte de Ponce, Puerto Rico
Museum of Modern Art of Latin America, Washington, DC
Norton Gallery of Art, West Palm Beach, Florida
Noyes Museum, Oceanville, New Jersey
Polk Museum of Art, Lakeland, Florida

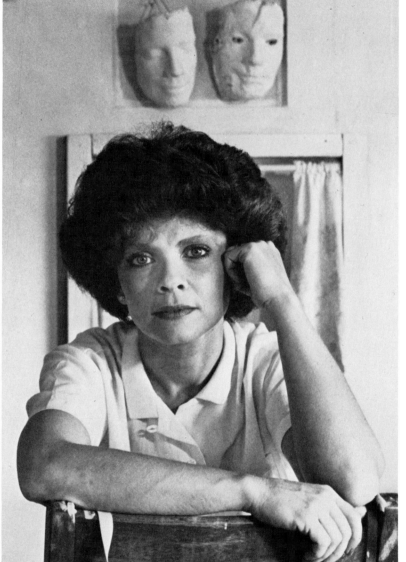

My father always insisted that I have a career, because he had witnessed my widowed grandmother working very hard as a seamstress to support her family. "Learn not to depend on anyone to survive," he would tell me. For that reason I took up teaching; I taught for several years, until my children were born. After the birth of the second I found that staying at home was unbeareable. I had always been at school studying, intellectually active, and I decided to take drawing lessons. It was love at first sight. I finally registered for a ceramics course; I am greatly indebted to a professor by the name of Bill Wyman, who took a personal interest in me, and encouraged me, insisting on my capacity to do more than I was doing. It was he who made me take art seriously. My first exhibit was my master's thesis, at the Lowe Museum of the University of Miami. I used the space assigned to me for an installation which depicted strange architectural imagery from dreams. Since then, I have worked very little with clay. My work reflects personal aspects, but I do not regard it as Cuban. Some pieces refer to religious elements in our culture, but they are more related to my grandmother's memory than to anything else. Her death affected my work for some time, and in some sculptures I use small prints of saints she kept in a shoe box. Cubans have many of those prints; Catholic ritual is one of the filters through which the Cuban character reaches us. As a person, I feel Cuban; as an artist, I am a sculptress wholly engaged in what I do, in my thoughts, in my feelings. If my work is influenced by the fact that I am a Cuban, it happens unconsciously.

Mi padre hizo mucho hincapié en que yo tuviera una carrera, porque mi abuela pasó mucho trabajo cosiendo después que enviudó, para mantener su familia. "Aprende a no depender de nadie para sobrevivir", me decía. Por eso estudié magisterio; ejercí la carrera por unos años, hasta que nacieron mis hijos. Después que nació el segundo, me desesperó el quedarme en casa; siempre había estado estudiando, activa intelectualmente, y decidí tomar unas clases de dibujo. Terminé estudiando cerámica: fue un amor a primera vista. Le debo mucho a un profesor llamado Bill Wyman, que se tomó un interés personal, y me alentó insistiendo en que yo podía dar mucho más de lo que daba. Fue él quien me obligó a tomar el arte seriamente. Mi primera exposición fue la tesis de maestría, en el Museo Lowe de la Universidad de Miami; ocupé todo el espacio que me asignaron con una instalación de piezas arquitectónicas, edificios raros basados en sueños. Desde entonces casi no he trabajado el barro. Mi obra refleja aspectos personales, pero no la considero cubana. Algunas piezas aluden a elementos religiosos de nuestra cultura, pero están más ligados a la memoria de mi abuela. Su muerte afectó mi trabajo por un tiempo, y utilicé en algunas esculturas unas estampitas de santos que ella guardaba en una caja de zapatos. Los cubanos tienen muchas de esas estampitas; el ritual católico es uno de los filtros a través del cual nos llega la cubanía. Como persona me siento cubana; como artista, una escultora totalmente involucrada en lo que hace, en sus pensamientos, en sus sentimientos. Si mi obra está matizada de algo cubano, es inconsciente.

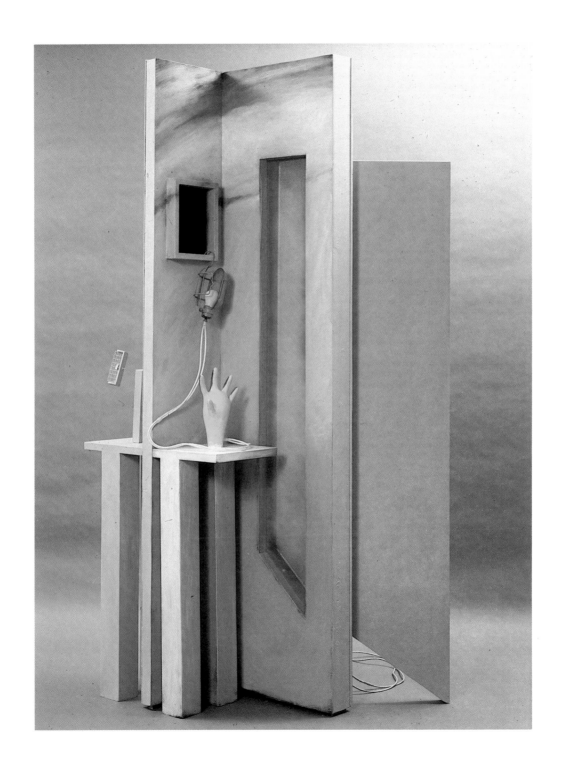

The Next Room (homage to R.B.) / La habitación contigua (homenaje a R.B.), 1986
Mixed media sculpture/Escultura de técnica mixta, 82 x 54 1/2 x 64 inches (2.08 x 1.38 x 1.62 m)

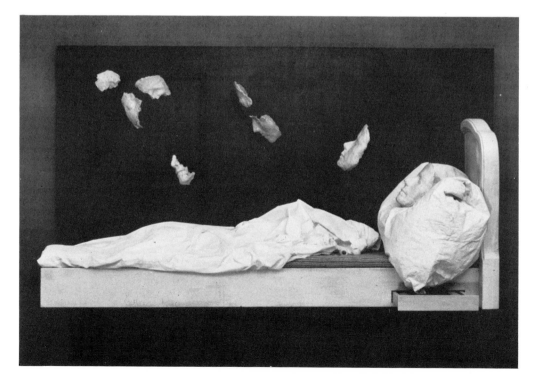

MARIA BRITO-AVELLANA

Born/Nacida en — La Habana, 1947
Leaves Cuba/Sale de Cuba — Via Miami, Florida, 1961
Resides/Reside en — Miami, Florida

Studies / Estudios
1979 M.F.A., University of Miami, Coral Gables, Florida
1977 B.F.A., Florida International University, Miami
1976 M.S., Florida International University, Miami
1969 B.A., University of Miami, Coral Gables, Florida

Awards / Honores
1985 and 1981 Cintas Foundation Fellowship
1984 National Endowment for the Arts Fellowship, Washington, DC
1983 Artist-in-Residence, Dejerassi Foundation, California
1979 Florida Fine Arts Council Fellowship

Solo Shows / Exposiciones personales
1988 Gallery 99, Bay Harbor, Florida
1987 Kennesaw College Art Gallery, Marietta, Georgia
1985 1982, 1980 The Gallery at 24, Miami, Florida
1982 The Art Gallery at Sequoyah Lake, Highlands, North Carolina

Group Shows / Exposiciones colectivas
1988 "Exhibition of World Invitational Open-Air Sculpture," Olympic Park, Seoul, Korea
"The Ceremony of Memory," The Center for Contemporary Art Santa Fe, New Mexico
The Lannan Museum, Fort Worth, Florida
"¡Mira!" Canadian Club Hispanic Art Tour III
1986 V Bienal Iberoamericana del Arte, Instituto Cultural Domecq, Coyoacán, México
"Expatriates", Thomas Center Gallery, Gainesville, Florida
"Southeast Sculptors: Comments on the Human Condition," University of South Florida, Tampa
1985 Southeastern Center for Contemporary Art, Winston-Salem, North Carolina
1984 Fisher Gallery, University of Southern California

Collections / Colecciones
Archer M. Huntington Art Gallery, Austin, Texas
Art in Public Places, Miami, Florida
Miami-Dade Public Library System, Florida
Olympic Sculpture Park, Seoul, Korea
Southeastern Banking Corporation, Miami, Florida
University of Florida, Tallahassee

Introspection: Childhood Memories / Instrospección: recuerdos de la niñez, 1988
Mixed media on steel/Técnica mixta sobre acero,
87 x 144 x 63 inches (2.21 x 3.66 x 1.60 m)
Collection of the Olympic Sculpture Park, Seoul, Korea

Facing page above/Página opuesta arriba
She Never Liked Dolls / Nunca le gustaron las muñecas, 1985
Mixed media sculpture/Escultura, técnica mixta,
42 3/4 x 49 x 39 inches (1.08 x 1.24 x 0.99 m)

Below/Abajo
Meanderings / Travesías, 1985
Mixed media/Técnica mixta, 33 x 59 x 18 inches (0.83 x 1.50 x 0.46 m)
Collection of the artist

I had my first contact with Cuban painting when I was fourteen, at an exhibit of colonial and contemporary art in Sagua La Grande. There were several exhibits in Sagua, including one on Goya's etchings. There was a Spanish priest in my town who painted, although only for an hour a day. I would always go to watch him. He did everything methodically; for me, this was very important because I had never seen such orderliness. Even though I never took classes from him, I learned a lot just watching. When I left Cuba, it was without my parents. I was sent to Matecumbe, a camp for refugee children in Miami, and later attended Belén School. Rafael Soriano used to come to the house where I lived to teach; he would take us to exhibits and explain to us the theory of abstract art. That's how my horizons were broadened in the visual arts toward abstraction. In college I studied painting, ceramics and some sculpture. In pop art and neo-realism I saw the possibilities of another mode of expression. My first works were abstract, but little by little I began to evolve toward the figurative. There began to appear Rennaissance faces which became more concrete, and the abstract moved to a secondary plane. In my work I try to synthesize things, to achieve a unity between different styles. I believe a thread binds art across all cultures.

Mi primer contacto con la pintura cubana sucedió a los catorce años, cuando llegó a Sagua La Grande una exposición de arte colonial y contemporáneo. A Sagua llegaron varias exposiciones, incluyendo una sobre los grabados de Goya. Hubo un sacerdote español en mi pueblo que pintaba, aunque solamente una hora diaria. Yo siempre iba a verlo. Todo lo hacía metódicamente; eso para mí fue muy importante porque yo nunca había visto una cosa así tan ordenada. Aunque nunca me dio clases, yo aprendí mucho mirándolo. Cuando salí de Cuba, fue sin mis padres. Pasé por Matecumbe, el campamento para niños refugiados en Miami y después fui a la escuela de Belén. En la casa donde vivía iba Rafael Soriano a dar clases; nos llevaba a ver exposiciones y nos explicaba la teoría del arte abstracto. Así se abrieron mis horizontes hacia la plástica, hacia la abstracción. En la Universidad estudié pintura, cerámica y algo de escultura. En el arte pop y en el nuevo realismo vi las posibilidades de otro tipo de pintura. Mis primeras obras fueron abstractas, pero poco a poco fui evolucionando hacia lo figurativo con la aparición de caras renacentistas que surgían más concretas. Lo abstracto pasó a un plano secundario. A través de mi obra busco sintetizar y unir diferentes estilos. Creo que hay un hilo que une el arte de todas las culturas.

Findings / Hallazgos, 1983
Oil on canvas/Oleo sobre tela, 72 x 60 inches (183 x 152 cm) (182.8 x 152.4 cm)
Mainieri Collection, Coral Gables, Florida

263

EMILIO FALERO

Born/Nacido en	Sagua la Grande, 1947
Leaves Cuba/Sale de Cuba	Via Miami, Florida, 1962
Resides/Reside en	Coral Gables, Florida

Studies / Estudios
1969 Barry College, Miami, Florida
1967 Miami-Dade Community College, Florida

Awards / Honores
1977 Cintas Foundation Fellowship
1976 The Zinta and Joseph James Akston Foundation
     Award, The Society of the Four Arts, Palm Beach,
     Florida

Solo Shows / Exposiciones personales
1986 Acanthus Gallery, Coral Gables, Florida
1979 Forma Gallery, Coral Gables, Florida
1976 Miami-Dade North Campus Gallery, Florida
1976 1974 Permuy Gallery, Miami, Florida

Group Shows / Exposiciones colectivas
1986 Southeastern Center for Contemporary Art,
     Winston Salem, North Carolina
1985 Museum of Contemporary Hispanic Art, New York
1983 Cuban Museum of Art and Culture, Miami, Florida
1981 Art Gallery, Lehigh University, Bethlehem,
     Pennsylvania
1978 Museum of Modern Art of Latin America,
     Organization of American States, (OEA)
     Washington, DC

Collections / Colecciones
Agrupación Católica Universitaria, Miami, Florida
Cintas Foundation, New York
Metropolitan Museum and Art Center, Miami, Florida
Miami-Dade Public Library System, Florida

Above/Arriba
The Lace Maker / La hacedora de encajes, 1979
Oil on canvas/Oleo sobre tela, 20 x 16 inches (50.8 x 40.6 cm)

Below/Abajo
Girl with a Turban in Front of a Mondrian / Joven con turbante frente a un Mondrián, 1982
Oil on canvas/Oleo sobre tela, 20 x 16 inches (50.8 x 40.6 cm)

Facing page/Página opuesta
The Music Lesson / La lección de música, 1983
Oil on canvas/Oleo sobre tela, 20 x 16 inches (50.8 x 40.6 cm)

Flamingo, 1976. Performance/Escenificación conceptual, Berkeley, California

My family had convinced me that I was going to be an architect, but I didn't like the math nor the engineering side of it, only the drawing. When I decided to study art in Kansas City, I had done nothing in this field. There, the head of the department —a strict follower of Cézanne— became interested in my realist paintings, which were larger than the wall. My art began to change when I started to work installing and designing exhibits in the Museum of the University of California at Berkeley. There, I discovered the world of performance art, of which I was totally unaware. In hindsight, formal study taught me basic things about art. My performances deal with situations which may or may not occur, but if they do occur, then they are part of an object, of a totality. My installations deal with the visual aspect itself: they have to be perfect before, during and after execution. My evolution from painter to performance artist is, in part, the result of an obsession which flowed from my experience in this country, when as an exiled child I suddenly had less, and we had to use everything up. In one way or another, I want to communicate something personal: that in this particular individual, there are American and Cuban aspects; that there are other parts to him as well; that he is in the middle.

Mi familia me había inculcado que yo iba a ser arquitecto, pero no me gustaban las matemáticas ni la ingeniería, sino el dibujo. Cuando decidí ir a estudiar arte a Kansas City, no había hecho nada en este campo. Allí el director del departamento —un admirador de Cézanne— se interesó en mis pinturas realistas, que eran más grandes que la pared. Mi arte empezó a cambiar a causa de mi trabajo instalando y diseñando exposiciones en el museo de la Universidad de California, Berkeley. Allí descubrí el mundo de la escenificación conceptual, que no existía para mí hasta ese momento. En retrospectiva, el estudio formal me enseñó los fundamentos básicos del arte. Mis escenificaciones conceptuales tratan sobre situaciones que pueden o no suceder, pero que si suceden, entonces son parte de un objeto, de una totalidad. Las instalaciones tratan del aspecto visual mismo: tienen que ser perfectas antes, durante y después de realizadas. Mi evolución de pintor a artista conceptual es, en parte, el resultado de una obsesión que se ha desarrollado a través de mi situación de exiliado en este país, cuando de repente no teníamos tanto y había que aprovecharlo todo. De alguna manera, yo quiero comunicar algo personal: que en este individuo hay de americano y de cubano; que diversos factores lo componen; que está en el medio.

Art/o/Biography / Arte/ó/Biografía, 1986
Mixed media installation with video/Instalación de técnica mixta con video, 10 x 16 x 5 feet (3.05 x 4.88 x 1.52 m)
("Male Bust" Collection of Mr. & Mrs. Neil Ralph, New York)

Cambio: (Studies for Cuban-American Interchange) / Change: (Estudios de intercambio de lo cubano-americano), 1982
Mixed media performance installation/Instalación-escenificación conceptual, técnica mixta
Room-size/Tamaño del salón de exhibición, Ringling School of Art, Sarasota, Florida

CARLOS GUTIERREZ-SOLANA

Born/Nacido en   La Habana, 1947
Leaves Cuba/Sale de Cuba   Via Miami, Florida, 1961
Resides/Reside en   New York

Studies / Estudios
1972 M.A., University of California Art Institute, Berkeley
1970 B.F.A., Kansas City Art Institute

Awards / Honores
1988 Art Matters, Inc., New York
1974 Cintas Foundation Fellowship

Solo Shows / Exposiciones personales
1975 "Cocktales," Bookstore and Bindery Gallery,
      Point Reyes, California

Installations and Performances
1988 "Poetic Visions/Shattered Dreams," benefit
      performance, Western New York AIDS groups,
      Nina Freudenheim Gallery, Buffalo, New York
1986 "RECALL: 4 for 4," Long Island University,
      Southampton, New York
1982 "Cambio," Ringling School of Art, Sarasota, Florida
1976 "Drawing Quarters," La Mamelle Art Center,
      San Francisco, California
      "Action/Drawing," San Francisco Art Institute,
      California
1972 "Soft Jesus," University Art Museum, University of
      California, Berkeley

Group Shows / Exposiciones colectivas
1988 "HOMO Erotic Art Show," Jim Díaz Gallery,
      New York
1987 "Poetic Visions/Shattered Dreams: Contemporary
      Latin American Artists," Real Art Ways,
      Hartford, Connecticut
1975 San Francisco Art Institute, California
1975 1974 San Francisco Museum of Modern Art,
      California
1973 California State University, San José
      La Jolla Museum, California

Collections / Colecciones
Cintas Foundation, New York

Drawing / Quarters (detail) Dibujo/Descuartización (detalle), 1978
Mixed media installation performance/Instalación-escenificación
conceptual, técnica mixta
La Mamelle Art Center, San Francisco, California

P A D U R A

I was four years old when my family moved to Rodas, in the province of Las Villas. My father was an engineer and I wanted to be one as well. He would do a lot of drawings related to his profession, and I was always with him. That's how I started, although it was not until I was seventeen or eighteen that I seriously considered dedicating myself to painting. I took my first classes with Roberto Martínez. He taught me how to see, how to perceive through my own eyes, not through his, like so many teachers tend to do. He helped me develop what I had inside, my own way of looking at things. Although I have integrated the abstract into my work, I consider myself a figurative painter. I have always been fascinated by still-life, and although I may modify it in some way or other, it will always have a place in my work. For me, art means being able to bring to the surface one's deepest feelings, one's way of knowing and seeing the world, the way one wants it to be seen. I am a bit selfish: I paint for myself, to please myself. Perhaps my Cubanness comes out subconsciously in my work. I remember Cuba as a tranquil place; at home there was solitude and silence. In this sense, Cuba influences my painting, because tranquility and solitude is what I want to paint.

Tenía cuatro años cuando mi familia se mudó para Rodas, en la provincia de Las Villas. Mi padre era ingeniero y yo quería serlo también. El hacía muchos dibujos relacionados a su carrera, y yo siempre estaba a su lado. Así empecé, aunque no fue hasta los diecisiete o dieciocho años que pensé dedicarme seriamente a la pintura. Mis primeras clases fueron con Roberto Martínez. El me enseñó a ver, a captar a través de mis ojos, no a través de los suyos, como hacen muchos maestros. Me ayudó a desarrollar lo que yo tenía adentro, mi propia manera de ver las cosas. Aunque he incorporado lo abstracto en mi pintura, me considero un pintor figurativo. Siempre me han fascinado las naturalezas muertas, y aunque las modifique según mi obra evoluciona, siempre serán parte de ella. Para mí el arte es hacer aflorar los sentimientos más profundos que uno tiene, la manera de conocer y ver el mundo, la manera que uno quiere que se vea. Soy un poco egoísta: pinto para mí, para complacerme. Puede que lo cubano surja en mi obra subconscientemente. Yo recuerdo a Cuba como un lugar tranquilo; en mi casa siempre había soledad y silencio. En ese sentido, Cuba influye en mi pintura, porque esa quietud y esa soledad es lo que quiero pintar.

Chorus / Coro, 1986
Oil on canvas/Oleo sobre tela, 21 x 33 inches (53.3 x 83.8 cm)
Collection of Mr. & Mrs. Carlos Portela, Miami, Florida

Anecdote / Anécdota, n.d.
Oil on canvas/Oleo sobre tela, 22 x 32 7/8 inches (55.8 x 96 cm)
Collection of The Archer M. Huntington Art Gallery
The University of Texas, Austin. Gift of Ricardo Pau-Llosa

Facing page/Página opuesta
The Refuge / El refugio, 1988
Oil on canvas/Oleo sobre tela, 35 x 43 inches (89 x 109.2 cm)
Private collection, Miami, Florida

MIGUEL PADURA

Born/Nacido en	La Habana, 1957
Leaves Cuba/Sale de Cuba	Via Miami, Florida, 1969
Resides/Reside en	Miami, Florida

Studies / Estudios
1977-1980 Apprenticeship with Roberto Martínez

Awards / Honores
1981 Cintas Foundation Fellowship
1981 1980 WPBT-Channel 2, Miami, Florida

Solo Shows / Exposiciones personales
1987 Acanthus Gallery, Coral Gables, Florida
1985 Galería 1. 2. 3., San Salvador, El Salvador
1984 Forma Gallery, Coral Gables, Florida
1981 Atelier Gallery, Guadalajara, México

Group Shows / Exposiciones colectivas
1988 "¡Mira!" Canadian Club Hispanic Art Tour III,
      Los Angeles, Dallas, Miami, Chicago, New York
      Cuban Museum of Art and Culture, Coral
      Gables, Florida
1987 Tonneins Art Museum, Tonneins, France
      "Recent Acquisitions," Jane Voorhees Zimmerli
      Art Museum, Rutgers University,
      New Brunswick, New Jersey
      "Cuban Artists in North America,"
      National Library of Canada, Ottawa
      West Dade Regional Library, Miami, Florida
1986 Acanthus Gallery, Miami, Florida
      Galería 1. 2. 3., San Salvador, El Salvador
1982 Meeting Point Gallery, Miami, Florida
      Galería Lafayette, Guadalajara, México
1980 North Dade Regional Library, Miami, Florida
1978 Harmon Gallery, Naples, Florida

Collections / Colecciones
Art in Public Places, Miami, Florida
Archer M. Huntington Art Gallery, University of Texas,
Austin
Bacardi Corporation, Miami, Florida
Cintas Foundation, New York
Jane Voorhees Zimmerli Art Museum, Rutgers University,
New Brunswick, New Jersey
Norton Gallery of Art, West Palm Beach, Florida

Although he was a socialist, my father was a political prisoner from the time Fidel came into power in 1959 until 1966; it was then that we were able to leave Cuba, four months before my fifteenth birthday and just in time to be spared military duty. Father came out of prison quite ill and died in 1974. My mother was left alone in Tampa with my youngest brother, and so I moved in with them in order to help support the house. My father instilled in me a sense of self-confidence; I remember that when I switched from engineering to art, he said, "Son, if what you want is to be a painter, I believe you will do it very well." I have always painted spontaneously, with whatever I have at hand: pencil, crayon, paint, latex, objects; I draw on the canvas anything I may wish to, things I see on the street. I combine drawing with painting, and I also add masks and platforms. During the period I did etchings I became very interested in Goya's work. I went to Spain to see it for myself. All the cynicism and irreverence in my work can also be found in Goya's, a kind of black humor I also share. No doubt my work is totally irreverent, for this is in general my attitude towards life. Seeing my parents die within three years of each other and being witness to the anguish my youngest brother has gone through, have made me this way.

A pesar de que era socialista, mi padre estuvo en presidio político desde que Fidel subió al poder en 1959 hasta 1966; fue entonces que pudimos salir de Cuba, cuatro meses antes de mis quince años, la edad del servicio militar obligatorio. Papá salió muy destruido de la cárcel, y murió en 1974, el mismo año en que me gradué de la universidad. Mi madre quedó sola en Tampa con mi hermano pequeño, así que me mudé con ella para ayudar a mantener la casa. Mi padre me legó la confianza en mí mismo; recuerdo cuando dejé la ingeniería por el arte, sus palabras fueron "Hijo, si es lo que tú quieres hacer, yo creo que lo vas a hacer muy bien". Siempre he pintado espontáneamente, con lo que tenga al alcance: lápiz, creyón, pintura, látex, objetos; dibujo sobre la tela lo que me da la gana, lo que veo en la calle. Combino el dibujo y la pintura, e incorporo máscaras, plataformas. Durante la época en que me dediqué al grabado, me interesé mucho por la obra de Goya, y me fui a España a verla. Todo lo que de cinismo e irreverencia tiene mi obra yo lo percibo en la de él, un humor negro que yo también comparto. No hay duda que mi obra es totalmente irreverente, y es que ésa es mi actitud en general hacia la vida. Ver morir a mi padre, después a mi madre tres años más tarde y la angustia que he presenciado en mi hermano menor, me han hecho así.

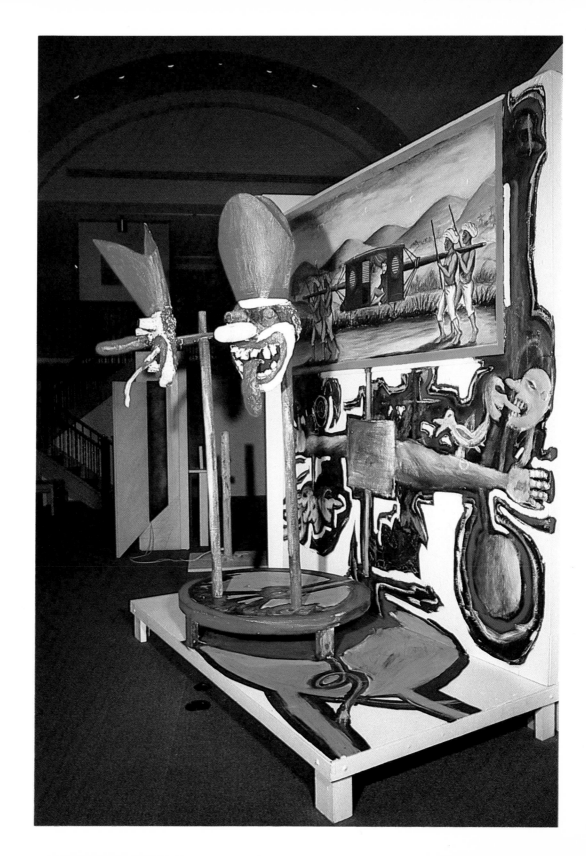

Los Cocomacacos / The Boogiemen, 1983
Mixed media/Técnica mixta,
84 x 72 x 48 inches (2.13 x 1.83 x 1.22 m)

Living Like a Refugee / Viviendo como un refugiado, 1982
Acrylic on canvas/Acrílico sobre tela, 72 x 84 inches (1.83 x 2.13 m)

PEDRO PEREZ

Born/Nacido en	Caibarién, 1951
Leaves Cuba/Sale de Cuba	Via Miami, Florida, 1966
Resides/Reside en	New York

Studies / Estudios
1978 M.F.A., Hoffberger School of Painting, Maryland Institute of Art
1974 B.F.A., University of Tampa, Florida

Awards / Honores
1981 Louis Comfort Tiffany Foundation Award
1977 Maryland Biennial Painting Exhibition Prize
1974 Board of Mission Scholarship Award

Solo Shows / Exposiciones personales
1987 J.Rosenthal Fine Arts Gallery, Chicago, Illinois
1987 1985, 1983, 1982, 1980 Marilyn Pearl Gallery, New York
1982 Janus Gallery, Los Angeles, California
1978 Decker Gallery, Baltimore, Maryland

Group Shows / Exposiciones colectivas
1987 "Hispanic Art in the United States: Thirty Contemporary Painters and Sculptors," Houston Museum of Art, Texas and Corcoran Gallery, Washington, DC
1986 Museum of Contemporary Hispanic Art, New York Jersey City Museum, New Jersey
1984 Monicke Knowlton Gallery, New York
1983 1984 Gallery of Contemporary Art, University of Colorado, Colorado Springs
1983 Tyler School of Art, Philadelphia, Pennsylvania

Collections / Colecciones
Dannheisser Foundation, New York
Marilyn Pearl Gallery Collection, New York
Museum of Fine Arts, Houston, Texas

Adagio, 1982
Acrylic on canvas/Acrílico sobre tela,
72 x 84 inches (1.83 x 2.13 m)

Below/Abajo
Queen that Shoots Birds / La reina cazadora de pájaros, 1981
Mixed media/Técnica mixta,
36 x 36 x 5 inches (91 x 91 x 13 cm)

When I attempted to study graphic design in Havana, the school authorities didn't allow me. The option was between scenic or interior design. I didn't finish either course of study. At twenty-two I felt frustrated and tired. I would paint at ungodly hours, and on my days off I would take advantage of the time when my family went out. Unconsciously I would try to stay home and paint. The frustration in Cuba is on a national and individual level; artistic experimentation is limited by the political circumstances and by the scarcity of materials. I remember once, when I wanted to create some sculptures which I called arti-tact (instead of arti-fact); everyone told me I was mad. Here in the United States my paradise is the lumberyard, and also the hardware store. To get my hands on a hinge (a simple thing which nowadays you cannot find in Cuba) makes the possibilities of creation infinite. I believe that we want our art to be universal, to speak of man. I like to mine social issues, to raise them to the most artistic and intellectual level possible. A lot has changed in my work since I left Cuba, although I continue to be a figurative painter. But the color, shape and form of my human figures reveal that I am Cuban. My goal is to express my preoccupations, so to speak, and that they be equally valid for a Hungarian or an African. This is my intention, whether I make it or not.

Cuando solicité estudiar diseño gráfico en La Habana, las autoridades universitarias no me lo permitieron. La opción era diseño de escenografía o de interiores. No terminé ninguno de los dos. A los veintidós años estaba frustrado y cansado. Pintaba a deshoras, y en los días libres aprovechaba los ratos en que mi familia salía. Inconscientemente buscaba quedarme en casa pintando. La frustración en Cuba es nacional e individual; la experimentación artística está limitada por las circunstancias políticas y por la escasez de materiales. Recuerdo que una vez quise inventar unas esculturas que yo llamaba arte-tacto (en lugar de artefacto) pero todos me decían que estaba loco. Aquí en Estados Unidos mi paraíso es el *lumber* (la maderera) y también la ferretería. Encontrar una bisagra (una cosa tan sencilla que hoy no se encuentra en Cuba) hace infinitas las posibilidades de crear. Creo que todos los artistas queremos que nuestro arte sea universal, que hable del hombre. Me gusta sacarle partido a los temas sociales, llevarlos al nivel más artístico e intelectual posible. Mucho ha cambiado mi obra desde que salí de Cuba, aunque sigo siendo un pintor figurativo. Pero el color y la forma de esas figuras humanas me delatan como cubano. Mi meta es expresar mis preocupaciones, por así decir, y que éstas le sean válidas tanto a un húngaro como a un africano. Esa es mi intención, aunque me quede en el camino.

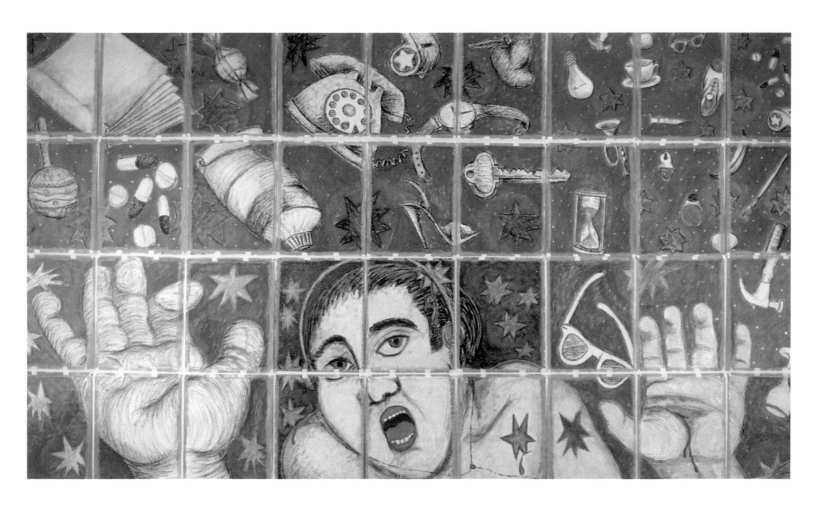

The Sky is Falling / *El cielo se viene abajo*, 1986
Oil on paper/Oleo sobre papel, 88 x 153 inches (2.23 x 3.89 m)
Courtesy of Barbara Gillman Gallery, Miami, Florida

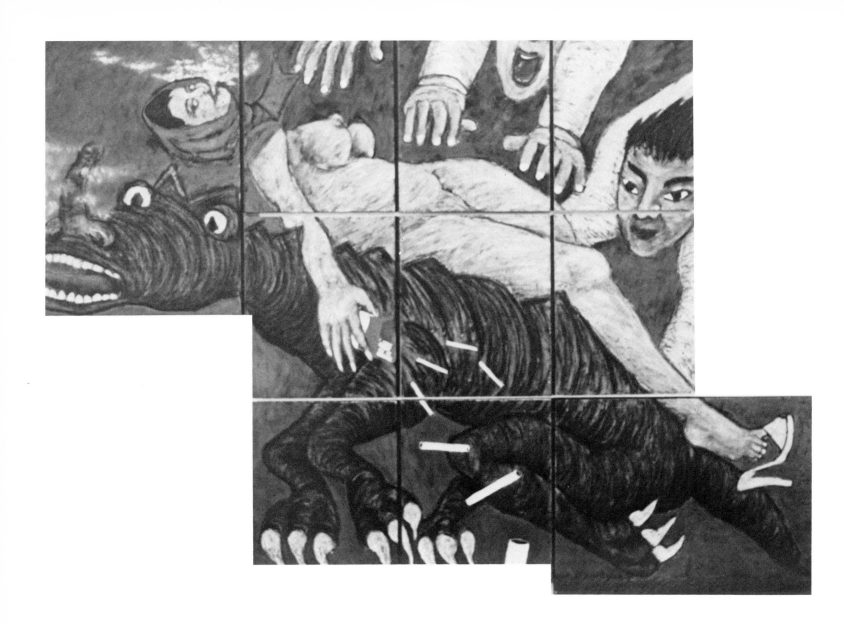

Emotional Rescue / Rescate emocional, 1986
Mixed media on paper/Técnica mixta sobre papel,
54 1/2 x 76 inches (1.38 x 1.93 m)

Facing page above/Página opuesta, arriba
Two Bit Lover / Amante de a dos por medio, 1985
Mixed media on fabric/Técnica mixta sobre tela,
36 x 52 inches (0.91 x 1.32 m)

Below/Abajo
Vendors at My Door / Vendedores a mi puerta, 1980
Oil on canvas/Oleo sobre tela

GILBERTO RUIZ

Born/Nacido en	La Habana, 1950
Leaves Cuba/Sale de Cuba	Via Mariel-Key West, 1980
Resides/Reside en	New York

Studies / Estudios
1978-1979 Escuela Nacional de Diseño, Cuba
1967-1970 Academia de Bellas Artes de San Alejandro,
   Cuba

Awards / Honores
1985 National Endowment for the Arts Fellowship,
   Washington, DC
1982 Cintas Foundation Fellowship
1980 Second Prize, Onelio Jorge Cardoso Drawing
   Competition, Cuba
1979 First Honorable Mention, Arístides Fernández
   Drawing Competition, Cuba

Solo Shows / Exposiciones personales
1986 Barbara Gillman Gallery, Miami, Florida
1985 SIBI Art Center, Miami, Florida
1984 3801 Gallery, Miami, Florida
1983 Miami Lakes Library, Florida
   Galería Xanas y Meigas, Miami, Florida
1971 Galería L., Universidad de La Habana

Group Shows / Exposiciones colectivas
1988 "Expresiones Hispánicas", Coors 1988 National
   Hispanic Art Exhibition & Tour, San Antonio,
   Los Angeles, Denver, Miami
1986 "¡Mira!" Canadian Club Hispanic Art Tour II,
   New York, Chicago, Miami, Denver, San
   Francisco, Los Angeles
   Lowe Art Museum, University of Miami, Coral
   Gables, Florida
1985 Hort Memorial Competition, Museum of Art, Fort
   Lauderdale, Florida
1982 Intar Latin American Gallery, New York
1981 Inter-Americas Art Gallery, Coral Gables, Florida
   Metropolitan Museum and Art Center,
   Coral Gables, Florida

Collections / Colecciones
Kaufman & Roberts Corporation, Miami, Florida
Miami-Dade Public Library System, Florida
Southeast Banking Corporation, Miami, Florida

We left Cuba in 1961 and we had such bad times in Miami that we decided to move to another city. My father got a job in Chicago, and that's where we went. I was nineteen. I studied drawing and painting at the Art Institute in Chicago, where the most important experience was the friendship of one of my teachers, a Puerto Rican named Rufino Cintrón. I spent hours in his studio, watching him paint. It turned out to be an enormous incentive for me. Although I continue to work in advertising to support my family, I dedicate more time each day to painting. When I became interested in the theme of *santería*, I spent a lot of time reading, studying, talking to my father about it, until I was able to do a series around this theme. I thought it would be successful, and it was. My most recent theme deals with light and interiors; for the first time I'm really enjoying painting, because up to now it was just a discipline. I don't know if people who look at my work realize that I am a Cuban or Hispanic artist. I always feel like a foreigner; neither American nor Cuban. In Miami I feel more Cuban; but here in Chicago we feel very exiled.

Salimos de Cuba en 1961 y la pasamos tan mal en Miami que buscamos emigrar a otra ciudad. Mi padre consiguió trabajo en Chicago, y para allá nos fuimos. Yo tenía diecinueve años. Estudié dibujo y pintura en el Instituto de Artes de Chicago, donde la experiencia más importante fue mi amistad con un profesor puertorriqueño llamado Rufino Cintrón. Me pasaba las horas en su estudio, mirándole pintar. Fue el mayor aliciente para mí. A pesar de que sigo trabajando en promoción para mantener a mi familia, cada día dedico más horas a la pintura. Cuando me interesé por el tema de la santería, pasé mucho tiempo leyendo, estudiando, conversando de eso con mi padre, hasta que pude realizar una serie en torno a esa temática. Anticipé que tendría éxito, y así fue. Mi temática más reciente aborda la luz y los espacios interiores; por primera vez disfruto verdaderamente el pintar; hasta ahora había sido sólo una disciplina. No sé si la gente al mirar mis cuadros reconoce que soy un artista cubano o hispano. Yo siempre me siento extranjero; ni americano, ni tampoco cubano. En Miami me siento más cubano; pero aquí en Chicago estamos muy exiliados.

Recent Memories / Recuerdos recientes, 1986
Oil on canvas/Oleo sobre tela, 60 x 40 inches (152.4 x 101.7 cm)

Two Rooms / Dos habitaciones, 1986
Oil on canvas/Oleo sobre tela, 60 x 44 inches (152.4 x 111.7 cm)
Collection of the Gwenda Jay Gallery, Chicago

Saturday Night / Noche del sábado, 1982
Oil on canvas/Oleo sobre tela, 28 x 36 inches (71 x 91.4 cm)
Collection of Fred Boelter, Chicago

PAUL SIERRA

Born/Nacido en   La Habana, 1944
Leaves Cuba/Sale de Cuba   Via Miami, Florida, 1961
Resides/Reside en   Chicago, Illinois

Studies / Estudios
1963-1967 Art Institute of Chicago, Illinois
          American Academy of Art

Awards / Honores
1983 Purchase Award, "35th Illinois Invitational,"
      Illinois State Museum
1982 "Best of Show," Chicago Public Library Cultural
      Center

Solo Shows / Exposiciones personales
1986 Countryside Art Center, Arlington Heights, Illinois
      Artemisia Gallery, Chicago, Illinois
      Halsted Gallery, Chicago, Illinois
1984 Kirkland Gallery, Millikin University, Chicago, Illinois
1983 Chicago Public Library Cultural Center
      Illinois Central College Art Gallery, East Peoria
1982 Moming Dance and Art Center, Chicago, Illinois
      North Shore Art League, Winnetka, Illinois

Group Shows / Exposiciones colectivas
1988 "¡Mira!" Canadian Club Hispanic Art Tour III, Los
      Angeles, Dallas, Miami, Chicago, New York.
      "Expresiones Hispánicas", Coors 1988
      National Hispanic Art Exhibition and Tour
1987 "Hispanic Art in the United States," Houston
      Museum of Art, Texas and Corcoran Gallery,
      Washington, DC
1986 Noyes Art Center, Evanston, Illinois
1985 Morton College, Chicago, Illinois
      Mary Porter Sesnon Gallery, University of
      Santa Cruz, California
1984 Center for Inter-American Relations, New York
      Fisher Gallery, University of Southern California,
      Los Angeles
1982 Nornberg Gallery, St. Louis, Missouri

Collections / Colecciones
Illinois State Museum
Kirkland Gallery, Millikin University, Chicago Illinois
McDonald Corporation Fine Art Collection

I grew up with my father's commitment to science, to his creativity which was surgery. He set a very good example, for he instilled discipline in me. Being Cuban was what I saw inside my house, my parents trying very hard to balance the outside world with their own. Philosophy, logic and metaphysics led me to an awareness of man's concern with the world, with God, with existence. Going to college during the Vietnam War affected me as it did so many people. By that time I already knew I wanted to be an artist. I had put religion behind me and was quite content with myself, until I began experiencing very unique phenomena, akin to perceiving a different reality. I wanted to communicate these things, and gave up painting and everything else for four years; I had to understand what was happening to me before I could go on. I know now that there is another part to our humanity, that there are different levels of reality our mind does not readily perceive. It wasn't until 1977, while in India, that I could paint again. Back in Chicago, I returned to art school. When I finally moved to Miami, I went through culture shock. Getting to know the art of Rafael Soriano helped me immensely for it gave me hope that art could explore beyond the barriers of the mind. I owe much to the older Cuban artists, masters like Soriano and Gay García who gave me courage to show my work, and to realize that I had to recapture a culture which I had rejected for years. Helping each other: that's what being Cuban in this community is all about.

Desde pequeña fui testigo de la dedicación de mi padre a la ciencia, y a la cirugía que era el ámbito de su creatividad. El me dio un buen ejemplo, porque me inculcó la disciplina. Ser cubano era lo que yo veía en mi casa, el gran esfuerzo de mis padres por equilibrar el mundo exterior con el suyo propio. La filosofía, la lógica y la metafísica me llevaron a adquirir conciencia de la preocupación del hombre con el mundo, con Dios, con la existencia. Estar en la universidad durante la Guerra de Vietnam me afectó como a tantos otros. Por ese entonces ya sabía que quería ser artista; había trascendido las inquietudes religiosas y me sentía bastante satisfecha conmigo misma, hasta que comencé a experimentar fenómenos muy singulares, afines a la percepción de una realidad muy diferente. Quería comunicar esas cosas, y renuncié a la pintura y a todo durante cuatro años; debía entender lo que me ocurría antes de seguir adelante. Ahora sé que existen niveles de realidad que nuestra mente no percibe de inmediato. No fue hasta 1977, mientras estaba en la India, que pude volver a pintar. De regreso a Chicago, volví a la escuela de arte, y cuando finalmente me mudé para Miami sufrí una conmoción cultural. La obra de Rafael Soriano me dio esperanzas de que el arte podía trasponer las barreras mentales. Le debo mucho a los artistas cubanos mayores, como Soriano y Gay García, que me alentaron a exhibir mi obra, y a darme cuenta que debía recuperar la cultura que por años había rechazado. Ayudarse mutuamente: eso es ser cubano en esta comunidad.

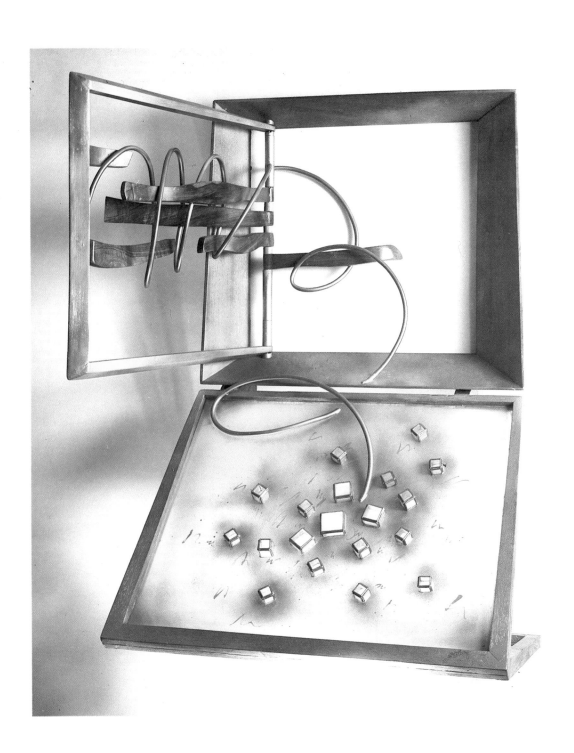

Infinite Perceptions / Percepciones infinitas, 1986
Mixed media and bronze on wood/Técnica mixta y bronce, sobre madera, 41 x 32 x 18 inches (104 x 81 x 45.7 cm)

SUSANA SORI

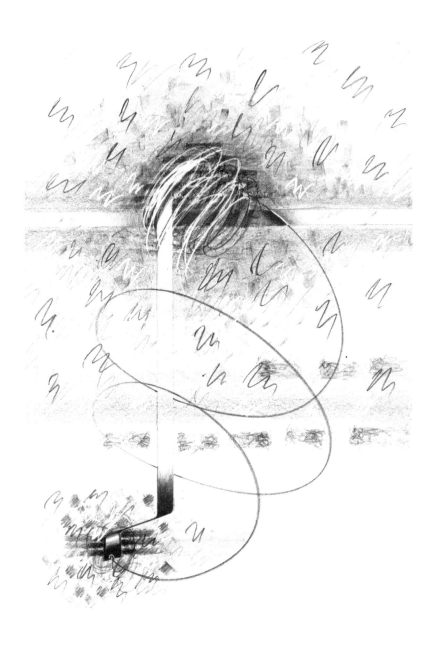

Anhilation / Aniquilamiento, 1982
Hand-colored lithograph/Litografía pintada
a mano, 14 x 21 inches (35.5 x 53.3 cm)

Facing page/Página opuesta
Etheric resonance / Resonancia etérea, 1987
Mixed media sculpture/Escultura, técnica mixta,
33 x 49 x 3 inches (83.8 x 124.5 x 7.6 cm)

Born/Nacida en	Camagüey 1949
Leaves Cuba/Sale de Cuba	Via Chicago, 1961
Resides/Reside en	Miami, Florida

Studies / Estudios
1986 Kashmir Shavism, Studies and Independent
     Research, New York
1979 Art Institute of Chicago, Illinois
1977 Siddha Peeth Foundation, India
1972 B.A., Michigan State University
1971 Kendall School of Design, Grand Rapids, Michigan

Awards / Honores
1981 Cintas Foundation Fellowship

Solo Shows / Exposiciones personales
1988 Grinter Galleries, University of Florida and The
     Thomas Center Gallery, Gainesville, Florida
1982 The Gallery at 24, Miami, Florida
     Miami-Dade Public Library System, Florida
     Schweyer-Galdo Gallery, Birmingham, Michigan

Group Shows / Exposiciones colectivas
1987 "Latin American Drawing," The Art Institute of
     Chicago, Illinois
     I Bienal, Museum of Contemporary Hispanic Art,
     New York
1986 Campinas Contemporary Art Museum, Sao Paulo,
     Brazil
1984 Kanawa Prefecturel Gallery, Yokohama, Japan
1983 VI Bienal de Grabado Latinoamericano, Instituto de
     Cultura Puertorriqueña, San Juan
1981 Florida International University, Miami

Collections / Colecciones
Art Institute of Chicago, Illinois
Brooklyn Museum, New York
Cuban Museum of Art and Culture, Miami, Florida
High Museum of Art, Atlanta, Georgia
Miami-Dade Public Library System, Florida
Palais de la Culture d'Asilah, Morocco
Printmaking Workshop, New York
Siddha Peeth Foundation, Ganeshpura, India

THE SIXTH GENERATION

CARLOS DOMENECH
TONY LABAT
SILVIA LIZAMA
CONNIE LLOVERAS
GILBERTO LOPEZ-ESPINA
MARIA MARTINEZ-CAÑAS
GUSTAVO OJEDA
ARAMIS O'REILLY
JORGE PARDO
MARIO PETRIRENA
ADOLFO SANCHEZ

LA SEXTA GENERACION

In Guantánamo there wasn't much of a cultural life, but my sister and I were exposed to many art activities during the ten years my father spent in jail as a political prisoner. What I remember most is the children's theater we used to put together with puppets from Czechoslovakia which we had received as a gift. My interest in photography began as a hobby. When I married, my wife and I decided to go to Rochester to finish our university studies. There, my career as a photographer took shape. I spent two years attending classes morning, noon and night; on the go from eight in the morning until midnight. I have no regrets, since I studied with some marvelous people, like John Wood, who has been an important influence on my work. I manipulate the image; I paint the photograph; I love to work with the theme of time, using images from the past, exposing them to images from the present, establishing archeological and other connections. I'm very interested in the relationship between time and change. I believe it reflects a universal preoccupation; that's why anyone can interpret my images. It is also very personal, because my Cuban roots are so strong that in one way or another, I, too, am always trying to recapture a previous time.

En Guantánamo no había tanta cultura, pero a mí y a mi hermana nos proporcionaron mucha actividad cultural durante los diez años que mi padre estuvo en el presidio político. Lo que más recuerdo es el teatro que nosotros mismos hacíamos con unas marionetas checoeslovacas que nos habían regalado. Mi interés por la fotografía comenzó como pasatiempo. Cuando me casé, mi esposa y yo decidimos irnos a Rochester a terminar los estudios universitarios. Allí, mi carrera como fotógrafo se definió. Estuve dos años y medio asistiendo a clase mañana, tarde y noche, en pie de ocho de la mañana hasta la medianoche. No me pesa, porque pude estudiar con gente maravillosa, como John Wood quien es una influencia importante en mi obra. Yo manipulo la imagen, pinto la fotografía. Me encanta trabajar el tema del tiempo, usando imágenes del pasado, exponiéndolas con imágenes del presente, haciendo relaciones arqueológicas y de otro tipo. La relación entre tiempo y cambio me interesa mucho; creo que refleja una preocupación universal, y por eso mis imágenes las puede interpretar cualquiera. Es también muy personal, porque mis raíces cubanas son tan fuertes que de alguna manera yo también miro siempre hacia atrás.

Pool for Parade / Piscina para un desfile, 1986
Kwik Print/Fotografía, 16 x 20 inches (40.6 x 50.8 cm)

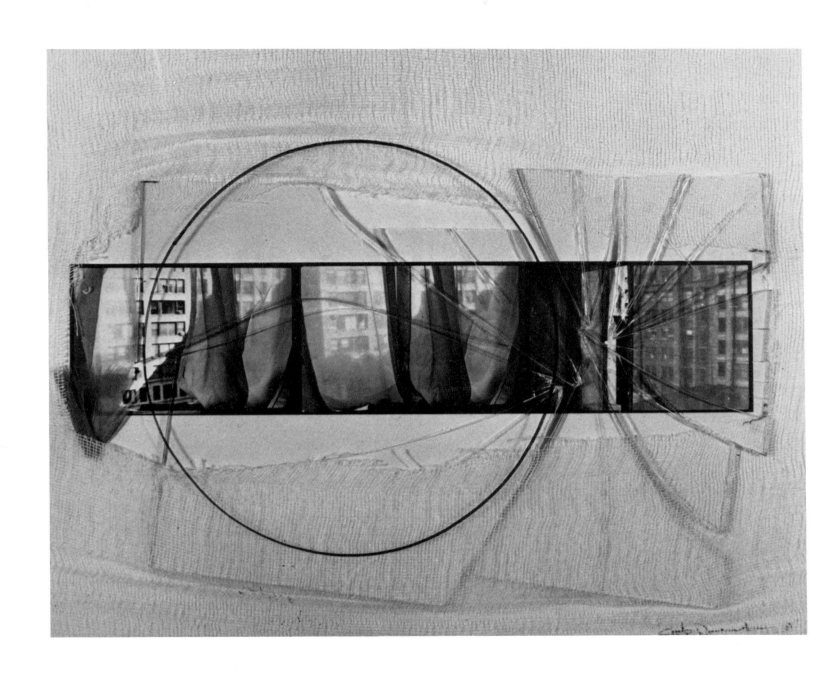

Untitled / Sin título, 1982
Photograph/Fotografía, 8 x 10 inches (20.3 x 25 cm)
Collection of M. M. Pandas

294

CARLOS DOMENECH

Born/Nacido en	Guantánamo, 1954
Leaves Cuba/Sale de Cuba	Via Miami, Florida, 1966
Resides/Reside en	Coral Gables, Florida

Studies / Estudios
1982 B.F.A., Rochester Institute of Technology, New York

Solo Shows / Exposiciones personales
1986 Miami-Dade Community College, Florida
1982 Frank E. Gannet Building, Rochester Institute of Technology, New York
1980 Wallace Memorial Gallery, Rochester Institute of Technology, New York
Gallery Exposures, Coral Gables, Florida

Group Shows / Exposiciones colectivas
1987 Miami-Dade Community College, Florida
1986 Books and Books, Coral Gables, Florida
1984 "Photogroup," Lowe Art Museum, University of Miami, Coral Gables, Florida
1982 1981 Honor Show, Rochester Institute of Technology, New York

Collections / Colecciones
Archer M. Huntington Art Gallery, University of Texas, Austin
Denver Art Museum, Colorado
Jane Voorhees Zimmerli Art Museum, Rutgers University, New Brunswick, New Jersey
Miami University Art Museum, Oxford, Ohio

Above/Arriba
Mangos / Mangoes, 1985
Still life series, hand drawn Polaroid/Serie de naturalezas muertas, fotografía Polaroid, dibujada

Below/Abajo
Zapotes / Medlars, 1985
Still life series, hand drawn Polaroid/Serie de naturalezas muertas, fotografía Polaroid, dibujada.

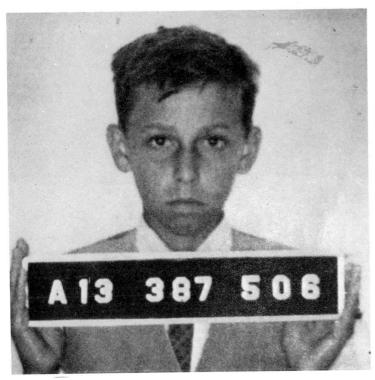

The artist, upon his arrival in the United States
El artista, a su llegada a los Estados Unidos de Norteamérica

The revolution was quite something; from the time I was eight or nine there was a rush of changes, not only in the country, but also on my block, in my own house, in my family. It was terrible how we became divided, how I had to leave my father behind. For the past five years I've been looking back, trying to make sense of it; it all happened so fast. I returned to Cuba in 1983; I wanted to see my father, but he died before I arrived. I felt as much a foreigner there as here. I believe there is a very fine line between my life and my art; they overlap. Before the reencounter with my old neighborhood, with the people of Cuba, my art had to do with my own bicultural experience. After the trip, my work has taken a more personal, but also more universal turn. My work is a combination of many things only conceivable in art which have to do with my life, with going to Miami and feeling a bit confused there. In San Francisco I realized that I didn't fit in Miami; I learned about sculpture, about performance art and the possibilities video provides to do whatever one pleases. In 1984, I did an installation titled *Dead Man*, based on José Martí. I copied the model from a tiny magnetized statue, like the St. Lazarus ones that people put in their cars; except this one of Martí was being sold in a Miami supermarket. I realized then that Martí had reached all levels, and I was very interested in this as a concept. I don't know if my work is very Cuban, but since it is to a great extent autobiographical, something of my culture is always present.

La revolución fue impresionante; fueron muchos los cambios desde que tenía ocho o nueve años, no sólo en el país, sino también en la cuadra, en mi casa, en mi propia familia. Fue terrible la división, el dejar a mi papá. En los últimos cinco años he estado mirando al pasado, tratando de descifrar todo aquello que sucedió tan rápido. Regresé a Cuba en 1983; quería ver a mi padre, pero murió antes de que yo llegara. Me sentí tan extranjero allá como aquí. Creo que hay una línea muy fina entre mi vida y mi arte; ambos se mezclan. Antes del breve reencuentro con mi viejo barrio, con la gente en Cuba, mi temática tenía que ver con mi propia experiencia bicultural. Después del viaje, mi trabajo ha tomado una dirección que a la vez de ser más personal, es también más universal. Mi obra es una combinación de muchas cosas que sólo caben en el arte, que tienen que ver con mi vida, con ir a Miami y estar un poco confuso allí. En San Francisco entendí que yo no encajaba en Miami. Me interesé por la escultura, conocí el arte conceptual y las posibilidades del video para hacer lo que a uno le plazca. En 1984, hice una instalación titulada *El hombre muerto*, cuyo modelo copié de una estatuilla de ésas con imán que se ponen en los carros, como las de San Lázaro, excepto que ésta de Martí estaba a la venta en un supermercado de Miami. Me di cuenta que Martí había llegado a todos los niveles, y esto me interesó como concepto. No sé si mi obra es muy cubana; pero como es mayormente autobiográfica, algo hay en ella de la cultura.

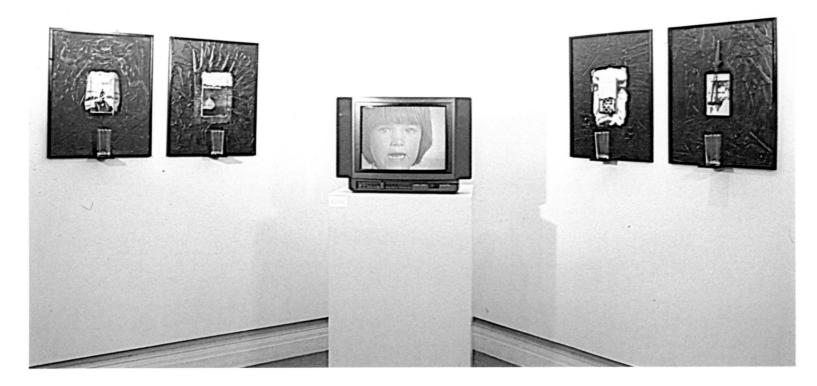

Installation / Instalación, 1987
Voodo Picture Series and video tapes/ Escenificación conceptual, serie del Vudú y videos:
(Babalú, 1980; Room Service, 1980; Enn-Yay, 1982; Kikiriki, 1983; **Mayami: Between Cut and Action/Mayami: Entre ''corte'' y ''acción''**, 1986)
8 x 8 x 6 feet (244 x 244 x 183 cm)   Courtesy of Electronics Arts Intermix, New York

297

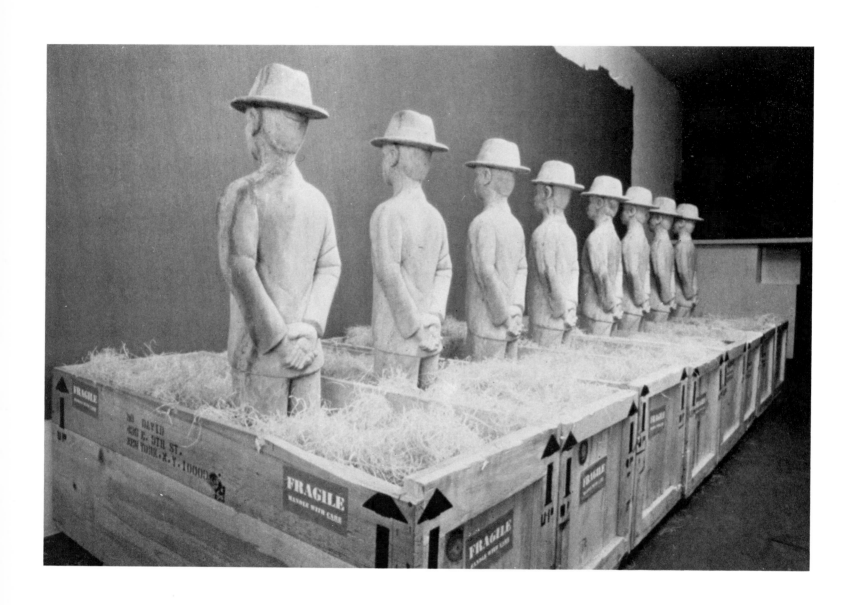

Dead Man / El hombre muerto, 1984
Mixed media installation/Instalación, técnica mixta
Room size/Tamaño de salón de exhibición

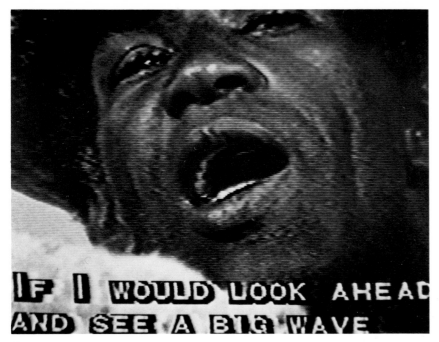

Ñ / enn-yay, 1982
Still from video tape/Vista fija de video

Ñ / enn-yay, 1982
Still from video tape/Vista fija de video

TONY LABAT

Born/Nacido en   La Habana, 1951
Leaves Cuba/Sale de Cuba   Via Miami, Florida, 1965
Resides/Reside en   San Francisco, California

Studies / Estudios
1980 M.F.A., San Francisco Art Institute, California
1978 B.F.A., San Francisco Art Institute, California

Awards / Honores
1988 and 1983 National Endowment for the Arts
        Fellowship, Washington, DC
        Eureka Fellowship, Fleishhacker Foundation,
        San Francisco, California
        Englehart Award, ICA, Boston, Massachusetts
1987 Sculpture Award, Artspace, San Francisco,
        California
1985 Film Arts Foundation and the William and Flora
        Hewlett Foundation

Solo Shows / Exposiciones personales
1988 Museum of Contemporary Art, Los Angeles,
        California
1987 Styriam Autumn, Graz, Austria
        Capp Street Project, San Francisco, California
1986 Artist Space, New York
        Museum of Modern Art, New York
        Ted Greenwald Gallery, New York
1985 Emmanuel Walter Gallery, San Francisco, California

Group Shows / Exposiciones colectivas
1987 The Boston Film/Video Foundation, Massachusetts
1986 Museum of Modern Art, New York
        Long Beach Museum of Art, California
        Newport Harbor Art Museum, California
        Institute of Contemporary Art, Boston,
        Massachusetts
1985 Videonale, Bonn, West Germany
        Worldwide Video Festival, Hague, The
        Netherlands
        Kunst Museum, Bern, Switzerland
        San Francisco Art Institute, California

Collections / Colecciones
Centre Pompidou, Paris
Collection Oppenheim, Bonn, West Germany
Kunst Museum, Bern, Switzerland
Long Beach Museum of Art, California
Museum of Modern Art, New York
Stedelijk Museum, Amsterdam

I am the youngest of five girls. I was two when we first came to Miami; we lived in hotels, because my father kept thinking that we would be returning to Cuba soon. When he realized we weren't, we moved into a mostly American neighborhood. He thought it best that the girls assimilate into the American culture. But at home we remained very Latin. When I started college I didn't have a specific career in mind. It was a course in stage design that did it; within that semester I changed to art, and soon switched to photography. I came to hand color photographs as a result of a course assignment, and I have been doing it ever since. About the time I graduated I met Mario Algaze who had opened a gallery in Coral Gables. Hoping he would give me a show, I took him my portfolio; he gave me a job, instead. He taught me a lot about printing in the two years we worked together. When there was no money, he would pay me with books. It was too great an opportunity to pass up. I always had a fascination with interiors, with architectural settings and stark rooms. About three years ago I found some family pictures of the early years in exile. The rooms in those pictures were as stark and empty as if I had arranged them myself! I think those memories of living with the bare necessities inform my work subconsciously. While studying for my Masters in Rochester, I felt really Cuban for the first time. Everyone was reacting to the Mariel phenomenom, and I found myself asserting that I was Cuban, defending our collective name. I couldn't wait to return to my family, my environment, my traditions; I realized how great Miami really is.

Soy la más pequeña de cinco hermanas. Tenía dos años cuando vinimos a Miami; vivíamos en hoteles, porque mi padre creía que regresaríamos pronto a Cuba. Cuando se dio cuenta que no sería así, nos mudamos para un vecindario norteamericano. El pensaba que lo mejor era que sus hijas se integraran; pero en casa seguíamos siendo muy latinos. Comencé la universidad, sin idea de una carrera específica, pero en un curso de escenografía me decidí; en ese semestre cambié para arte, y poco después para fotografía. El iluminar las fotografías resultó de un trabajo de curso, y lo he venido haciendo desde entonces. Por la época en que me gradué conocí a Mario Algaze, que había abierto una galería en Coral Gables. Fui a mostrarle mi trabajo, y salí de allí con un empleo. Algaze me enseñó mucho de impresión en el tiempo en que trabajamos juntos; cuando no había dinero, me pagaba con libros. Era una estupenda oportunidad que no podía desperdiciar. Siempre me fascinaron los interiores, los ambientes arquitectónicos y las habitaciones vacías. Hace tres años encontré fotos de familia de los primeros años de exilio. En ellas pude ver cuan desiertos estaban los ambientes. Esos recuerdos de vivir con lo elemental han inspirado de manera inconsciente mi obra. Estudiando en Rochester, me sentí realmente cubana por primera vez. Todo el mundo reaccionaba mal con el fenómeno de Mariel; me hallé afirmando nuestra cubanía y defendiendo nuestro nombre colectivo. Ansiosa de volver al seno de mi familia, a mi ambiente y a mis tradiciones, me di cuenta de lo importante que es realmente Miami.

Desktop Sailfish/Aguja abanico, sobre escritorio, 1985
Hand painted photograph/Fotografía pintada a mano,
15 x 15 inches (38.1 x 38.1 cm)
Courtesy of Barbara Gillman Gallery, Miami, Florida

301

Bay Home with Colored Ceilings / Casa de la bahía con techos de colores, 1985,
Hand painted photograph / Fotografía pintada a mano,
8 x 10 inches (20.3 x 25.4 cm)

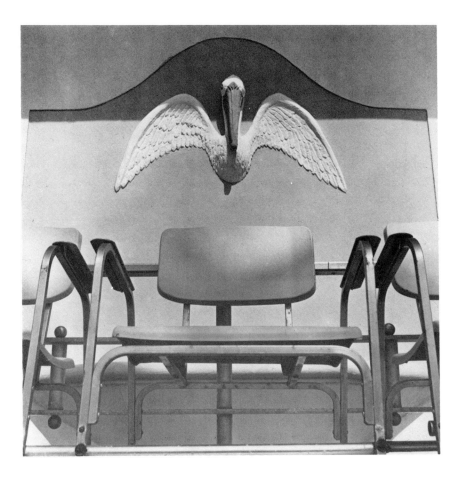

SILVIA LIZAMA

Born/Nacida en   La Habana, 1957
Leaves Cuba/Sale de Cuba   Via Miami, Florida, 1960
Resides/Reside en   Hollywood, Florida

Studies / Estudios
1983 M.F.A., Rochester Institute of Technology, New York
1979 B.F.A., Barry University, Miami, Florida

Awards / Honores
1986 Best in Show Award, Photowork '86, Miami, Florida
1985 Photography Award, WPBT-Channel 2, Miami, Florida

Solo Shows / Exposiciones personales
1986 Southeastern Center for Contemporary Art, Winston-Salem, North Carolina
1985 Barbara Gillman Gallery, Miami, Florida
1983 Rochester Institute of Technology, New York

Group Shows / Exposiciones colectivas
1988 Lehigh University Art Galleries, Bethlehem, Pennsylvania
     Books and Books, Coral Gables, Florida
1987 National Library of Canada, Ottawa
     Intar Latin American Gallery, New York
     Rochester Institute of Technology, Rochester, New York
1986 Air Atlanta, Miami, Florida
1985 Southeastern Center for Contemporary Art, Winston-Salem, North Carolina
1984 Metropolitan Museum and Art Center, Coral Gables, Florida
     North Miami Museum and Art Center, Florida
1982 Barbara Gillman Gallery, Miami, Florida

Collections / Colecciones
Archer M. Huntington Art Gallery, University of Texas, Austin
American Express Co., Miami, Florida
Art in Public Places, Miami, Florida
Lehigh University Art Galleries, Bethlehem, Pennsylvania
Miami-Dade Public Library, Florida
Prudential Bache
Southeast Banking Corporation, Miami, Florida

Pelican with Chairs / Pelicano con sillas, 1982
Hand painted photograph/Fotografía pintada a mano,
8 x 10 inches (20.3 x 25.4 cm)

What I know of Cuba is only what I have been told, because I was two when we arrived to this country. We came with nothing. There were twenty-seven of us living in a two-story house; there was one car with which to go out looking for a job. We were five children in the house; there wasn't enough money for anything. Little by little everyone started moving up. My mother died of leukemia when I was six; she was only twenty-seven. That's been the trauma of my life. It made me aware of the fine things of life, and of the temporality of everything. I don't take life for granted for a minute. I always felt deep inside that I wanted to be an artist; my father was an architect who collected art, and I had an uncle who was an artist. I dreamt of being like him. My formal training is in painting, not in ceramics, but for me, it's like painting in three dimensions. I see the work not as a functional object, but as sculpture. Painting the clay is one more medium that adds to the dimension of the work. My career had never been associated with the Cuban or Latin scene, but that has changed in the last three years. Now my background has become part of my career. I feel Cuban, to the core. Even my daughter, who was born in Miami, is Cuban, and always will be. Exile has given us a sense of instability. Not being born here means my roots are somewhere else.

Lo que sé de Cuba es lo que me han contado, porque tenía dos años cuando vine a este país. Llegamos sin nada. Vivíamos veintisiete en una casa de dos plantas, con un solo automóvil para salir a buscar trabajo. Eramos cinco niños y no alcanzaba el dinero para nada. Poco a poco todo el mundo comenzó a mejorar. Mi madre murió, a los veintisiete años; yo tenía seis. Ese es el trauma de mi vida, lo que me ha hecho consciente de las cosas valiosas de la existencia, y de la temporalidad de todo, como para no dar la vida por sentada ni por un minuto. Siempre tuve la profunda sensación de que quería ser artista; mi padre era arquitecto y coleccionista de arte; tengo un tío artista, y yo soñaba con llegar a serlo. Mi preparación formal es en pintura, no en cerámica, pero para mí la cerámica es como pintar en tres dimensiones. Veo la obra no como un objeto funcional, sino como una escultura. La pintura es un medio que añade dimensión a la obra. Mi carrera nunca dependió de la comunidad cubana o latinoamericana, pero eso ha cambiado en los últimos tres años. Ahora mi trasfondo cultural es parte de ella; me siento cubana hasta la médula. Mi hija, que nació en Miami, es cubana, y siempre lo será. El exilio produce una sensación de inestabilidad. El no haber nacido aquí significa que mis raíces están en otra parte.

Cut Form with Circle and Circle Fragments No. 2 / Forma cortada con círculo y fragmentos de círculo No. 2 , 1984
Mixed media on clay/Técnica mixta sobre arcilla, 18 x 12 x 4 1/2 inches (46 x 30 x 11 cm)
Courtesy of Barbara Gillman Gallery, Miami, Florida

Untitled / Sin título, 1979
Mixed media on canvas/Técnica mixta sobre tela, 24 x 30 inches
(61 x 76 cm)

Facing page/Página opuesta
Trío, 1984
Mixed media/Técnica mixta, 144 x 144 inches (366 x 366 cm)
Commisioned by the Diplomat Hotel,
Hollywood, Florida

CONNIE LLOVERAS

Born/Nacida en	La Habana, 1958
Leaves Cuba/Sale de Cuba	Via Miami, Florida, 1960
Resides/Reside en	Coral Gables, Florida

Studies / Estudios
1981 B.F.A., Florida International University, Miami

Solo Shows / Exposiciones personales
1984 Barbara Gillman Gallery, Miami, Florida

Group Shows / Exposiciones colectivas
1988 32nd Annual Contemporary American Art
      Exhibition, Lehigh University Art Galleries,
      Bethlehem, Pennsylvania
      Contemporary Art Center, New Orleans, Louisiana
      O.K. South Gallery, Miami, Florida
      Barbara Gillman Gallery, Miami, Florida
1987 Cuban Museum of Art and Culture, Miami, Florida
      The Continuum Art Center, Miami, Florida
      Koubek Memorial Center, Miami, Florida
      Centre Cultural Paul Dumais, Tonneins, France
      Metro-Dade Cultural Center, Miami, Florida
      Lehigh University Art Galleries, Bethlehem,
      Pennsylvania
1986 Sibi Art Gallery, Miami, Florida
      Barbara Gillman Gallery, Miami, Florida
      Gillman-Stejn Gallery, Tampa, Florida
1985 Miami-Dade Community College, Florida
      Museum of Contemporary Hispanic Art, New York
1984 West Campus Gallery, Valencia Community
      College, Orlando, Florida
1983 Florida Gulf Coast Art Center, Bellair, Florida
1982 Norton Gallery and School of Art, West Palm
      Beach, Florida
1981 Art Museum, Florida International University, Miami,
      Florida

Collections / Colecciones
Citibank, Miami, Florida
Cypress Savings Association, Plantation, Florida
Florida National Bank, Florida
Southern Bell Tower Collection, Jacksonville, Florida

Display-Artistic Frustration / Exhibición-Frustración de artista, 1981
Acrylic on canvas/Acrílico sobre tela, 60 x 66 inches (152 x 168 cm)
Collection of the Newark Museum, New Jersey

As a child my parents used to tell me that I had talent, and when at that age a boy is told that he has talent, he believes it and goes ahead. They wanted me to be an architect, but by the time I was fifteen I knew that I wanted to be a painter as well as a teacher. I like to teach because I can give what I know to other minds that can absorb it. I am a workaholic; I cannot understand how anyone can waste his talent, and you often see this in a classroom, however hard you try as a teacher. It can be said that my work is conceptual, and that it speaks of the human condition. I strive to perfect my art; at heart, I am never satisfied with my work. There has always been a photographic aspect in my painting; recently I have discovered photography as a medium in itself. Now I am discovering nature through a lens.

Mis padres me decían que tenía talento, y cuando a un niño le dicen que tiene talento, se lo cree y adelanta. Ellos querían que fuera arquitecto, pero cuando llegué a los quince ya sabía que quería ser pintor y maestro a la vez. Me gusta enseñar porque puedo darle lo que sé a otras mentes que lo pueden absorber. Soy un adicto al trabajo. No entiendo como se puede desperdiciar el talento, y en el aula eso se ve a menudo, por más que uno se esfuerce como maestro. Busco perfeccionar mi arte; en el fondo, nunca estoy satisfecho con mi obra. Puede decirse que mi obra es conceptual, y que habla de la condición humana. En mi pintura hay aspectos fotográficos y recientemente he descubierto la fotografía como arte en sí. Ahora estoy redescubriendo la naturaleza a través del lente fotográfico.

Display-Knowledge / Exhibición-Conocimiento, 1981
Acrylic on canvas/Acrílico sobre tela, 72 x 40 inches (183 x 102 cm)
Collection of the artist

Display-the Human Decision / Exhibición-Decisión humana, 1977
Acrylic on canvas/Acrílico sobre tela, 60 x 66 inches (152 x 168 cm)
Collection of the artist

GILBERTO LOPEZ-ESPINA

Born/Nacido en	Artemisa, 1949
Leaves Cuba/Sale de Cuba	Via Miami, Florida, 1962
Resides/Reside en	Belleville, New Jersey

Studies / Estudios
1972 B.F.A., Jersey City State College

Awards / Honores
1981 1978 Grand Prize, National Atlantic City Art Show
1979 First Place, National Atlantic City Art Show
1978 Best-in-Show, Paterson State Art Show

Solo Shows / Exposiciones personales
1985 Kevon Gallery, Plainfield, New Jersey
1985 1984 Oakside Cultural Center, Bloomfield,
    New Jersey
1982 Cayman Gallery, New York
    City Without Walls, Newark, New Jersey
1981 Montclair State College, New Jersey
1980 Haverstraw Enrichment Movement, New Jersey

Group Shows / Exposiciones colectivas
1987 Cumberland Museum and Science Center,
    Nashville, Tennessee
    Cedar Rapids Museum of Art, Iowa
    Oglebay Institute, Wheeling, West Virginia
    Missoula Museum of the Arts, Montana
1986 The Fine Arts Museum of the South, Mobile, Alabama
    Leigh Yawkey Woodson Art Museum, Wausau,
    Wisconsin
    Des Moines Center of Science and Industry, Iowa
    Plano Cultural Art Center, Texas
1984 Tweed Art Gallery, Plainfield, New Jersey
    Kevon Gallery, Plainfield, New Jersey
1983 Lehigh University Art Galleries, Bethlehem,
    Pennsylvania
1981 Cayman Gallery, New York
    Newark Museum, New Jersey
1979 National Academy Galleries, New York

Collections / Colecciones
The Newark Museum, New Jersey

Display-Sensitivity / Exhibición-Sensibilidad, 1981
Acrylic on canvas/Acrílico sobre tela, 70 x 60 inches (177 x 152 cm)

In reality, I feel much more Cuban that Latin American; although I grew up in Puerto Rico, I always felt like a foreigner there. Later in Philadelphia, I experienced a great culture shock with American life. I didn't have any Latin or Cuban friends there; it wasn t until I moved to Chicago that I began to realize the many values my culture had to offer. When I went to Spain, already in college, I felt at home for the first time. That's precisely why I applied for a Fullbright Fellowship to pursue my work there. My project proposal made use of the maps sketched by Columbus in his discovery voyage. My real objective was to utilize them as a means to find myself, to go back to my roots. It goes without saying that I concentrated on the maps of Havana and the island of Cuba. I have always been fascinated by the blank piece ot paper, a white space whose basic structure I can alter. I always prepare brief proposals as work plans, and I mold the idea to my interests, although I may not always accomplish everything I wish as fast as I want. The camera is an integral part of my art; I have tried to separate it from me, to do my work in drawings; but nothing comes of it. I am, therefore, an artist whose mode of expression is photography.

En realidad, me siento mucho más cubana que latinoamericana; aunque crecí en Puerto Rico, siempre me sentí extranjera allí. Luego en Filadelfia tuve mi choque cultural con las costumbres americanas. Allí no tenía amigos latinos ni cubanos; no fue hasta que me mudé a Chicago que empecé a darme cuenta de los muchos valores que tiene mi cultura. Cuando fui a España estando en la universidad, me sentí que por primera vez estaba en casa. Solicité la Beca Fullbright para irme a trabajar allá precisamente por eso. Hice una propuesta de trabajo que empleaba los mapas trazados por Colón para el descubrimiento. El objetivo fue utilizarlos como idea para localizarme a mí misma, para volver a mis raíces. De más está decir que me concentré en los mapas de La Habana y de la isla de Cuba. Siempre me ha fascinado lo que es un papel blanco, un espacio vacío al cual puedo añadirle algo que rompa su estructura. Siempre hago pequeñas propuestas, como planes de trabajo, y moldeo la idea a mis intereses, aunque no puedo realizar todo lo que deseo con la rapidez que quisiera. La cámara es parte íntegra de mi arte; he tratado de separarla, de hacer mi obra en dibujo, y nada. Soy, pues, una artista cuyo medio de expresión es la fotografía.

Narcisa, Oh La Luna (detail / detalle), 1985
Silver print/Fotografía (emulsión de plata), 20 x 48 inches (51 x 122 cm)

313

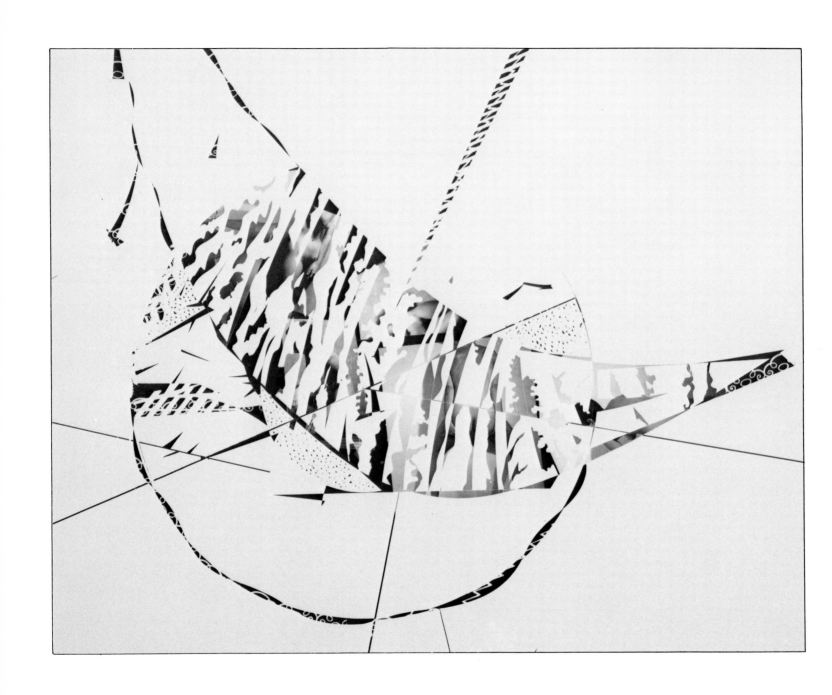

Narcisa, Oh La Luna (detail/detalle), 1985
Silver print/Fotografía (emulsión de plata) 20 x 48 inches (50.8 x 122 cm)

Fragment Pieces #3 (detail) / **Fragmentos #3** (detalle), 1983
Silver print/Fotografía (emulsión de plata) 16 x 20 inches (41 x 50.8 cm)

MARIA MARTINEZ-CAÑAS

Born/Nacida en	La Habana, 1960
Leaves Cuba/Sale de Cuba	Via Miami, Florida, 1960
Resides/Reside en	Miami, Florida

Studies / Estudios
1984 M.F.A., The School of the Art Institute of Chicago,
Illinois
Philadelphia College of Art, Pennsylvania
1982 B.A., Philadelphia College of Art, Pennsylvania

Awards / Honores
1988 National Endowment for the Arts Fellowship,
Washington, DC
Cintas Foundation Fellowship
1985 Fullbright-Hays Fellowship

Solo Shows / Exposiciones personales
1988 Marianne Deson Gallery, Chicago, Illinois
1987 Key Biscayne Library, Florida
1984 XV Rencontres Internationales de la Photographie,
Arles, France
1983 Museo de la Universidad de Puerto Rico,
Río Piedras

Group Shows / Exposiciones colectivas
1988 Contemporary Art Center, New Orleans, Louisiana
Lehigh University Art Galleries, Bethlehem,
Pennsylvania
1987 Fullbright Alumni Art Exhibition, Georgetown
University Fine Arts Gallery, Washington, DC
City Gallery of Contemporary Art, Raleigh,
North Carolina
1986 Chicago International Art Expo, Illinois
1985 Museo de la Universidad de Puerto Rico,
Río Piedras
1982 Museum of Modern Art of Latin America,
Organization of American States, (OEA),
Washington, DC

Collections / Colecciones
Bibliotheque Nationale, Paris
Ibero-Amerikanisches Institut, West Berlin, Germany
International Center of Photography, New York
Musée du Centre Georges Pompidou, Paris
Museum of Modern Art of Latin America, Organization of
American States, (OEA), Washington, DC

When my father made the decision to leave Cuba in 1967, most of my family was already in exile. My parents' greatest fear was that we would still be in Cuba when the time came for me to be drafted. When boys turn fifteen, the government no longer grants permission to leave the country; for all intents and purposes, a boy is drafted the day he turns fifteen. We left Cuba for Spain; four months later we were on our way to California, where part of our family resided. While in college I felt the need to return to Spain, to look up my mother's side of the family. After graduation I lived there for a year, first in my grandmother's home town, and then in Madrid. I was on the Cintas Fellowship, and that enabled me to paint exclusively. It served to get school out of my system. Spain influenced me greatly; my work started to get darker. I find that the evening calls out to me; one can really be alone. The lack of light is a perfect situation. I like to capture that mystery, to hint at the things that are there with the slightest dab of color. My work is about landscapes, especially urban. I paint what surrounds me, and right now what surrounds me is New York City, with its parks and skyscrapers. I see what other people perhaps do not see, and I transform it into a mystical experience.

Cuando mi padre tomó la decisión de salir de Cuba en 1967, la mayor parte de la familia ya estaba en el exilio. Su temor más grande era que todavía estuviéramos en Cuba cuando yo llegara a la edad del servicio militar obligatorio. Cuando un muchacho cumple quince años, el gobierno ya no lo autoriza a abandonar el país; o sea que, prácticamente, un joven es reclutado el día que cumple quince años. Así pues, salimos de Cuba para España; cuatro meses después íbamos rumbo a California, a reunirnos con familiares. En la universidad sentí la necesidad de regresar a España, a conocer mi rama materna. Después de graduarme viví allá por un año, primero en el pueblo de mi abuela, y luego en Madrid. Me habían concedido la Beca Cintas y eso me permitió dedicarme exclusivamente a pintar; me sirvió para despojarme de la influencia académica. España me influyó mucho; mi obra comenzó a oscurecerse. Descubrí que me atraía la noche, que la falta de luz es una situación perfecta. Me gusta captar ese misterio, sugerir las cosas presentes con el más tenue toque de color. Pinto lo que me rodea, y ahora mismo lo que me rodea es la ciudad de New York, con sus parques y sus rascacielos. Veo lo que acaso otros no ven, y lo transformo en una experiencia mística.

Two Trees / Dos árboles, 1984
Oil on linen/Oleo sobre tela, 48 x 40 inches (122 x 101.6 cm)

GUSTAVO OJEDA

Born/Nacido en	La Habana, 1958
Leaves Cuba/Sale de Cuba	Via Madrid, 1967
Resides/Reside en	New York

Studies / Estudios
1979 B.F.A., Parsons School of Design, New York

Awards / Honores
1983 and 1981 Institute for Art and Urban Resources, Inc.
1980 Cintas Foundation Fellowship

Solo Shows / Exposiciones personales
1987 David Beitzel Gallery, New York
1986 Michael Kohn Gallery, Los Angeles, California
1983 Gavet/Kohn Gallery, New York
1982 "Night Paintings," P.S. 1, Long Island City, New York
        Pan American Health Organization,
        Washington, DC
1981 Seventeenth Street Gallery, New York

Group Shows / Exposiciones colectivas
1988 "Landscapes," Jersey City Museum, New Jersey
1987 "Nightworks," Bronx Museum, New York
1986 The Metropolitan Museum Art Center, Miami, FL
        David Beitzel Gallery, New York
1985 "Scapes," University Art Museum, University of
        California, Santa Barbara
        Lehman College Art Gallery, New York
        Tossan-Tossan Gallery, International Contemporary
        Art Fair, Madrid
1984 Larry Gagosian Gallery, Los Angeles, California
        Museum of Modern Art, New York

Collections / Colecciones
Archer M. Huntington Art Gallery, University of Texas,
Austin
Cadillac Fairview Corporation, Washington, DC
Goldman, Sachs Co., New York

Midtown / El centro de Manhattan, 1985
Oil on canvas/Oleo sobre tela, 48 x 23 inches (122 x 58.4 cm)
Collection of Richard Hingula and Ann Partlow, New York

Facing page/Página opuesta
Intersection / Intersección, 1985
Oil on canvas/Oleo sobre tela, 37 x 28 inches (93.3 x 71 cm)
Collection of David Beitzel Gallery

My father was a policeman in Cuba. When the revolution took over, he was arrested, tortured and executed. I was a year and a half when we came into exile. I grew up in Union City, New Jersey. I loved that small big-town right across the river from New York. I used to tell my mother and my stepfather to pick up the American culture. My sister and I did, quite easily. As I think back, I didn't have much confidence as a kid in my abilities, although I knew at an early age that I wanted to be a painter. My parents encouraged it, told me to take it seriously, not just as a hobby. I almost ended up at West Point, although I wanted a more liberal environment. Somehow I couldn't put my heart into art; I chose engineering and registered at the University of Connecticut. Engineering lasted one semester; I switched to political science, planning ahead for a good job from which I could retire early and then paint. Painting was my ultimate goal. I dropped out of college a semester before graduation. My parents were moving to Florida, and I decided to go with them. For the first time in my life I had time to paint; for the first time, also, I had confidence. In the last few years I have been understanding more about the Cuban part of me. At first I didn't know how to deal with it. For me being Cuban is an emotion that just happens. Here in Miami, Cuba is always present. Miami influences my work; I use the local colors, the vegetation, the cultural sensibility, the psychology of this area which is so different from New England. Although I don't think my work is Cuban or even Cuban-American, there are memories inside of me that do emerge. I have recaptured my ancestry, and I am proud of that.

Mi padre era policía en Cuba. Los revolucionarios lo arrestaron, lo torturaron y lo fusilaron. Yo tenía año y medio cuando vinimos al exilio. Crecí en Union City, New Jersey; me encantaba esa pequeña gran ciudad frente a New York. Solía decir a mi madre y a mi padrastro que asimilaran la cultura norteamericana. Mi hermana y yo lo hicimos con relativa facilidad. De niño, no tenía mucha confianza en mis habilidades, aunque ya sabía que quería ser pintor. Mis padres estimularon esa vocación; me decían que la tomara en serio. Casi voy a dar a West Point, pese a que aspiraba a un ambiente más libre; por alguna razón no me decidí por el arte sino por la ingeniería. Me matriculé en la Universidad de Connecticut; después de un semestre cambié para ciencias políticas, con la perspectiva de conseguir un buen empleo que me permitiera jubilarme temprano para dedicarme a pintar. La pintura era mi meta final. Dejé la universidad meses antes de graduarme, porque mis padres se mudaban para la Florida y decidí acompañarlos. Por primera vez tuve tiempo para pintar; por primera vez también tenía confianza en mí. En los últimos años he comprendido lo que tengo de cubano; al principio, no lo entendía muy bien. Para mí, ser cubano es una emoción que simplemente acontece. Aquí en Miami, Cuba está siempre presente. Miami influye en mi obra; uso los colores locales, la vegetación, la sensibilidad cultural, la psicología de esta zona tan diferente a las regiones frías. Aunque no creo que mi obra sea cubana, ni siquiera cubano-americana, hay recuerdos dentro de mí que afloran. He recuperado mi herencia cultural, y me enorgullezco de ello.

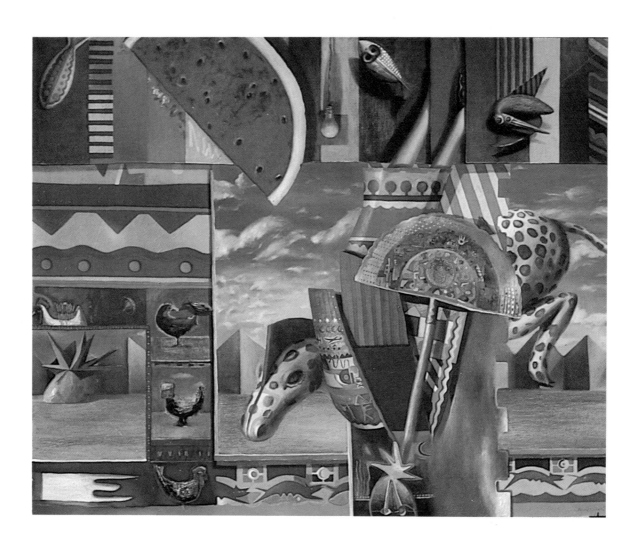

Falling through the Cracks / Cayéndose por las grietas, 1983
Oil and acrylic on canvas/Oleo y acrílico sobre tela, 60 x 72 inches (152.4 x 183 cm)
Collection of Janis Diamond Prospero, Miami, Florida

ARAMIS O'REILLY

Born/Nacido en	La Habana, 1958
Leaves Cuba/Sale de Cuba	Via Miami, Florida 1960
Resides/Reside en	Miami, Florida

Studies / Estudios
1981-1986 Florida International University, Miami,

Awards / Honores
1987 Cintas Foundation Fellowship

Solo Shows/Exposiciones personales
1986 South Dade Regional Library, Miami, Florida
        Florida International University, Miami, Florida
1985 Miami-Dade Community College
1984 Florida International University, Miami, Florida

Group Shows / Exposiciones colectivas
1988 Virginia Miller Gallery, Coral Gables, Florida
        "Cintas Fellows Revisited: A Decade
        After," Miami-Dade Public Library,
        Florida
        Cuban Museum of Art and Culture, Miami, Florida
1987 Hortt Annual Juried Exhibition, Fort Lauderdale
        Museum of Art, Florida
1985 Mayfair in the Grove, Miami, Florida
1984 John L. Koubek Center, Miami, Florida
        The Warehouse Gallery, Miami, Florida
1983 Galleria Novita, Miami, Florida
1982 Florida International University, Miami

Collections / Colecciones
Art in Public Places, Bay Vista, Florida
Cintas Foundation, New York
Florida International University Art Museum, Miami
Miami-Dade Public Library System

Boy with a Boat / Niño con bote, 1983
Oil on canvas/Oleo sobre tela, 30 x 46 inches (76.2 x 116.8 cm)

Facing page/Página opuesta
The Photograph / La fotografía, 1985
Oil on canvas/Oleo sobre tela, 42 x 72 inches (106.6 x 182.9 cm)

When I left Cuba with my parents, I took all my drawings with me. We were in Canada for several months and lived in New York for five years, until finally we moved to México. The nine years I spent there were a kind of *sensorama*. All my friends were Uruguayans, or Colombians, or Cubans. I liked México very much, although it is a society where integration is difficult: one can live there for years and still feel a stranger. I have lived in Peru —a fascinating, mysterious, dramatic country— and also in Guatemala. My wife is from Nicaragua; in short, Latin American culture has a strong presence in my life and in my work. In Guatemala I devoted myself fully to art, but nonetheless, I studied architecture. Architecture incorporates me into a real world; art is my private world. My work is a conscious expression of emotions, a personal dialogue. The years I lived in Miami have also been influential because for the first time I found myself surrounded by Cubans. When you live outside your country, either you ignore it completely or you return to it in your memory. My memories of Cuba are very pleasant, and, besides, I have an excellent memory. I have studied our history, our customs. Many Cubans do not really know Cuba in a historical context. My work reflects all of that: the religious iconography, the sense of morality, the values, our history as a people. No matter where we may live, we shall always be different.

Cuando salí de Cuba con mis padres, salí con dibujos y todo en mi equipaje. Estuvimos en Canadá unos meses, y después vivimos en New York por cinco años, hasta que finalmente nos trasladamos a México. Los nueve años que viví allí fueron como una especie de sensorama. Mis amigos eran uruguayos, o colombianos o cubanos. Me gustó mucho México a pesar de que es una sociedad en la que es difícil integrarse, en la que se puede vivir por años y todavía sentirse extranjero. He vivido en Perú —un país fascinante, misterioso, dramático— y también en Guatemala. Mi esposa es nicaragüense; en fin que la cultura latinoamericana es muy fuerte en mi vida y en mi obra. En Guatemala pude dedicarme al arte de lleno, aunque eventualmente estudié arquitectura. Esta me incorpora al mundo real; el arte es mi mundo privado. Mi obra es una expresión consciente de emociones, un diálogo personal. Los años que viví en Miami han influido también porque me sentí rodeado de cubanos por primera vez. Cuando uno vive fuera de su país, o lo ignora por completo, o regresa a él en la memoria. Mis recuerdos de Cuba son muy agradables, y además tengo una memoria excelente. He estudiado nuestra historia, nuestras costumbres. Muchos cubanos no conocen verdaderamente lo que es Cuba en el ámbito histórico. Mi obra refleja todo esto: la iconografía religiosa, el sentido de moralidad, los valores, nuestra historia. No importa donde, siempre seremos diferentes.

Otiyolqueh, 1980
Mixed media on paper/Técnica mixta sobre papel, 23 x 35 inches (58.4 x 88.9 cm)

Incógnita / Mystery, 1982
Color pencil on paper/Lápiz de color sobre papel,
23 x 30 inches (58.4 x 76.2 cm)
Collection of Nancy Berlin

JORGE PARDO

El Cacique Hatuey / Hatuey, the Chieftain, 1984
Oil pastels on black board/Pasteles de óleo sobre cartón negro,
30 x 40 inches (76.2 x 101.6 cm)
Collection of María Lino

Born/Nacido en	La Habana, 1951
Leaves Cuba/Sale de Cuba	Via New York, 1960
Resides/Reside en	Austin, Texas

Studies / Estudios
1979 M.A., Architecture, University of Texas
1976 M.F.A., Florida State University
1973 B.F.A., Universidad de las Américas, México

Awards / Honores
1988 Tile Mural commissioned for the Conly-Guerrero
     Activity Center, Art in Public Places Program
     Austin, Texas
     Visual Arts Fellowship, Mid-America Arts Alliance,
     National Endownment for the Arts
1982 Cintas Foundation Fellowship

Solo Shows / Exposiciones personales
1985 Intar Latin American Gallery, New York
     Frances Wolfson Art Gallery, Miami-Dade
     Community College, Florida
1984 Archer M. Huntington Art Gallery, University of
     Texas, Austin
1977 Trinity House Gallery, Austin, Texas
1974 Galería Macondo-Vittorio, Guatemala

Group Shows / Exposiciones colectivas
1986 San Antonio Museum of Art, Texas
     Contemporary Arts Center, New Orleans Louisiana
1985 Mary Porter Sesnon Gallery,
     Eloise Pickard Smith Gallery,
     University of California, Santa Cruz
1984 Fisher Gallery, University of Southern California,
     Los Angeles
1983 San Antonio Art Institute, Texas
1982 Laguna Gloria Art Museum, Austin, Texas

Collections / Colecciones
Cintas Foundation, New York
Citicorp Bank, New York
Watson Group Collection, Austin Texas

In 1962, there was a panic in Cuba that children would be sent to the Soviet Union to study, and so my parents sent me, and my two sisters alone to the United States. I was eight; they were ten and six, respectively. My parents could not leave Cuba right away, so we were sent to a Catholic orphanage in Colorado. That was definitely a negative experience. We finally settled in Florida a year later. I majored in ceramics at the University of Florida, and went on to do graduate work in Rochester. New England weather was too grey and depressing for me, but work-wise it was an important period, for it was there that my work became more personal. I began incorporating my own writings in the clay itself. My best work is the one that comes natural, with no preconceived idea. I am concerned with religious and humanistic values, for I grew up in a very Catholic family. Being Catholic —like being Cuban— is forever in me, no matter what, and although I no longer go to church, the iconography remains an influence. *Saint Martha, Mother of Six* is an example; it is a sculpture I made in honor of my mother. There is also the *Holocaust* series, through which I attempt to remind everyone that we cannot forget such massacres.

En 1962 había pánico en Cuba de que los niños fueran a ser enviados a la Unión Soviética, de manera que mis padres me mandaron a Estados Unidos, con dos de mis hermanas. Yo tenía ocho años, y ellas seis y diez respectivamente. Mis padres no pudieron salir de Cuba enseguida, así que fuimos a parar a un orfanato católico en Colorado. Esa fue, sin duda, una experiencia negativa. Finalmente nos establecimos en la Florida un año después. Me especialicé en cerámica en la Universidad de la Florida, y seguí los estudios de posgrado en Rochester. El clima de Nueva Inglaterra era demasiado gris y deprimente para mí, pero en cuanto al trabajo fue un período importante, porque allí mi obra se hizo más personal. Comencé a incorporar mis propios escritos a la arcilla misma. Mi mejor obra es la que surge sin ninguna idea preconcebida. Me interesan los valores religiosos y humanos, porque me formé en el seno de una familia muy católica. Ser católico —como el ser cubano— es algo que siempre llevo conmigo, y aunque ya no voy a la iglesia, la iconografía sigue ejerciendo su influencia en mí. *Santa Marta, madre de seis* es un ejemplo; la hice en honor a mi madre. También está la serie de *Holocausto*, un intento de hacernos presente que no podemos olvidar tales masacres.

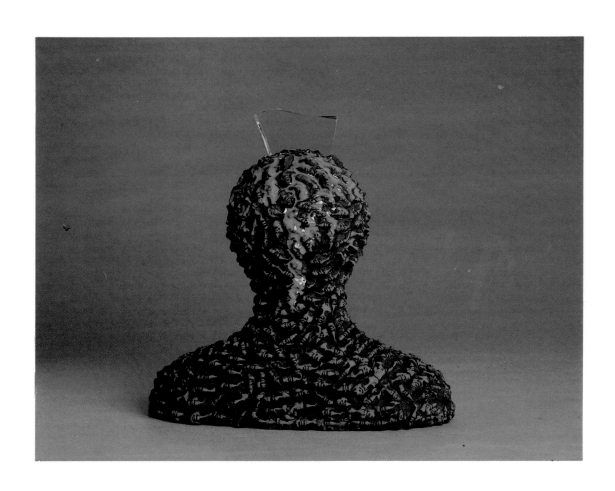

Angel of Death / Angel de la muerte, 1986
Clay and glass/Cerámica y vidrio, 14 x 14 x 6 inches (35 x 35 x 15 cm)
Collection of Benjamin Jones, Atlanta, Georgia

The Killing Fields / *Campos de la muerte*, 1985
Clay/Cerámica, 3 x 13 x 13 inches (8 x 33 x 33 cm)
Collection of the artist

Gravestone (detail) / **Lápida** (detalle), 1986
Clay/Cerámica, 31 x 21 x 7 inches (79 x 53 x 18 cm)

MARIO PETRIRENA

Born/Nacido en	Matanzas, 1953
Leaves Cuba/Sale de Cuba	Via Miami, Florida, 1962
Resides/Reside en	Decatur, Georgia

Studies/Estudios
1979 M.F.A., Rochester Institute of Technology, New York
1977 B.A., University of Florida, Gainesville

Awards / Honores
1987 Jurors Award of Excellence, Spotlight '87, Arrowmont School of Arts and Crafts, Gatlinburg, Tennessee
1986 Cintas Foundation Fellowship
1985 Artist-in-Education Fellowship, Georgia Council for the Arts

Solo Shows / Exposiciones personales
1985 Studio D-1 at Tula, Atlanta, Georgia
1984 Tifton County Library, Tifton, Georgia
1981 Original Gallery, Rochester Institute of Technology, New York

Group Shows / Exposiciones colectivas
1988 "Latin American Artists of the Southeast Coastal Region," Contemporary Art Center, New Orleans, Louisiana
High Museum of Art, Atlanta, Georgia
"The Figure and Clay," Pewabic Pottery, Detroit, Michigan
1987 Atlanta Artist, Art Festival of Atlanta, Georgia
27th National Exhibition, "American Ceramics Now," Syracuse, New York; New York City; Sacramento, California; Lincoln, Massachusetts; Youngston, Ohio; Lincoln, Nebraska; Birmingham, Alabama
"Spotlight '87: Southeast Crafts." Arrowmont Gallery, Arrowmont School of Arts & Crafts, Gatlinburg, Tennessee
1986 Etowah Arts Gallery, Centersville, Georgia
Nexus Contemporary Art Center, Atlanta, Georgia
1985 Alexander Gallery, Atlanta, Georgia
1982 National Technical Institute for the Deaf, Rochester, New York

Collections / Colecciones
Cintas Foundation, New York
Museum of Arts and Sciences, Macon, Georgia

S A N C H E Z

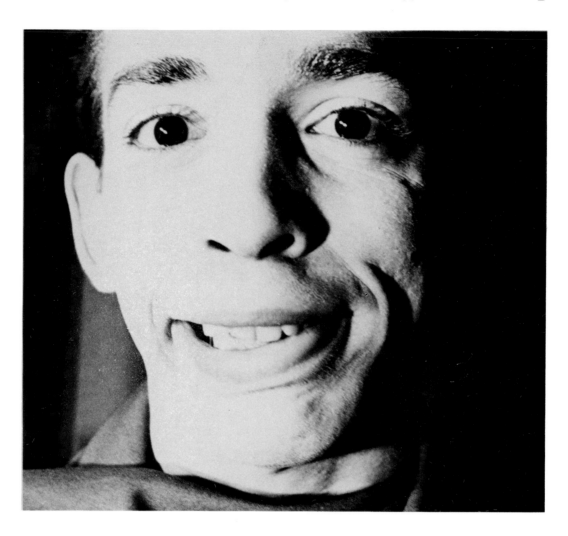

I don't remember much of Cuba, nor of my father, who was murdered in 1958 by Batista's men. I was a year old. We left Cuba via Colombia, and later moved to Miami where I was granted a scholarship to a Jesuit school. I did not like wearing a necktie; my family thought I had discipline problems and sent me to Spain to live with an uncle. There I also fared badly, because my uncle felt the same way. In truth he was the one with the problem, for he did not want to be in Spain. I have always been artistically inclined. My brother and I were always hustling for work, either painting T-shirts or houses. We were always painting something to earn money. I moved to New York to study at the Fashion Institute of Technology, but I could not continue in school for financial reasons. Anyway, I was already into art. When I had the opportunity, I travelled to Spain and México. Seeing Diego Rivera's work in its context I realized how strongly this man wanted to portray his culture. Mexican culture is so strong! There is a flare of Mexican soap operas in my work, and of Cuban culture as well, although the latter has less to do with patriotism, and more with a culturally-linked sense of humor.

No me acuerdo mucho de Cuba, ni tampoco de mi padre que fue asesinado por los batistianos en el año 58. Yo tenía un año. Salimos de Cuba por Colombia y después nos trasladamos a Miami donde fui becado por una escuela jesuíta. No me gustaba ponerme corbata; mi familia creía que yo tenía problemas con la disciplina, y me enviaron a España a vivir con un tío. Allí también la pasé muy mal, porque él opinaba lo mismo. En realidad él era el del problema, porque no quería estar en España. Siempre tuve inclinación artística. Mi hermano y yo inventábamos negocios, pintando camisetas o casas. Siempre estábamos pintando algo, porque nos hacía falta el dinero. Vine a New York a estudiar en el Fashion Institute of Technology, pero por razones económicas no pude continuar. De todos modos, ya estaba en el arte. He viajado a España y a México, donde descubrí la obra de Diego Rivera. Me di cuenta que él quiso pintar su cultura, y esa cultura —sobre todo la popular— es muy fuerte. Hay algo de novela mexicana en mi obra. También de lo cubano, aunque no por patriotismo. Lo latino en mi trabajo tiene mucho humor; es una especie de vínculo.

No King Day / Día sin rey, 1984
Oil on canvas on wood/Oleo sobre tela sobre madera, 49 x 58 inches (124.5 x 147.3 cm)
Collection of Emily & Jerry Spiegel, Kingspoint, New York

333

Valle de lágrimas (detalle) / Valley of Tears (detail), 1987
Acrylic on canvas/Acrílico sobre tela,
61 x 56 inches (155 x 142.2 cm)
Collection of Richard Oosteroom

La abuela, la madre, la hija y el enano / The Grandmother, the Mother,
the Daughter and the Midget, 1984
Acrylic on canvas/Acrílico sobre tela, 57 x 44 inches (144.7 x 111.7 cm)
Collection of Martin Margulies, New York

ADOLFO SANCHEZ

Born/Nacido en	Camagüey, 1957
Leaves Cuba/Sale de Cuba	Via Colombia, 1961
Resides/Reside en	New York

Studies / Estudios
Miami-Dade Community College, Florida
Fashion Institute of Technology, New York

Awards / Honores
1986 Painting Fellowship, México

Solo Shows / Exposiciones personales
1987 Barbara Braathen Gallery, New York
1985 Art Mart, New York

Group Shows / Exposiciones colectivas
1987 Barbara Braathen Gallery, New York
Contemporáneos Galleries at "El Bohio," New York
1986 Bacardi Art Gallery, Miami, Florida
Thomas Center Gallery, Gainesville, Florida
Haggerty Museum, Marquette University, Wisconsin
1985 Castle Sismondo, Rimini, Italy
Holly Solomon Gallery, New York
Charlottenborg Museum, Copenhagen, Denmark
Saidye Bronfman Centre, Montreal, Canada
Kamikaze Gallery, Miami, Florida
Moosart Gallery, Miami, Florida
1984 Miami Dade Public Library, Florida
1983 The Dive, New York
1981 Gracie Mansion Gallery, New York
Mudd Club, New York
Stilwende Gallery, New York
1979 Viewing Room Galleries, New York

Collections / Colecciones
Alexander Wood Gallery, New York
Gruminger Museum, The Netherlands

Lo tuyo es mío y lo mío es tuyo /
What's Yours is Mine and What's Mine is Yours, 1981
Acrylic on canvas/Acrílico sobre tela,
60 x 50 inches (152.4 x 127 cm)
Collection of Harvey Boyd, New York

CATALOGUE / CATALOGO

SECOND GENERATION / SEGUNDA GENERACION

CUNDO BERMUDEZ

Monday, December 21 / Lunes, 21 de diciembre, 1974
Oil on canvas/Oleo sobre tela, 37 x 50 inches (93.9 x 127 cm)
Collection of the Museum of Modern Art of Latin America,
Organization of American States, (OEA), Washington, DC

MARIO CARREÑO

Sonata de la piedra y de la carne / Sonnet of Stone and Flesh,
1967
Oil on canvas/Oleo sobre tela, 48 x 64 inches (121.9 x 162.5 cm)
Collection of the Museum of Modern Art of Latin America,
Organization of American States, (OEA), Washington, DC

CARMEN HERRERA

Thursday / Jueves, 1978-79
Acrylic on canvas/Acrílico sobre tela, 66 x 42 inches (167.6 x
106.7 cm)

Sunday / Domingo, 1979
Acrylic on canvas/Acrílico sobre tela, 64 x 42 inches (162.5 x
106.7 cm)

Both works courtesy of L. Rastovsky Gallery, New York City

ALFREDO LOZANO

Planetarium , 1974
Bronze/Bronce, 15 x 12 x 11 inches (38.1 x 30.5 x 27.9 cm)

Geminis, 1972
Acrylic on canvas/Acrílico sobre tela, 72 x 40 inches (182.9 x
101.6 cm)

Equis / X, 1979
Bronze/Bronce, 15 x 11 1/2 x 3 inches (38.1 x 29.2 x 7.6 cm)

DANIEL SERRA-BADUE

Cuban Polymita / Polimitas cubanas, 1985
Oil on canvas/Oleo sobre tela, 28 x 28 inches (71.1 x 71.1 cm)
Collection of Mr. & Mrs. Albert Young, New York

Imprisoned Shopping Bag / Bolsa Prisionera, 1982
Lithograph/Litografia, 26 x 20 inches (66 x 50.8 cm)
Private collection

The House on the Hill / La casa de la loma, 1980
Lithograph/Litografia, 20 x 24 (50.8 x 61 cm)

THIRD GENERATION / TERCERA GENERACION

JORGE CAMACHO

L'oiseau, la nuit / The Bird, the Night / El pájaro, la noche, 1980
Oil on canvas/Oleo sobre tela, 60 x 40 inches (152.4 x 101.6 cm)
Collection of Mr. & Mrs. Mario Amiguet, Miami, Florida

ROLANDO LOPEZ DIRUBE

Aro / Ring, 1979
Black olive/Olivo negro, 19 x 24 x 6 1/2 inches (48.2 x 61 x 16.5
cm) Private collection, Miami, Florida

Gynes, 1963
Wood/madera, 33 1/2 x 21 x 12 inches (85 x 53.3 x 30.4 cm)
Collection of Museo de Arte de Ponce, Puerto Rico

Esfera Alterada/Altered Sphere, 1987
Wood and bronze/Madera y bronce,
35 inches in diameter (88.9 cm. de diámetro)

AGUSTIN FERNANDEZ

La grande peau / The Large Skin / La gran piel, 1964
Oil on linen/Oleo sobre tela, 107 1/4 x 77 1/2 inches (272.4 x
196.8 cm) Collection of the Detroit Institute of Arts, Michigan.
Gift of Frank W. Donovan

The Image as a Fetiche / La imagen como fetiche, 1980
Oil on canvas/Oleo sobre tela, 114 x 100 inches (289.5 x 254
cm) Collection of the artist

ENRIQUE GAY GARCIA

Icarus, 1984
Bronze/Bronce, 12 x 57 x 6 inches (30.4 x 144.8 x 15.2 cm)
Mainieri Collection, Coral Gables, Florida

Cabeza / Head , 1973
Bronze/Bronce, 15 x 7 x 15 inches (38 x 18 x 38 cm)
Collection of the Museum of Modern Art of Latin America,
Organization of American States, (OEA), Washington, DC

FERNANDO LUIS

Intrigante con perro luciferino / Intriguers with Diabolical Dog ,
1981. Mixed media on paper/Técnica mixta sobre papel,
30 x 42 inches (76.2 x 106.7 cm)

Tres intrigantes / Three Intriguers, 1981
Mixed media on paper/Técnica mixta sobre papel 30 x 42
inches (76.2 x 106.7 cm)

Both works collection of Mr. & Mrs. David Cassel, Miami,
Florida

Los intrigantes / The Intriguers, 1981
Mixed media on paper/Técnica mixta sobre papel, 30 x 42
inches (76.2 x 106.7 cm) Collection of Dr. & Mrs. Luis
Fernández-Rocha, Coral Gables, Florida

EDUARDO MICHAELSEN

Los gallitos / The Little Cocks, 1986
Oil on canvas/Oleo sobre tela, 24 x 30 inches (61 x 76.2 cm)

Coronación tropical / Tropical Coronation , 1986
Oil on canvas/Oleo sobre tela, 24 x 20 inches (61 x 50.8 cm)

JOSE MIJARES

Sacerdotisas de la ilusión / High Priestesses of Illusion , 1971
Oil on canvas/Oleo sobre tela, 67 x 55 inches (170.2 x 139.7 cm)
The Cintas Foundation Collection, New York

Sombras sobre un muro / Shadows on a Wall, 1973
Oil on canvas/Oleo sobre tela, 55 x 49 inches (139.7 x 124.5 cm)
Collection of Efraím Oliver, Miami, Florida

GINA PELLON

Ses dents en dentelle de misericorde / The Lace Teeth of Compassion / Los dientes de encaje de la misericordia, 1986
Oil on canvas/Oleo sobre tela, 64 1/2 x 52 inches (164 x 132 cm)

Anemone et Sapin blanc / Anemone and White Pine / Anémona y pino blanco, 1987
Oil on canvas/Oleo sobre tela, 38 x 38 inches (96 x 96 cm)

BARUJ SALINAS

Double Pictogram / Pictograma doble, 1985
Lithograph/Litografía, 30 x 22 inches (76.2 x 55.9 cm)
Collection of Ediciones Pacíficas, S.A. México, D.F.

Lamed Sedante, 1985
Lithograph/Litografía, 30 x 22 inches (76.2 x 55.9 cm)
Collection of Ediciones Pacíficas, S.A.
México, D.F.

EMILIO SANCHEZ

Persianas / Shutters, 1986
Oil on canvas/Oleo sobre tela, 36 x 72 inches (91.4 x 182.9 cm)

ZILIA SANCHEZ

Topología erótica / Erotic Topology, 1980
Acrylic on molded canvas/Acrílico sobre tela tensada sobre madera, 85 x 80 inches (215.9 x 203.2 cm)

RAFAEL SORIANO

Surcos de Luz / Furrows of Light, 1980
Oil on canvas/Oleo sobre tela, 50 x 60 inches (127 x 152.4 cm)
Collection of the Lowe Art Museum, University of Miami, Coral Gables, Florida. Gift of Mr. & Mrs. Francisco G. Mestre

Albores de un recuerdo / .Dawn of a memory, 1983
Oil on canvas/Oleo sobre tela, 50 x 60 inches (127 x 152.4 cm)

FOURTH GENERATION / CUARTA GENERACION

JOSE RAMON ALEJANDRO

Untitled / Sin titulo, 1980
Crayon on paper/Lápiz sobre papel, 51 x 38 1/2 inches (129.5 x 97.8 cm) Collection of Ramón Osuna, Washington, D.C.

Untitled / Sin titulo, 1980
Pencil on paper/Lápiz sobre papel, 29 1/2 x 43 1/2 inches (74.9 x 110.4 cm) Collection of Ramón Osuna, Washington, D.C.

LUIS CRUZ AZACETA

Self-Portrait with Magical Object II / Autorretrato con objeto mágico II, 1986. Acrylic on canvas/Acrílico sobre tela, 114 x 77 inches (289.5 x 195.6 cm)

JUAN BOZA

The Legend of Sesé-Eribó / La leyenda de Sesé-Eribó, 1987
Mixed media Installation/Instalación, técnica mixta, 10 x 14 x 5 feet (3 x 4.3 x 1.5 m)

HUMBERTO CALZADA

The Observatory / El Observatorio, 1986
Acrylic on canvas/Acrílico sobre tela, 60 1/8 x 45 1/8 inches (152.7 x 114.6 cm)
Collection of the Miami University Art Museum, Oxford, Ohio

Still Life / Naturaleza muerta, 1985
Acrylic on canvas/Acrílico sobre tela, 45 x 60 inches (114.3 x 152.4 cm)

HUMBERTO CHAVEZ

The Window Remembers, Double Self-Portrait / La ventana recuerda, autorretrato doble , 1981
Mixed media/Técnica mixta, 86 1/2 x 51 x 13 1/2 inches (219.7 x 129.5 x 34.3 cm) Collection of the artist

Ying-Yang, 1983
Mixed media on paper/Técnica mixta sobre papel, 55 1/2 x 37 x 3 1/4 inches (141 x 94 x 8.2 cm)

JUAN GONZALEZ

Untitled / Sin titulo, 1981
Tempera, gold leaf and oil on Masonite/Tempera, pan de oro y óleo sobre Masonita, 6 x 7 inches (15.2 x 17.8 cm)
Collection of The Carnegie Museum of Art, Pittsburgh, Pennsylvania

Miércoles de ceniza / Ash Wednesday, 1980
Mixed media/Técnica mixta, 23 3/4 x 25 inches (60.3 x 63.5 cm)
Collection of the Stuart Handler Family, Evanston, Illinois

Occupant, Port Authority / Ocupante, Port Authority, 1973
Color pencil on paper/Lápiz de color sobre papel 20 x 28 inches (50.8 x 71.1 cm)
Courtesy of Nancy Hoffman Gallery, New York

JULIO LARRAZ

The Courtyard / El patio, 1983
Oil on canvas/Oleo sobre tela, 50 x 60 inches (127 x 152.4 cm)

The Edge of the Storm / El filo de la tormenta, 1981
Oil on canvas/Oleo sobre tela, 50 x 60 inches (127 x 152.4 cm)

Both works courtesy of Nohra Haime Gallery, New York

TONY MENDOZA

My Father / Mi padre, 1985
Silver print/Fotografía, 16 x 20 inches (40.6 x 50.8 cm)

Yeye's Sisters / Las hermanas de Yeyé, 1985
Silver print/Fotografía, 16 x 20 inches (40.6 x 50.8 cm)

Margarita's Debut Party / La fiesta de debutante de Margarita,
1985. Silver print/Fotografía, 16 x 20 inches (40.6 x 50.8 cm)

All works courtesy of The Witkin Gallery, New York

CESAR TRASOBARES

Santa Bárbara / Saint Barbara, 1978
Mixed media construction/Construcción, técnica mixta, 46 x 38
inches (116.8 x 96.5 cm)

Chaperone of the Four Eyes / Chaperona de los cuatro ojos,
1978. Mixed media construction/Construcción, técnica mixta,
24 x 30 inches (61 x 76 cm) Private collection, Miami, Florida

Chaperone of the Gold / Chaperona del oro, 1977
Mixed media construction/Construcción, técnica mixta, 23 x 29
inches (58.4 x 73.6 cm)

FIFTH GENERATION / QUINTA GENERACION

CARLOS ALFONZO

Mad One Also Sleeps / El loco duerme también, 1986
Acrylic on canvas/Acrílico sobre tela, 86 x 86 inches (218.4 x
218.4 cm)

MARIO ALGAZE

Casablanca, 1985
Photograph/Fotografía, 16 x 20 inches (40.6 x 50.8 cm)

*Tabaquero y Framboyán / Cigarmaker and Royal Poinciana
Tree*, 1985. Photograph/Fotografía, 16 x 20 inches (40.6 x 50.8
cm)

Santos / Saints, 1985
Photograph/Fotografía, 16 x 20 inches (40.6 x 50.8 cm)

All works from the collection of the Jane Voorhees Zimmerli Art
Museum. Rutgers, the State University of New Jersey, New
Brunswick. Gift of J.D. Montgomery

MARIO BENCOMO

Garden of Pythagoras / Jardín de Pitágoras, 1986
Triptych, acrylic on canvas/Triptico, acrilico sobre tela, 96 x 96
x 96 inches (243.8 x 243.8 x 243.8 cm)

Wind Pattern / Motivo del viento, 1986
Acrylic on canvas/Acrílico sobre tela, 60 x 58 inches (152.4 x
147.3 cm)

Both works courtesy of Barbara Gillman Gallery, Miami,
Florida

MARIA BRITO-AVELLANA

*The Next Room (homage to R.B.) / La habitación contigua
(homenaje a R.B.)*,1986
Mixed media sculpture/Escultura, técnica mixta, 82 x 54 1/2 x
64 inches (208.2 x 138.4 x 162.5 cm)

EMILIO FALERO

Findings / Hallazgos, 1983
Oil on canvas/Oleo sobre tela, 72 x 60 inches (182.9 x 152.4 cm)
Mainieri Collection, Coral Gables, Florida

CARLOS GUTIERREZ-SOLANA

(Art/o/Biography) / (Arte /o/ Biografía), 1986
Mixed media installation with video/Instalación, técnica mixta
con video, 10 x 16 x 5 feet (3 x 4.9 x 1.5 m)
("Male Bust" collection of Mr. & Mrs. Neil Ralph, New York).

MIGUEL PADURA

Chorus / Coro, 1986
Oil on canvas/Oleo sobre tela, 21 x 33 inches (53.3 x 83.8 cm)
Collection of Mr. & Mrs. Carlos Portela, Miami, Florida

Anecdote / Anécdota, n.d.
Oil on canvas/Oleo sobre tela, 22 x 32 7/8 inches (55.9 x 83.4
cm) Collection of the Archer M. Huntington Art Gallery, University of Texas at Austin. Gift of Ricardo Pau-LLosa.

PEDRO PEREZ

Los Cocomacacos / The Boogiemen, 1983
Mixed media/Técnica mixta, 84 x 72 x 48 inches (213.3 x 182.9 x
121.9 cm)

GILBERTO RUIZ

The Sky is Falling / El cielo se viene abajo, 1986
Oil on paper/Oleo sobre papel, 88 x 153 inches (223.5 x 388.6
cm) Courtesy of Barbara Gillman Gallery, Miami, Florida.

PAUL SIERRA

Recent Memories / Recuerdos recientes, 1986
Oil on canvas/Oleo sobre tela, 60 x 40 inches (152.4 x 101.6 cm)

Answered Prayers / Oraciones escuchadas, 1985
Oil on canvas/Oleo sobre tela, 44 x 42 inches (111.8 x 106.7 cm)

SUSANA SORI

Infinite Perceptions / Percepciones infinitas, 1986
Mixed media on wood and bronze/Técnica mixta y bronce sobre madera, 41 x 32 x 18 inches (104 x 81 x 46 cm)

Etheric resonance / Resonancia etérea, 1987
Mixed media sculpture/Escultura, técnica mixta, 33 x 49 x 3 inches (84 x 124 x 8 cm)

SIXTH GENERATION / SEXTA GENERACION

CARLOS DOMENECH

Aria for Ariadne / Aria para Ariadna, 1986
Photograph/Fotografía, 16 x 20 inches (40.6 x 50.8 cm)

A Day to Relish / Un día para disfrutar, 1986
Photograph/Fotografía, 16 x 20 inches (40.6 x 50.8 cm)

Pool for Parade / Piscina para un desfile, 1986
Photograph/Fotografía, 16 x 20 inches (40.6 x 50.8 cm)

TONY LABAT

Installation, 1987 (Videos, 1980-1987)
Multimedia/Multimedia, 8 x 8 x 6 feet (2.4 x 2.4 x 1.8 m)

SILVIA LIZAMA

Desktop Sailfish / Aguja abanico sobre escritorio, 1985
Hand painted photograph/Fotografía pintada a mano, 15 x 15 inches (38.1 x 38.1 cm)

Hotel with Unpainted Window / Hotel con ventana sin pintar, 1984. Hand painted photograph/Fotografía pintada a mano, 15 x 15 inches (38.1 x 38.1 cm)

Chair with Flamingoes Mural / Asiento con mural de flamingos, 1984. Hand painted photograph/Fotografía pintada a mano, 15 x 15 inches (38.1 x 38.1 cm)

CONNIE LLOVERAS

Cut Form with Circle and Circle Fragments No. 2 / Forma cortada con círculo y fragmentos de círculo No. 2, 1984
Mixed media on clay/Técnica mixta sobre arcilla, 18 x 12 x 4 1/2 inches (45.7 x 30.4 x 11.4 cm)

Closed Form with Circle and Circle Fragments No. 3 / Forma cerrada con círculo y fragmentos de círculo No. 3, 1984
Mixed media on clay/Técnica mixta sobre arcilla, 18 x 21 x 4 1/2 inches (45.7 x 30.4 x 11.4 cm)

Both works courtesy of Barbara Gillman, Miami, Florida

GILBERTO LOPEZ-ESPINA

Display-Knowledge / Exhibición-Conocimiento, 1981
Acrylic on canvas/Acrílico sobre tela, 72 x 40 inches (182.9 x 101.6 cm) Collection of the artist

MARIA MARTINEZ-CAÑAS

Narcisa, Oh La Luna, 1985
Silver print/Fotografía, 20 x 48 inches (50.8 x121.9 cm)

GUSTAVO OJEDA

Two Trees / Dos árboles, 1984
Oil on linen/Oleo sobre tela, 30 x 24 inches (76 x 61 cm)

Subway / Tren subterráneo, 1985
Oil on canvas/Oleo sobre tela, 30 x 24 inches (76 x 61 cm)

ARAMIS O'REILLY

Falling through the Cracks / Cayéndose por las grietas, 1983
Oil and acrylic on canvas/Oleo y acrílico sobre tela, 60 x 72 inches (152 x 183 cm) Collection of Janis Diamond Prospero, Miami, Florida

JORGE PARDO

Otiyolqueh, 1980
Mixed media on paper/Técnica mixta sobre papel, 23 x 35 inches (58.4 x 88.9 cm)

Mano Franca / A Friendly Hand, 1980
Mixed media on paper/Técnica mixta sobre papel, 29 1/2 x 35 1/2 inches (75 x 90.2 cm)

MARIO PETRIRENA

Angel of Death / Angel de la muerte, 1986
Clay and glass/Cerámica y vidrio, 14 x 14 x 6 inches (35.5 x 35.5 x 15.2) Collection of Benjamin Jones, Riverdale, Georgia

Gravestone (detail) / Lápida (detalle), 1986
Clay/Cerámica, 31 x 21 x 7 inches (78.7 x 53.3 x 17.8 cm)

ADOLFO SANCHEZ

No King Day / Día sin rey, 1984
Oil on canvas on wood/Oleo sobre tela sobre madera, 49 x 58 inches (124.4 x 147.3 cm)
Collection of Emily & Jerry Spiegel, Kingspoint, New York

Lo que el viento dejó / What the Wind Left Behind, 1985
Oil on canvas/Oleo sobre tela, 61 x 57 inches (155 x 144.8 cm)
Collection of Alexander Wood Gallery, New York City

Unless otherwise indicated the work is on loan courtesy of the artist / Estas obras han sido prestadas por los artistas excepto donde se indica una colección privada o museo.

ARTISTS INDEX / INDICE DE ARTISTAS

LENDERS

COLECCIONES,
COLECCIONISTAS Y
GALERIAS
QUE HAN CEDIDO
SUS OBRAS

PUBLIC COLLECTIONS

The Carnegie Institute Museum of Art,
Pittsburgh, Pennsylvania

The Cintas Foundation,
New York City

The Detroit Institute of Arts,
Michigan

Jane Voorhees Zimmerli Art Museum,
Rutgers the State University of New Jersey,
New Brunswick

The Lowe Art Museum,
University of Miami, Coral Gables, Florida

The Archer M. Huntington Art Gallery,
University of Texas at Austin

Miami University Art Museum,
Oxford, Ohio

Museo de Arte de Ponce,
Ponce, Puerto Rico

Museum of Modern Art of Latin America,
Organization of American States, (OEA),
Washington, DC

GALLERIES

Beitzel Fine Arts, New York City

Ediciones Pacíficas, S.A., México

Electronic Arts Intermix, New York City

Barbara Gillman Gallery, Miami, Florida

Norha Haime Gallery, New York City

Nancy Hoffman Gallery, New York City

Ramón Osuna Gallery, Washington, DC

L. Rastovski Gallery, New York City

The Witkin Gallery, New York City

Alexander Wood Gallery, New York City

PRIVATE COLLECTIONS

Charles Ackerman, Atlanta, Georgia

Mr. & Mrs. Mario Amiguet, Miami, Florida

Arq. Luis Calzadilla, Coconut Grove, Florida

Mr. & Mrs. David Cassel, Miami, Florida

Mrs. Janis Diamond Prospero, Miami Florida

Dr. & Mrs. Luis Fernández-Rocha, Coral Gables, Florida

Mr. Christian C. García, Miami, Florida

Stuart Handler Family Collection, Evanston, Illinois

Mr. Benjamin Jones, Riverdale, Georgia

Mainieri Collection, Coral Gables, Florida

Mr. Efraim Oliver, Miami, Florida

Mr. Ricardo Pau-Llosa, Miami, Florida

Mr. & Mrs. Carlos F. Portela, Miami, Florida

Mr. & Mrs. Neil Ralph, New York City

Emily & Jerry Spiegel, Kingspoint, New York

Mr. & Mrs. Albert Young, New York City

We gratefully acknowledge the courtesy of the artists
who lent works to the exhibition / Nuestro profundo
agradecimiento a los artistas por la amabilidad de
prestar sus obras a la exhibición.

341

OSCAR B. CINTAS

AND THE CINTAS FOUNDATION	Y LA FUNDACION CINTAS

Oscar B. Cintas was born is 1887, in the city of Sagua la Grande, a prosperous town in central Cuba that would be home, also, to other illustrious Cubans such as writer and political thinker Jorge Mañach (1898-1965) and Wifredo Lam (1902-1982), Cuba's foremost 20th century painter. Young Cintas travelled and studied both in England and in South America, and settled in the United States, where, in 1920, he married Cuban-born Graciela Tarafa.

Mr. Cintas became one of Cuba's wealthiest men. He was director of the Cuban Railroad Company, the American Car Foundry, and the American Locomotive Sales Corporation, and was president of Railroad Equipment of Brazil and Argentina. His fortune derived not only from the railroad industry, but from

Oscar B. Cintas nació en 1887 en Sagua la Grande, una próspera ciudad en el centro de Cuba que también fue hogar de otros ilustres cubanos como el intelectual Jorge Mañach (1898-1965) y Wifredo Lam (1902-1982), el pintor cubano más conocido de este siglo. Cintas se trasladó definitivamente a los Estados Unidos donde, en 1920, contrajo matrimonio con la joven cubana Graciela Tarafa. Cintas llegó a ser uno de los cubanos más ricos de su época. Fue director de la Cuban Railroad Company, la American Car Foundry y la American Locomotive Sales Corporation, así como presidente del Railroad Equipment de Brasil y Argentina. Su fortuna provino de la industria ferroviaria y también de la azucarera. En 1932 el presidente Gerardo Machado le nombró

sugar as well. In 1932, he was appointed Cuban Ambassador to the United States by President Gerardo Machado, an honor that would be short-lived due to Machado's overthrow in 1933.

A passionate and discriminating art collector, known in art circles in the U.S. and abroad, Mr. Cintas assembled a major collection of old masters, which has been exhibited at the Brooklyn Museum, the Montclair Art Museum in New Jersey, and at the Lowe Museum of the University of Miami in 1988. His acquisitions included the fifth and final manuscript of Lincoln's *Gettysburg Address*, which he later presented to the United States and is now on permanent exhibition in the Lincoln Room of the White House, in Washington, D.C.

Mr. Cintas also gathered an excellent collection of modern Latin American art. As reported in 1957 by *The New York Times*, he set aside an allocation of over two million dollars to endow a special art fund to support the work of Cuban artists outside Cuba. Shortly after his death on May 12, 1957, the Cintas Foundation was established.

Since 1963, the Cintas Foundation has awarded over three hundred fellowships to Cuban artists residing outside their country. Because of the political circumstances since the 1959 revolution, most Cuban artists who live presently outside Cuba are exiles. By historical accident, therefore, almost all Cintas fellows are part of the post-1959 Cuban diaspora. The foresight of Oscar Cintas has ensured the professional development of these artists and a continuity of Cuban traditions in art outside Cuba. Kenneth Holland, President of the Institute of International Education expressed it well in 1964:

> The late Oscar B. Cintas believed that the creative spirit could surmount all barriers of national, cultural and ideological differences. His foundation is a living testimonial to the right of the artist to survive and flourish.

The Cintas Fellowship is awarded in visual arts, architecture, literature and music composition. The Cintas Foundation is administered by a Board of Trustees, which is solely responsible for the granting of fellowships and for the management of Mr. Cintas' collection of old masters.

embajador de Cuba en los Estados Unidos, un honor de breve duración debido al derrocamiento de Machado en 1933.

Apasionado coleccionista de arte, conocido en círculos artísticos en los Estados Unidos y en su país, Oscar B. Cintas reunió una importante colección de obras de grandes maestros, que se ha exhibido en el Museo de Brooklyn, en el Museo de Arte Montclair en New Jersey, y en 1988, en el Museo Lowe de la Universidad de Miami. Sus adquisiciones incluyeron el quinto y último manuscrito del *Discurso de Gettysburg* de Abraham Lincoln, obsequiado más tarde a los Estados Unidos y hoy día en exhibición permanente en el Salón Lincoln de la Casa Blanca en Washington, D.C. Oscar Cintas también reunió una colección excelente de arte moderno latinoamericano. Tal y como se afirmó en el *New York Times* en 1957, el Sr. Cintas asignó más de dos millones de dólares para una dotación que apoyara el trabajo de artistas cubanos fuera de Cuba. Antes de su muerte, acontecida el 12 de mayo de 1957, el fondo fue inscrito con el nombre Fundación Cintas.

Desde 1963, la Fundación Cintas ha otorgado más de trescientas becas a artistas cubanos que residen fuera de su país. Debido a las circunstancias políticas a partir de la revolución de 1959, la mayoría de los artistas cubanos que actualmente viven fuera de Cuba son exiliados. Por accidente histórico, casi todos los becarios de la Fundación Cintas pertenecen a la diáspora cubana posterior a 1959. La visión de Oscar Cintas ha dado apoyo y aliento a estos artistas, y continuidad a las tradiciones plásticas cubanas fuera de Cuba. Kenneth Holland, presidente del Instituto de Educación Internacional, lo expresó así en 1964:

> ...Oscar B. Cintas creía que el espíritu creativo podía vencer todas las barreras nacionales, culturales e ideológicas. La Fundación que lleva su nombre es testimonio vivo del derecho del artista a sobrevivir y a florecer.

La beca Cintas se otorga en arquitectura, artes plásticas, literatura y composición musical. Su Junta de Directores es responsable del otorgamiento de dichas becas, y de administrar la propia Fundación y los asuntos pertinentes a la Colección Cintas de obras de arte de los grandes maestros.

CINTAS FOUNDATION

FELLOWSHIP

RECIPIENTS IN THE

VISUAL ARTS

1962 - 1988

BECARIOS DE LA

FUNDACION CINTAS

EN LAS

ARTES VISUALES

FRANK AGÜERO
Painting - 1967

ADELA AKERS
Mixed Media, Sculpture - 1967, 1968

JOSE RAMON DIAZ ALEJANDRO
Painting - 1969, 1971

CARLOS ALFONZO
Painting - 1983

LUIS ALFONSO
Painting - 1985

ALEJANDRO ANREUS
Painting - 1979, 1986

JUAN JOSE ASENCIO
Sculpture - 1980

LUIS CRUZ AZACETA
Painting - 1972, 1975

HARVEY BALL
Printmaking - 1985

JAIME BELLECHASSE
Painting - 1981, 1983

ELIO BELTRAN
Painting - 1983

LILLIAM BECKER
Painting - 1979

MARIO BENCOMO
Painting - 1984

JOSE BERMUDEZ
Sculpture - 1969, 1970

SECUNDINO BERMUDEZ
Painting - 1973

Alejandro Anreus
Fausto, el Gordo / Fat Fausto, 1982
Ink drawing/Dibujo a tinta, 23 x 17 inches (58 x 43 cm)
Courtesy of the artist

ERNESTO BRIEL
Painting - 1988

MARIA BRITO-AVELLANA
Sculpture - 1981, 1985

JUAN BOZA
Painting - 1983, 1985

YVETTE CABRERA VEGA
Sculpture - 1984

HUMBERTO CALZADA
Painting - 1979, 1981

PABLO CANO
Sculpture - 1983

GALAOR CARBONELL
Sculpture - 1971

RAMON CARULLA
Painting - 1973, 1979

EDWIN CASTAÑEDA
Painting - 1986

ELOISA CASTELLANOS-SANCHEZ
Painting - 1976, 1977

BERNARD M. CARREÑO
Sculpture - 1982

MARIO CARREÑO
Painting - 1987

ALBERT CATASUS
Painting - 1978

JOSE MARIA CHARDIET
Sculpture - 1988

HUMBERTO CHAVEZ
Painting - 1986

Hugo Consuegra
María la ''O'', 1985
Oil on linen/Oleo sobre tela, 50 x 66 inches (127 x 168 cm)
Collection of Carolina and Richard Frazer, New York

Miguel Cubiles
Man on Red / Hombre sobre rojo, 1986
Mixed media/Técnica mixta
Courtesy of the artist

HUGO CONSUEGRA
Painting - 1970, 1973

RAFAEL CONSUEGRA
Ceramics - 1972, 1973

EMILIO A. CRUZ
Painting - 1965

MIGUEL CUBILES
Painting - 1986

NERALDO DE LA PAZ
Painting - 1984

ALICIA DEYA COBB
Sculpture - 1987

WALDO DIAZ BALART
Painting - 1968, 1969

ROLANDO LOPEZ DIRUBE
Sculpture - 1964, 1965

FERNANDO LUIS DOMINGUEZ
Painting - 1971

VICENTE DOPICO
Painting - 1977

MARILYS BELT DE DOWNEY
Mixed Media - 1973

RAYMON ELOZUA
Sculpture - 1981

EUGENIO ESPINOSA
Painting - 1986

TONY EVORA
Printmaking - 1978; Painting - 1980

EMILIO FALERO
Painting - 1977

Inverna Lockpez
Arboleda / The Woods, 1984
Mixed media/Técnica mixta, 48 x 36 inches (122 x 91 cm)
Courtesy of the artist

347

Carlos Maciá
Preludium, 1987
Graphite and watercolor on paper/Grafito y acuarela sobre papel,
27 x 20 inches (69 x 51 cm)
Courtesy of Barbara Gillman Gallery, Miami, Florida

JOSE A. GELABERT
Painting - 1975

GRACE GILBERT
Painting - 1985

JULIO GIRONA
Painting - 1965

JOSE ANTONIO GOMEZ
Painting - 1969, 1969

SITA GOMEZ KANELBA
Painting - 1974, 1976

ELADIO GONZALEZ
Sculpture - 1979

JUAN J. GONZALEZ
Painting - 1972, 1974

OSVALDO GUTIERREZ
Painting - 1970, 1971

CARLOS GUTIERREZ-SOLANA
Painting - 1974

ALEJANDRO HASLER
Sculpture - 1984

PEDRO HERNANDEZ
Sculpture - 1983

JORGE HERNANDEZ PORTO
Printmaking - 1977

JULIO HERNANDEZ ROJO
Painting - 1979

CARMEN HERRERA
Painting - 1966, 1968

ANA HOEL
Painting - 1978

Jorge Porto
Abduction of the Marionette / Rapto de la Marioneta, 1988
Mixed media on canvas/Técnica mixta sobre tela, 48 x 36 inches (122 x 91 cm)
Collection of Mr. & Mrs. Gerald Ericson, Minneapolis, Minnesota

Rocío Rodríguez
The Cycle / El Tiempo, 1988
Oil on canvas/Oleo sobre tela, 84 x 84 1/2 inches (213 x 215 cm)
Courtesy of the artist

GUSTAVO C. OJEDA
Painting - 1980

EFRAIM OLIVER
Painting - 1985

ARAMIS O'REILLY
Painting - 1987

FELIPE ORLANDO
Painting - 1967

NELIDA M. OTERO
Painting - 1978

ANTONIO GONZALEZ PADURA
Painting - 1981

JORGE PARDO
Painting - 1982

ANGEL R. PEDREGUERA
Painting - 1969

JOSE PELAEZ
Printmaking - 1977

GINA PELLON
Painting - 1978

JORGE PEREZ CASTAÑO
Painting - 1965

MARIO PETRIRENA
Sculpture - 1986

JOSE ANGEL PIEDRA
Painting - 1972

ARNALDO RAVELO
Sculpture - 1977

MANUEL REVUELTA
Painting/Sculpture - 1987

Andrés Valerio
Daddy's son / Hijo de papá, 1987
(from the "Homage to the Master" series/de la serie "Homenaje al maestro")
Acrylic on canvas/Acrílico sobre tela, 53 1/2 x 48 inches (136 x 122 cm)
Courtesy of the artist

PATRICIO TEXIDOR *Painting - 1976*	**LUIS VEGA** *Painting - 1984*
CESAR E. TRASOBARES *Mixed Media - 1980*	**RICARDO VIERA** *Painting - 1974*
ORFILIO URQUIOLA *Sculpture - 1972*	**DORIS VILLA** *Painting - 1986*
JORGE VARONA *Painting - 1982, 1985*	**MARIA N. ZAMORA** *Painting - 1976*
ANDRES GONZALEZ VALERIO *Painting - 1982*	**JULIO HERRERA ZAPATA** *Painting - 1973, 1976*

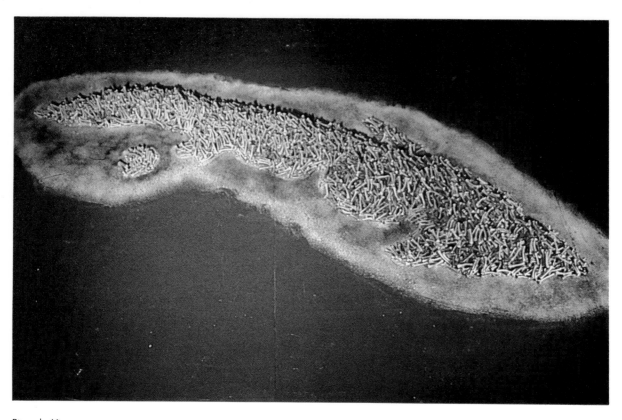

Ricardo Viera,
Anatomy of an Island / Anatomía de una isla, 1984
(from ''Cuba: Cemetery and Carnival 1492 to 1984...'' series/de la serie ''Cuba: Cementerio y carnaval 1492 a 1984...'')
Mixed media installation/Instalación técnica mixta, 144 x 48 x 12 inches (366 x 122 x 30 cm)

PHOTOGRAPHY SOURCES / FUENTES FOTOGRAFICAS

Mario Algaze 168, 258

Frank Armstrong 326

Carmen Calzada 212

Antonio de Jesús Camacho 99

Corrales 95

Rose Dausset 124

Bevan Davies 227

D. James Dee 277

Carlos Domenech 129, 149, 202, 203, 247

Eeva Inkeri 200, 204, 205

Zindman Fremont 224, 226, 229

Gasull 170

Matt Greco 180

John Gregory 105, 106, 107, 108

Ted Greenwald 297

Ramón Guerrero 254, 255, 257, 260, 261

Helga Photo Studio 119

Kathy Hill 292

Angel Hurtado 40

Kathleen King 104

Erik Landsberg 138, 288

Richard Leslie Schulman 224

Robert Lloveras 304

Carmen Mendoza 236

André Morain 163, 164, 165, 166

Armando Morales 158

Bob Mutschler 349

Ana Nye 142

Don Queralto 256

Bill Records, 326

Barbara A. Richards 17

Jeffrey J. Rocco 206

Alberto Romeu 286

Manolo Romo 153, 207, 275

Uli Rose 266

P. Oliverio Sánchez 332

Madlaine Shellaby 269

Judy Tomkins 230

Angel Vilches 162

Sarah Wells 208

Richard Williams 250

We thank the following galleries and institutions for additional photographic material / Agradecemos a las siguientes galerías e instituciones el material fotográfico adicional

Allan Frumkin Gallery

Archer M. Huntington Art Gallery

Barbara Gillman Gallery

Bill Records

Carnegie Institute of Art

Detroit Institute of Art

L. Rastovski Gallery

Marilyn Pearl Gallery

Miami University Art Museum

Museum of Modern Art, New York

Museum of Modern Art of Latin America, OAS

Nancy Hoffman Gallery

Nohra Haime Gallery

Noticias de Arte

Pau-LLosa Archives

The Witkin Gallery

SUGGESTED READINGS
LECTURAS RECOMENDADAS

CUBA: GENERAL

Argüelles, L. "Cuban Miami: The Roots Development and Everyday Life of the Emigré," in M. Dixon and S. Jonas, eds., *The New Nomads*, Synthesis Publication, San Francisco, California, 1982, pp. 27-43.

Baloyra, E. A. "Comment-Making Waves: A View of the Cuban Community in the U.S.," *Cuban Studies/Estudios Cubanos*, II, July 1981-January 1982), pp. 75-78.

Boswell, T.D. "Cuban Americans," in J.O. McKee, ed., *Ethnicity in Contemporary America*, Kendall-Hunt, Dubuque, IA, 1986.

Botifoll, Luis. *How Miami's New Image Was Created*, North-South Center Publications, Coral Gables, Florida, 1985.

Casal, L. and Andrés S. Hernández. "Cubans in the U.S.: A Survey of Literature, *Cuban Studies/Estudios Cubanos*, Vol. 5 No. 2, July 1975.

Clark, Juan. *Religious Repression in Cuba*, North-South Center Publication, Coral Gables, Florida, 1986.

De la Cuesta, Leonel Antonio and Rolando Armando Alum Linera. *Constituciones cubanas*, Ediciones Exilio, New York, 1974.

Edwards, Jorge. *Persona non grata*, Barral Editores, Barcelona, Spain, 1974.

Fradd, S. "Cuban Americans: Assimilation in the United States," *Migration Today*, XI, no. 4-5, 1983, pp. 34-42.

Greenbaum, Susan D. "Afro-Cubans in Exile: Tampa, Florida, 1886-1984," *Cuban Studies/Estudios Cubanos*, Vol. 15 No. 1, Winter 1985.

Golendorf, P. *7 años en Cuba*, Plaza & Janés S.A., Editores, Barcelona, Spain, November, 1977.

Grupo Areíto. *Contra viento y marea*, Siglo Veintiuno Editores, S.A., 1978.

Halperin, Maurice. *The Rise and Decline of Fidel Castro*, University of California Press, Berkeley and Los Angeles, 1972.

Harbron, John D. *Journalism in Cuba*, North-South Center Publications, Coral Gables, 1987.

Horowitz, I. Louis. *Cuban Communism*, Transaction Books, New Brunswick, 1984.

Kopilow, David J. *Castro, Israel and the PLO*, The Cuban American National Foundation, Washington, DC, 1984.

La Enciclopedia de Cuba, Volumes I, II, III, Ediciones Clásicos Cubanos, Playor, S.A., Madrid, 1975.

La Constitución Cubana, *Cuba Internacional*, No. 102, March-April, 1978.

Thomas, Sir Hugh. *Cuba, the Pursuit of Freedom*, New York, Harper & Row, 1971.

ART/ARTE

Almendros, Néstor and Orlando Jiménez-Leal. *Conducta Impropia*, Editorial Playor, Madrid, 1984.

Baeza-Flores, Alberto, et al. *Mijares*, Ediciones Universal, Miami, 1971.

Barr, Alfred H. "Modern Cuban Painters," *Museum of Modern Art Bulletin*, 1944.

Bayón, Damián. *América Latina en sus artes*, Siglo Veintiuno Editores y UNESCO, 1974.

Beardsley, John and Jane Livingston. *Hispanic Art in the United States: Thirty Contemporary Painters and Sculptors*, Abbeville Press, New York, 1987.

Blanc, Giulio. "Introduction: The Miami Generation," Catalogue of the exhibition, copyright Cuban Museum of Art and Culture, Miami, 1983.

Boorstin, Daniel J. "Introduction: Immigrants' Vision," *The Golden Door: Artist-Immigrants of America, 1876-1976*, Smithsonian Institution Press, Washington, DC, 1976.

Cabrera, Lydia. *El monte*, Rema Press, Miami, Florida, 1968.

Cabrera, Lydia. *Otan Iyebiyé. Las piedras preciosas*, Ediciones Miami, 1970.

Catlin, Stanton L. *Art of Latin America Since Independence*, Exhibition catalogue and teaching manual. New Haven and Austin, Yale University and the University of Texas, 1966.

Curtis, James R. *The Cuban American Experience: Culture, Images and Perspective*, University of Miami Press, Miami, 1983.

Day, Holliday T. and Hollister Sturges. *The Art of the Fantastic: Latin America 1920-1987*, Indianapolis Museum of Art, 1987.

de Castro, Martha. *El Arte en Cuba*, Ediciones Universal, Miami, 1970.

Duany, J. "Stones, Trees and Blood: An Analysis of a Cuban Santero Ritual," *Cuban Studies/Estudios Cubanos*, Vol. 12, No. 2, July 1982.

Fernández, Wifredo. *Baruj Salinas, su mundo pictórico*, Ediciones Punto Cardinal, Miami, 1971.

García-Cisneros, Florencio. *Juan José Sicre and Cuban Sculpture*, New York, September, 1978.

Gómez-Sicre, José. *Carreño*, La Habana, 1943.

Gómez-Sicre, José. *Pintura cubana de hoy*, La Habana, 1944.

Gómez-Sicre, José. *Art of Cuba in Exile*, Editorial Munder, Miami, 1988.

Kennedy, R.C. *Agustín Fernández*, Joseph A. Novak, editor, 1973.

La Enciclopedia de Cuba. Vol. V, Ediciones Clásicos Cubanos, Playor, S.A., Madrid, 1975.

Libby, Gary Russell. "Introduction," Catalogue to the exhibition *Two Centuries of Cuban Art: 1759-1959*, Museum of Modern Arts and Sciences, Daytona Beach, 1980.

Martínez, Juan A. *The Origins of Modern Cuban Painting*, Miami Dade Community College, 1982.

McCabe, Cynthia Jaffe. "A Century of Artist-Immigrants," *The Golden Door: Artist-Immigrants of America 1876-1976*, Smithsonian Institution Press, Washington, D.C., 1975.

Pau-Llosa, Ricardo. "Art in Exile," *Américas*, Vol. 32, No. 8, August, 1980.

Pau-Llosa, Ricardo. *Dirube*, ALA Art Edition and Editorial Playor, Madrid, 1979.

Pau-Llosa, Ricardo. "Landscape and Temporality in Central American and Caribbean Painting," *Art International*, Vol. 27 No. 1, January-March, 1984.

Pau-Llosa, Ricardo. "Latin Americanism," *Interview*, Vol. 16 No. 9, September, 1986.

Pau-Llosa, Ricardo. "Painters of Time," *Art International*, Vol. 1 No. 1, Autumn, 1987.

Pintura: Museo Nacional. Letras Cubanas, La Habana, Cuban and Editorial de Artes Aurora, Leningrad, 1978.

Rigol, Jorge. *Apuntes sobre la pintura y el grabado en Cuba*, Letras Cubanas, La Habana, 1982.

El Capital National Bank, New York, fue fundado en la parte norte de Manhattan en 1975 por siete hombres de empresa, respondiendo a las necesidades financieras de esa comunidad y mejorando los servicios bancarios ofrecidos por otras instituciones.

La aceptación que ha recibido por el énfasis puesto en servir a la comunidad ha hecho posible que el Capital National Bank, New York, cuente en 1988, con cinco sucursales —dos de ellas en Manhattan, y una en cada uno de los condados Brooklyn, Queens y el Bronx. En 1986, el banco inauguró su subsidiaria, Capital National Corp. en el estado de New Jersey. Localizada en la ciudad de West New York, dicha oficina se dedica a la promoción de préstamos para el área. Bajo la dirección de Carlos A. Córdova, presidente del banco y de su junta de directores, Capital National Bank, New York, se ha mantenido muy involucrado en programas cívicos y culturales, y en actividades bancarias en general a nivel federal, estatal y municipal. En la actualidad, el Sr. Córdova es director de la junta del Independent Bankers Association of New York State.

María C. Córdova, que desde 1985 dirige los asuntos culturales del Capital National Bank, ha extendido el apoyo de la empresa al campo de las artes a través de diversos eventos realizados en las sucursales del banco. Bajo su liderazgo, se organiza el Capital National Foundation, con el fin de ampliar la labor filantrópica del banco en el campo cultural.

Capital National Bank, New York, was founded in North Mahattan in 1975 by seven businessmen in response to a neighborhood need for improved financial service. Enthusiastically received for its community orientation, it now has five branches —two in Manhattan and one each in Brooklyn, Queens and the Bronx. The Capital National Corp., an affiliated loan production office in West New York, New Jersey, opened in 1986.

Led by its president, chairman and chief executive officer, Carlos A. Córdova, the bank has been active in civic and cultural affairs, as well as in related banking activities at the federal, state and municipal levels. Presently a member of the board of directors of the Independent Bankers Association of America, Mr. Córdova is past president of the Independent Bankers Association of N.Y. State.

Capital National Bank's cultural affairs director, María C. Córdova, has expanded the Bank's involvement in the creative and philanthropic activities of its neighbors since her appointment in 1985. Her work has led to the recent establishment of the Capital National Foundation, which will increase the Bank's support of civic and cultural endeavors.

SPONSORSHIP   PATROCINIO

OUTSIDE CUBA/FUERA DE CUBA

has been generously
supported by the
following public agencies:

ha contado con el
generoso apoyo de las
siguientes agencias públicas:

The New Jersey State Council on the Arts,
Department of State

El Concilio de las Artes del Estado de New Jersey,
Departamento de Estado

The New Jersey Committee for the Humanities
a state program of the
National Endowment for the Humanities

El Comité de las Humanidades de New Jersey
un programa estatal de la
Dotación Nacional de las Humanidades

BENEFACTOR

Capital National Bank, New York

SPONSORS

A T & T Foundation
Cintas Foundation
Metropolitan Life Foundation
Sea Crest Trading Company

PATRONS

Adolph Coors Co.
In honor of artist / En honor del artista
Rafael Soriano

Howard Gilman Foundation
In honor of cinematographer / En honor del cineasta
Nestor Almendros

Southern Bell

FRIENDS

Adolfo Couture
A.M. Forms & Composition
Aldecress Florist, Inc.
Bacardi Imports, Inc.
Banco de Ponce
Brooklyn Union Gas Corporation
CBS, Inc.
D'Ercole Farms
Fajardo Auto Sales
General Federal Savings & Loan Association

Key Biscayne Hotel & Villas
M.C.V. Fashion Corporation
New Jersey Bell
Nieblas Supply Company
Paradise Travel Agency
Register & Grille Manufacturing Company, Inc.
Sayonara Jewelry Corporation
Simpson & Company
Spanish Ideas, Inc.
Tamara Products, Inc.
West Indies Food Importing, Inc.
WNJU-TV Broadcasting Company
WX-TV Broadcasting Company
Zubi Advertising Services, Inc.

The presentation of the exhibition at Museo de Arte de Ponce was sponsored by:

La presentación de la exposición en el Museo de Arte de Ponce fue auspiciado por:

AT&T
Burger King
Bermúdez y Longo
Círculo Cubano
Church Fried Chicken
Empresas Sadurní
Ray, Meléndez y Asociados
Redondo Construction
Roberto Lazoff
Unión de Cubanos en el Exilio (UCE)
American Woodworking
Carlos Amorín
Carlos Castell
Destilería Serrallés
Elberto Berdut
Faustino Leal
Guastella Films
Guede Films
Julio Estrella
Maderera 2000-Trujillo
Ramallo Bros. Printing
Ramón Pérez Valera
Universal Solar Products
Velco

INDIVIDUAL CONTRIBUTORS / CONTRIBUYENTES PERSONALES

BENEFACTORS

Mr. & Mrs. Luis C. Alfaro

Dr. & Mrs. James N. Alleyn

Dr. & Mrs. Fernando Alvarez-Pérez

Mr. & Mrs. Fernando Arias

Mrs. Esther Trelles Asteinza*

Mr. & Mrs. Israel Badgali

Mr. & Mrs. Lazar B. Berkovitz

Mr. & Mrs. Reynaldo Berney

Mr. & Mrs. Carlos A. Córdova

Mr. & Mrs. Dominick De Bona

Mr. & Mrs. Anthony Di Santo

Mr. Luis Fernando Echevarría

Mr. & Mrs. Rafael Fajardo

Dr. & Mrs. Luis Fernández-Rocha

Mr. & Mrs. Renán Mazorra, Sr.

Mr. & Mrs. Francisco W. Mestre

Mr. Nasrallah Misk

Mr. & Mrs. Marcelino Miyares

Mr. & Mrs. Mario Moreno

Mr. & Mrs. Francisco Organes

Mr. & Mrs. Carlos Portes

Dr. & Mrs. Philip Rodríguez

Mr. & Mrs. J. Alberto Robaina

Dr. & Mrs. Rafael A. Sánchez

Professor Ysrael A. Seinuk

* In memory of Carlos M. Trelles

PATRONS

Dr. & Mrs. Luis O. Alvarez

Mr. & Mrs. Higinio Arriaza

Mr. & Mrs. José Betancourt

Mr. Edward S. Butts

Mr. & Mrs. Rafael M. Conill

Mr. Mario J. Davidson, Jr.

Mr. Manuel C. Díaz

Mr. & Mrs. Rafael Díaz Gutiérrez

Mr. & Mrs. Víctor del Corral

Mr. Bruce Fish

Mr. & Mrs. Nelson Gisbert

Mr. Ronald Glazer

Mr. & Mrs. Bernard Iglesias

Ms. Lois Katz

Mr. & Mrs. Pedro Knight

Mr. Milán Licul

Mr. & Mrs. Rolando Lugones

Mr. Anthony Macari

Mr. Héctor Marroche

Mr. Federico Oliva

Mr. & Mrs. Antonio Peláez

Mr. Emilio Peláez

Mr. Máximo D. Pérez

Mr. & Mrs. George Quijano

Mr. & Mrs. Tomás M. Ramírez

Dr. René Rodríguez Rojas

FRIENDS

Mr. Fernando Abella

Mr. Manuel Aguilar

Mr. & Mrs. Pedro Alegría

Mr. Roland A. Alum, Jr.

Mr. & Mrs. Julio Alvarez

Ms. Rufina Alvarez

Mr. & Mrs. Carlos Amorín

Mr. George Andreadis

Dr. & Mrs. José A. Arandia

Mr. & Mrs. Luis F. Arencibia

Mr. Fernando Arias, Jr.

Mr. & Mrs. René Avila

Mr. & Mrs. Blas Ayala

Ms. María Balbuena

Mr. & Mrs. Leopoldo Barroso

Mr. & Mrs. Laureano Batista

Dr. Héctor Becil

Mr. & Mrs. Frank Beltrán

Mr. & Mrs. Leoncio Benítez

Ms. Lucía E. Bilbao

Mr. Pierre Blancourt

Mr. José Bode

Mr. Sergio Bofill

Mr. & Mrs. Peter Bonachea

Mr. & Mrs. Lucas Borges

Mr. & Mrs. Eduardo Caballero

Mr. & Mrs. Rafael Cabrera

Mr. Marcelino Martínez

Mr. Raúl Martínez

Ms. María Mazorra

Ms. Patricia Mazorra

Mr. & Mrs. Renán A. Mazorra, Jr.

Mr. & Mrs. Jorge Méndez-Peñate

Mr. & Mrs. Roberto G. Mendoza

Ms. Mercedes A. Mestre

Mr. and Mrs. Juan A. Michelena

Mr. Miguel Miqueli

Mr. & Mrs. Alberto Miqueo

Mr. Anthony Morales

Dr. & Mrs. Raúl Morales

Mr. Guillermo Nieblas

Mr. & Mrs. Laurentano Paredes

Mr. & Mrs. Federico Peña

Dr. Carlos M. Pérez

Mr. & Mrs. Emiliano Pérez

Dr. & Mrs. Goltran Pérez

Dr. Juan de Dios Pérez

Mr. Manuel Pérez-Hernández

Mr. & Mrs. Remberto Pérez

Mr. Ricardo Pérez

Mr. Roberto Pérez

Dr. & Mrs. Segundo A. Pérez

Dr. Tomás Pérez-Sanz

Mr. Joaquín Pijuán

Ms. María Teresa Pombo, Esq.

Mr. & Mrs. Celedonio Puente

Mr. & Mrs. Eugenio Pupo

Mr. Raúl Quintana Cintas

Mr. & Mrs. Ramón Rachmiel Quintero

Dr. & Mrs. Alberto Ramos Tapia

Ms. Celia María Ramos

Mr. Daniel Ramos

Mrs. Frances Raush

Dr. Carlos Ripoll

Mr. & Mrs. Daniel Rivas

Mr. & Mrs. José A. Rivero

The Honorable Ariel Rodríguez

Mr. Demetrio Rodríguez

Mr. & Mrs. Jaime Rodríguez

Mr. & Mrs. Jorge Rodríguez

Mr. Julio Rodríguez

Dr. & Mrs. Julio Rodríguez Fariñas

Mr. & Mrs. Lorenzo A. Rodríguez

Mr. Pascual Rodríguez

Mr. & Mrs. Rodrigo Rodríguez

Mr. Luis C. Rojas

Mr. & Mrs. Reinaldo Rubio

Mr. Miguel A. Sánchez

Mr. & Mrs. Ernesto J. Sanjurjo

Mrs. Carmen San Miguel

Mr. & Mrs. Salvador Sanso

Dr. Rafael Santandreu

Mr. & Mrs. Roger Saunders

Ms. Mirta Savage

Mr. Eugene Schrier

Mr. & Mrs. Felipe Sixto

Mr. & Mrs. Alvaro Silva

Dr. & Mrs. James Smith

Mr. & Mrs. John Spanjich

Mr. Joseph Sternschein

Mr. & Mrs. Sten Svensson

Mr. Raúl Tapia

Mr. Santos Taveras

Mr. & Mrs. Lorenzo Tundidor

Mr. Jorge Valladares

Mr. & Mrs. Nicolás Vázquez

Dr. Reinaldo Vázquez

Mr. Leonardo Villa

Dr. Pedro Villalonga

Mr. & Mrs. Alfredo Villate

Ms. Silvia Villate

Mr. S. Michael Weisberg

Mr. & Mrs. Víctor R. Zevallos

* In memory of Francisco A. de Armas

GRACIELLA CRUZ-TAURA, Ph. D., is associate director of the Research Institute for Cuban Studies, Graduate School of International Studies, University of Miami, where she directs the Cuban Oral History Program. A specialist in Cuban cultural history, she is currently the associate producer of the documentary film *To Die for Cuba,* which deals with the pre-revolutionary student movement, as well as the editor of the forthcoming *Castro's Revolution: The Third Decade* (University of Oklahoma Press).

ILEANA FUENTES-PEREZ has been director of the Office of Hispanic Arts, Mason Gross School of the Arts of Rutgers, the State University of New Jersey since 1979, where she originated the Outside Cuba/Fuera de Cuba project in 1983. She holds a baccalaureate degree in History from Fordham University. Formerly assistant director of the Cuban Cultural Center of New York, and associate editor of *Unveiling Cuba,* she has been an advisor to public and private organizations, such as the Association of Hispanic Arts, the New York City Department of Cultural Affairs, and the New Jersey State Council on the Arts, where she serves on the Minority Arts Development Committee. Her essays on post-revolutionary Cuba have appeared in *Término, Unveiling Cuba, Nuestro, Diario Las Américas,* and *Ms.* among others. An advocate of women's rights, she has lectured often on the status of women in Cuba. Ms. Fuéntes-Pérez is co-founder of *Cuban Artists U S A,* and of the *Women of Cuba Oral History Project.*

RICARDO PAU-LLOSA is associate professor of English at Miami Dade Community College, South Campus, in Florida, and a well known art critic specializing in 20th century Latin American art. He is contributing editor of *Art International,* Paris and author of *Dirube* (ALA Art Editions and Editorial Playor, 1979, Madrid), Rogelio Polesello (Ediciones Gaglianone, 1984, Buenos Aires), and co-author of the forthcoming *Clarence Carter* (Rizzoli, 1988, New York). He is presently a contributor and advisor to the Dictionary of Art, the twenty eight volume project of Mac Millan Publishers, London (1990). Mr. Pau-Llosa has lectured extensively in the U.S. on Latin American art, most recently at the High Museum in Atlanta Georgia, and at the Detroit Art Institute in Michigan, and is co-curator of *¡Mira! Canadian Club Hispanic Art Tour No. 3* (1987-88). An award-winning poet in his own right, he is a recipient of the Cintas Fellowship.

ANA HERNANDEZ PORTO is a visual artist who has collaborated as graphic designer and consulting editor for this publication. She studied in her native Uruguay, Cuba and the United States. Ms. Hernández Porto has served as artist-in-residence in New Jersey public schools, and has been arts-consultant to the Association of Hispanic Arts, N.Y., and the Department of Hispanic Arts of Rutgers University. Until 1986, she was co-director of the Altos de Chavon Center of Design. At present, she is director of Thalassa, a non-profit visual arts organization in the state of New Jersey.

INVERNA LOCKPEZ-SALAS has been director of New York's Intar Latin American Gallery since 1979, and president of the National Association of Artists Organizations since 1987. A graduate of the San Alejandro School of Fine Arts in Havana, she is a recipient of visual arts fellowships from the Cintas Foundation, the National Endowment for the Arts, the Creative Artist Program Service, and the Vogelstein Foundation, and serves as visual arts panelist and consultant for the state arts agencies of New York, New Jersey, Massachussetts and Michigan, as well as Art Midwest. Minneapolis, and the National Endowment for the Arts, Washington D.C. She has curated over sixty exhibitions most recently *Latin American Artists of the Southeast,* at the Contemporary Art Center in New Orleans; *Posters of the Spanish Civil War,* 1937-38, the first of its kind in New York; and *Chicano Expressions,* the first comprehensive travelling exhibition of Chicano art in the United States.

JORGE PORTO created the graphic image of Outside Cuba/ Fuera de Cuba in his capacity as art director of the project. A graduate of Columbia University's School of Architecture, he is a recipient of several awards, including the William Kinne Fellowship. An artist in his own right, he has participated in numerous exhibitions in the United States and abroad, and is a recipient of visual arts fellowships from the Cintas Foundation and the New Jersey State Council on the Arts. Mr. Porto has been on the faculty of the School of Design, and has been co-director of the Design Center, both at Altos de Chavon in the Dominican Republic. His work is found in public and private collections.

RICARDO VIERA is professor of art and architecture at Lehigh University in Pennsylvania, and director/curator of the Lehigh University Art Galleries, museum operations. Born in Cuba in 1945, he has lived in the United States since 1962, and holds degrees from the Boston Museum School, Tufts University and the Rhode Island School of Design. An artist in his own right, his work is represented in many public and private collections, and is twice a recipient of a Cintas Fellowship.

EDITORES Y COLABORADORES

GRACIELLA CRUZ-TAURA, Ph. D., es subdirectora del Instituto Superior de Estudios Cubanos, Facultad de Estudios Internacionales, Universidad de Miami, donde también dirige el Programa de Historia Oral Cubana. Especialista en historia de la cultura cubana, actualmente participa como investigadora y entrevistadora del documental *Morir por Cuba*, que se centra en el Directorio Revolucionario, a la vez que edita una antología para la Editorial de la Universidad de Oklahoma sobre la revolución castrista durante esta década.

ILEANA FUENTES-PEREZ dirige desde 1979 el Departamento de Artes Hispanas de la Escuela de Arte *Mason Gross* de Rutgers, la universidad del estado de New Jersey, donde concibió el proyecto Outside Cuba/Fuera de Cuba en 1983. Es Licenciada en Historia de la Universidad de Fordham. Fue sub-Directora entre 1976 y 1978 del Centro Cultural Cubano de Nueva York, y Editora Adjunta de *Unveiling Cuba*; ha asesorado a organizaciones públicas y privadas, tales como la Asociación de Artes Hispanas, el Departamento de Asuntos Culturales de la Ciudad de New York, y el Consejo de las Artes del estado de New Jersey, donde presta servicios en el Comité para el Desarrollo de las Artes de las Minorías. Sus ensayos sobre la Cuba posterior a 1959 han aparecido en *Término, Unveiling Cuba, Nuestro, Diario de las Américas*, y *Ms.* entre otras publicaciones. Como defensora de los derechos de la mujer, dicta conferencias sobre la situación de las mujeres en Cuba. Fuentes-Pérez es co-fundadora de *Cuban Artists USA* y del *Proyecto de Historia Oral de la Mujer en Cuba*.

RICARDO PAU-LLOSA es profesor asociado de inglés y literatura en la sede sur (South Campus) del *Miami Dade Community College*, en la Florida, y un crítico conocido que se especializa en arte contemporáneo latinoamericano. Es, además, editor colaborador de *Art International* (París) y autor de *Dirube* (ALA Art Editions y Editorial Playor, Madrid, 1979; *Rogelio Polesello*, (Ediciones Gaglianone, 1984, Buenos Aires); y co-autor de *Clarence Carter* (Rizzoli, New York), próximo a aparecer. En la actualidad es colaborador y asesor del *Dictionary of Art*, proyecto de veintiocho volúmenes de la MacMillan Publishers, (Londres, 1990). Son numerosas las conferencias que ha dictado sobre arte latinoamericano; entre ellas se destacan la del High Museum de Atlanta, Georgia, y la del Instituto de Arte de Detroit, en Michigan. Sus créditos como experto en conservación de museos incluyen también: *¡Mira! Canadian Club Hispanic Art Tour No. 3* (1987-88). Reconocido por su obra poética, es becario de la Fundación Cintas.

ANA HERNANDEZ PORTO es una artista visual que ha colaborado en esta publicación como diseñadora gráfica y editora adjunta. Realizó estudios en su país de origen, Uruguay, Cuba y los Estados Unidos. Ha participado como artista-en-residencia en el sistema escolar del Estado de New Jersey, y ha sido consultora artística para la Asociación de Artes Hispanas de New York y el Departamento de Artes Hispanas de la Universidad de Rutgers. Hasta 1986 fue co-directora del Centro de Diseño de Altos de Chavón, en la República Dominicana. Actualmente, es directora de Thalassa, una organización para las artes en el estado de New Jersey.

INVERNA LOCKPEZ-SALAS es directora de la galería de arte latinoamericano Intar, de New York, desde 1979, y presidenta de la Asociación Nacional de Organizaciones de Artistas, desde 1987. Graduada de la Escuela de Artes Plásticas de San Alejandro, en La Habana, ha recibido becas de la Fundación Cintas, de la Dotación Nacional de las Artes, del Programa de Ayuda para Artistas Creadores y de la Fundación Vogelstein. Ha dictado conferencias por todo el país y se desempeña como jurado y asesora de las agencias artísticas estatales de New York, New Jersey, Massachusetts y Michigan, así como para el consorcio *Art Midwest*, de Minneapolis, y la Dotación Nacional de las Artes, de Washington, D.C. Ha organizado más de sesenta exposiciones en Estados Unidos, contándose entre las más recientes *Artistas Latinoamericanos del Sudeste*, en el Centro de Arte Contemporáneo de New Orleans; *Carteles de la Guerra Civil española, 1937-38*, la primera de este género en New York; y *Chicano Expressions*, la primera exposición itinerante de arte chicano en Estados Unidos.

JORGE PORTO ha creado la imagen gráfica de Outside Cuba /Fuera de Cuba, en su capacidad de director artístico de publicaciones. Graduado de la Facultad de Arquitectura de la Universidad de Columbia, New York, ha obtenido diversos reconocimientos, como la Beca William Kinne en arquitectura. Como artista visual, ha participado en numerosas exposiciones, y le han sido otorgadas becas en artes plásticas de la Fundación Cintas y del Concilio de Artes del Estado de New Jersey. Fue profesor y co-director, respectivamente, de La Escuela, y del Centro de Diseño de Altos de Chavón, en la República Dominicana. Sus obras se encuentran en colecciones públicas y privadas.

RICARDO VIERA es profesor de arte y arquitectura de la Universidad de Lehigh, en Pennsylvania, y director/curador de operaciones museológicas de las galerías de arte de dicha universidad. Nacido en Cuba en 1945, vive en Estados Unidos desde 1962 y es graduado de la Facultad de Museología de Boston, de la Universidad de Tufts, y de la Escuela de Diseño de Rhode Island. El Sr. Viera es un artista reconocido, becario dos veces de la Fundación Cintas, y sus obras se encuentran en numerosas colecciones públicas y privadas.

CURRICULUM VITA

The artists' curriculum vita in this volume are the result of a selection made in consultation with the artists / Los curriculum vita que aparecen en este volumen, son el resultado de una selección hecha conjuntamente con los artistas.

INTERVIEWS / ENTREVISTAS

During 1986, co-curators Inverna Lockpez and Ricardo Viera conducted the interviews which have provided the basis for the artists' statements. Jorge Camacho's autobiographical statement was submitted by the artist. Rolando López Dirube's interview was conducted by Mario Hernández de Armas.

Durante 1986, los co-curadores Inverna Lockpez y Ricardo Viera realizaron las entrevistas que sirvieron de base a los relatos biográficos de los artistas. El autobiográfico de Jorge Camacho fue sometido por el artista. La entrevista con Rolando López Dirube fue realizada por Mario Hernández de Armas.

PHOTO CAPTIONS / PIE DE FOTOS

The language in which artworks have been titled by the authors always appear first; pertinent translations follow / Los titulos de las obras figuran primero en el idioma en que fueron nombradas originalmente por sus autores, a lo que siguen las traducciones pertinentes.

SPECIAL THANKS / MUCHAS GRACIAS

Special thanks to Vicente Echerri, the Rt. Rev. José A. González and Ermitas R. Fuertes for their assistance in proofreading the manuscripts.

Agradecemos muy especialmente la colaboración de Vicente Echerri, del Rvdmo. José A. González y de la Dra. Ermitas R. Fuentes, en revisar los manuscritos.

We are grateful to Florencio García-Cisneros for providing us the biographical notes about Oscar Cintas from his forthcoming biography, *Oscar B. Cintas: Coleccionista y Mecenas.*

Agradecemos la gentileza del Sr. Florencio García-Cisneros en proporcionar datos biográficos sobre Oscar B. Cintas, extraídos de su próxima biografía, *Oscar B. Cintas: Coleccionista y Mecenas.*

TRANSLATIONS / TRADUCCIONES

VICENTE ECHERRI. Into Spanish, Ricardo Pau-Llosa's essay *Identity and Variations*/al español, el ensayo de Ricardo Pau-Llosa, *Identidad y variaciones*; the personal statements of artists/al español, los relatos personales de los artistas: Silvia Lizama, Connie Lloveras, Gustavo Ojeda, Aramis O'Reilly, Mario Petrirena, Emilio Sánchez, Susana Sori; also, the biographical notes about/también los datos biográficos sobre: Ileana Fuentes-Pérez, Inverna Lockpez, Ricardo Pau-Llosa.

IRAIDA ITURRALDE. Into English, the personal statements of artists/al inglés, los relatos personales de los artistas: Ramón Alejandro, Carlos Alfonzo, Mario Algaze, Humberto Calzada, Jorge Camacho, Mario Carreño, Humberto Chávez, Carlos Domenech, Emilio Falero, Agustin Fernandez, Enrique Gay Garcia, Juan González, Carlos Gutiérrez-Solana, Tony Labat, Alfredo Lozano, Maria Martinez-Cañas, Miguel Padura, Gilberto Ruiz, Daniel Serra-Badué, Paul Sierra.

RT. REV. JOSE A. GONZALEZ. Into English, the personal statements of artists/al inglés, los relatos personales de los artistas: Luis Cruz Azaceta, Mario Bencomo, Cundo Bermúdez, Maria Brito-Avellana, Carmen Herrera, Julio Larraz, Gilberto López-Espina, Tony Mendoza, José Mijares, Jorge Pardo, Gina Pellon, Pedro Pérez, Baruj Salinas, Adolfo Sánchez, Zilia Sanchez, Rafael Soriano.

THE EDITORS have translated all additional material in this volume / Los editores han traducido el resto del material que se incluye en este tomo.

A C K N O W L E D G E M E N T S

I wish to thank the Honorable Thomas H. Kean, Governor of the State of New Jersey, and the Honorable James Courter, United States Congressman, for their public endorsement of this project.

To Jack Bettenbender,
without whose friendship and belief this project
would have never happenned

...also, the very special people who at different times made up the support staff of Outside Cuba/Fuera de Cuba since 1983, for their dedication and loyalty:

Karim Miqueli, Registrarial Coordinator, 1986-1988
Rosario Eguiguren-Hutnick, Assistant to the Director, 1985-1987
Yolanda Andreu, Danixia Cuevas, Lourdes de Jesús
Loretta Dumas, Mario Hernández de Armas, Roberto Medina
Mónica Sánchez, Rose Stevenson, Carmen Ureña

...and the staff and Friends of the museums participating in the tour. To all of them at the Zimmerli; at MOCHA; at Miami University, Oxford, Ohio; at Museo de Arte de Ponce; at the Center for the Fine Arts; and the Atlanta College of Art, and New Visions Gallery, our gratitude for receiving our exhibition with open arms and warm hearts.

To the following people, my very deepest appreciation for the role they each assumed on our behalf along the way:

Carlos and María del Carmen Córdova
Tomás and Elsie Ramírez
Luis and Alicia Fernández-Rocha
Daniel Serra-Badué
Rolando Alum, Enrique Baloyra, Elio Beltrán
Lazar Berkovitz, Margarita Cano, Don Luis A. Ferré
Irvine MacManus, Virginia Record, Emilio Sánchez
Rafael Soriano, Teresa Zubizarreta

And the most heartfelt thanks to Charles M. Woolfolk; to Jeffrey Kesper, Executive Director of the New Jersey State Arts Council; to Jaime Suchlicki and Graciella Cruz-Taura; to Todd Catlin; to Inverna Lockpez, Ricardo Pau-Llosa and Ricardo Viera, exhibition curators; to Jorge and Ana Hernández Porto, designers and coordinators of all exhibition publications; to the lenders, especially the individual collectors; and to the artists, in this exhibition and beyond.

ILEANA FUENTES-PEREZ
Director

A G R A D E C I M I E N T O S

Quiero agradecer el respaldo público dado a este proyecto por el Honorable Gobernador del Estado de Nueva Jersey, Thomas H. Kean, y por el Congresista de los Estados Unidos James Courter.

A Jack Bettenbender,
cuya fe y amistad hicieron posible la realización de este proyecto.

... también a todos los que trabajaron en diferentes etapas de Outside Cuba/Fuera de Cuba desde 1983 con tanta lealtad y dedicación:

Karim Miqueli, Registrarial Coordinator, 1986-1988
Rosario Eguiguren-Hutnick, Assistant to the Director, 1985-1987
Yolanda Andreu, Danixia Cuevas, Lourdes de Jesús
Loretta Dumas, Mario Hernández de Armas, Roberto Medina
Mónica Sánchez, Rose Stevenson, Carmen Ureña

... y al personal administrativo y los Amigos en los diferentes museos que participan en la gira de esta muestra. A todos en el Zimmerli; en MOCHA; en la Universidad Miami, Oxford, Ohio; en el Museo de Arte de Ponce; en el Centro de Bellas Artes de Miami; y en la Escuela de Bellas Artes de Atlanta y la Galería New Visions, nuestra gratitud por recibir nuestra exposición con brazos y corazones abiertos.

Finalmente, a las siguientes personas, mi agradecimiento más profundo por el papel que desempeñó cada uno de ellos a favor de este proyecto:

Carlos and María del Carmen Córdova
Tomás and Elsie Ramírez
Luis and Alicia Fernández-Rocha
Daniel Serra-Badué
Rolando Alum, Enrique Baloyra, Elio Beltrán
Lazar Berkovitz, Margarita Cano, Don Luis A. Ferré
Irvine MacManus, Virginia Record, Emilio Sánchez
Rafael Soriano, Teresa Zubizarreta

Y de todo corazón, las más expresivas gracias a Charles M. Woolfolk; a Jeffrey Kesper, Director del Concilio de las Artes de Nueva Jersey; a Jaime Suchlicki y Graciella Cruz-Taura; a Todd Catlin; a Inverna Lockpez, Ricardo Pau-Llosa y Ricardo Viera, curadores de la exposición; a Jorge y Ana Hernández-Porto, diseñadores y coordinadores de toda la gráfica de esta exposición; a las instituciones prestadoras de las obras, y especialmente a los coleccionistas privados; y a los artistas: los representados en esta exposición, y también a todos los demás, sin excepción.

ILEANA FUENTES-PEREZ
Directora

The text of this book was
set in Futura, designed by Paul Renner
Composed in Novograph
by: Isabel Pareja / Niobe Soto Pimentel
Printed and bound by
Editora Corripio
Santo Domingo, Dominican Republic
May, 1989

Este libro se compuso en el
tipo Futura, diseñado por Paul Renner
Composición: Novograph
Isabel Pareja / Niobe Soto Pimentel
Impreso en los talleres de
Editora Corripio
Santo Domingo, República Dominicana
Mayo, 1989

Printed in the Dominican Republic
Impreso en la República Dominicana